전자책 빅뱅

e-북 르네상스

전자책 빅뱅

이용준 · 김원제 · 최학현 · 최재표 지음

이담
Books

머리말

　전자책(e-Book) 러시(rush)다. 아마존의 킨들(Kindle)이 불을 지핀 후, 아이폰(iPhone)으로 대표되는 스마트 폰 열풍이 이를 부채질하고 있으며, 아이패드(iPad)의 등장으로 불타오르는 형국이다. 전자책은 단순히 기존 출판시장의 대체·보완이 아닌, 새로운 미디어콘텐츠시장을 형성해 가고 있다. e-Book 비즈니스는 콘텐츠에 기반한 비즈니스 블루오션인 것이다. 바야흐로 전자책 빅뱅이 전자출판이라는 비즈니스 르네상스를 개척하고 있음이다.

　2000년을 전후로 잠깐 반짝했다가 소비자 및 시장의 관심에서 잊혀졌던 전자책이 최근 다시 각광을 받고 있다. 애플과 같은 혁신 기업이 전자책 단말 기능을 포괄하는 아이패드를 출시했는가 하면, 구글은 본격적인 전자책 사업을 하기 위해 미국 작가협회와 미국출판협회와의 오랜 분쟁을 종식하고 본격적인 사업을 시작하기 위해 준비 중이다. 우리나라에서도 삼성전자, 아이리버, 인터파크 등이 전자책 단말기 사업에 뛰어들었고, LG전자, KT 등이 전자책 사업에 시동을 걸고 있다.

　사실 인터넷 서점 아마존이 2007년 말 킨들(kindle)이란 전자책 단말기를 출시했을 때, 아무도 이렇게 전자책 열풍이 불 것이라고 생각하지 못했다. 아마존의 CEO 제프 베조스는 킨들이란 신제품에 대해 어느 정도 자신감이 있었는지는 몰라도, 당시만 하더라도 전자책은 사업적으로 성공하기에 장해요소가 많은 존재로 인식되었다. 세계적인 기업 소니(Sony)마저 몇 년 동안 플레이스테이션(PlayStation)만큼 정성을 쏟아 부어 만든 전자책 단말기가 계속해서 참패를 면치 못했으며, 마이크로소프트도 이런저런 경로로 전자책 사업에 뛰어들었지만 얼마 견디지 못하고 전자책 사업을 포기하고 말았다.

그러나 킨들은 확실한 시장조사, 철저한 사전준비, 사용자 편리성 극대화 등을 무기로 전자책 시장을 괘도에 올려놓는데 성공했다. 그야말로 킨들이라는 단어의 뜻처럼, 미지근한 전자책 시장의 불씨를 확실히 지펴놓은 것이다. 그 여파로 지난해 연말 미국에서는 전자책이 종이책의 판매를 앞지르는 현상이 나타나기까지 했고, 전자책에 대해 다소 방관적인 자세를 취하던 미국의 출판계도 앞다투어 전자책 시장에 뛰어들고 있다.

전자책은 출판계만의 화두가 아니다. 대다수 전자책 단말기가 신문이나 잡지 등 종이매체의 콘텐츠를 이용할 수 있는 서비스를 제공하고 있고, 이미 성장력의 정체를 경험하고 있는 신문업계와 잡지업계는 디지털콘텐츠 분야에서 새로운 돌파구를 찾고 있다. 몇몇 신문업체는 전자책 플랫폼을 활용한 독자적인 콘텐츠 사업을 추진하고 있고, 잡지업계도 디지털콘텐츠를 활용한 블루오션 발굴에 심혈을 기울이고 있다. 전자책이 쇠퇴해가는 종이매체의 운명을 뒤바꿔 놓을 확실한 구원투수의 역할을 할 수 있다는 기대감이 팽배해 가고 있다.

전자책이 활성화된 배경에는 독자들의 인식 변화도 한 몫을 하고 있다. 비록 종이매체에 대한 향수가 있긴 하지만, 종이 못지않은 e-페이퍼의 편안함과 휴대의 편리성, 읽고 싶은 책에 대한 편리한 접근성, 저렴한 책값 등 전자책의 장점에 대해 독자들은 높은 점수를 주고 있다. 그 결과 미국에서 전자책 단말기는 작년에 300만 대 이상이 판매되었고, 올해는 800만 대 이상이 판매될 것으로 추정되고 있다. 독자도 이젠 전자책으로 독서하는 것을 꺼리지 않는 시대가 된 것이다.

이 책의 저자 4명은 문화체육관광부의 전자출판산업 육성 정책연구 TFT의 위원과 부서담당자로 참여하였다(전자출판산업 육성방안은 지난 4월 26일에 발표되었다). 몇 달 동안 TFT에 참여하면서 외국에 비해 전자책 시장이 아직 별 반응이 없는 국내 현실을 안타까워하며, 어떻게 하면 국내 전자책 시장의 활성화에 일조할 수 있는가 고민의 연장선에서 이 책을 기획하게 되었다.

이 책은 출판계와 전자책에 관심있는 업계 관계자에게는 최신의 정보와 사업 아이디어를 제공하고, 전자책에 관심있는 일반 독자에게는 전자책을 포괄적으로 이해하는 데 도움을 줄 목적으로 구성되었다.

책의 구성은 크게 9장으로 되어 있다. 제1장, 제2장, 제3장은 전자책에 대한 이론적인 배경을, 제4장, 제5장, 제6장은 전자책 시장의 현황을, 제7장, 제8장, 제9장은 전자책의 환경 및 출판의 미래를 설명하고 있다. 국내외 다양한 자료를 모아 분석했으며, 산업계의 여러 사람들과 수많은 의견을 나누며 책을 집필하였다.

제1장 출판패러다임의 진화는 출판콘텐츠 및 책의 가치를 집중적으로 조명하였다. 모든 콘텐츠의 근원인 책의 가치를 인류 역사와 함께 살펴보고, 현대사회에서도 왜 책이 중요할 수밖에 없는가를 분석하였다. 그리고

오늘날 출판매체가 어쩔 수 없이 변해야 하는 원인을 살펴보았다.

제2장은 전자출판이란 무엇이고 어떤 종류가 있으며, 현재와 같이 전자책이 성장하게 된 배경과 요인을 분석하였다. 그리고 전세계 전자책 시장의 현황을 살펴보며 어떤 특징이 있는가를 설명하였다.

제3장은 전자출판의 역사와 국내현실을 분석하였다. 과거 PC통신이나 CD롬을 이용한 전자출판의 태동기부터 현재 무선 통신망을 이용하는 e-페이퍼 기반의 첨단 전자책에 이르기까지 전자출판의 발전과정을 살펴보았다. 또한, 글로벌 시장과 비교한 우리나라 전자책 시장의 현황과 특징, 해결 과제 등을 보았다.

제4장은 전자출판의 시장 구조와 행위를 살펴보았다. 먼저, 전자책 시장의 가치사슬, 전자책 시장의 치열한 경쟁구도를 분석하고, 전자책 콘텐츠 시장의 뜨거운 감자로 떠오르고 있는 디지털 도서관프로젝트를 다양한 각도에서 바라보았다. 전자출판분야에서 성공신화를 만들어가고 있는 아마존, 반즈앤노블, 구글의 시장전략을 분석하였다.

제5장은 전자출판산업의 다양한 경영전략을 비즈니스적인 측면에서 접근하였다. 새롭게 관심을 모으고 있는 트위터 출판이나 블로그 출판, 휴대폰 소설, POD 출판, 디지털 교과서 대여사업을 살펴보고, 전자출판사업에서 성공하기 위한 관련 기업끼리의 합종연횡, 1인창조기업 지원 및 자가출판 지원확대 등의 변신 포인트를 설명하였다. 제6장과 제7장은 전자출판의 기술환경과 이용행태를 살펴보았다. 전자책 단말기는 어떤 종류와 특징을 가지고 있는지, 그리고 전자책 시장의 활성화를 위해 꼭 필요한 표준화의 이슈와 동향은 어떠한지를 설명하였다. 또한, 우리나라 전자책 이용자의 이용행태 및 전자책을 이용한 독서문화의 현 상황을 점검하였다.

　제8장과 제9장은 각국의 전자출판정책과 출판의 미래를 살펴보았다. 전자출판산업의 육성을 위한 각국의 정책적인 노력, 한국의 전자출판산업 육성방안의 주요내용을 제8장에서 살펴보고, 제9장에서는 전자책과 모바일의 융합현상, 언제 어디서나 이용가능한 유비쿼터스 출판으로 진화 가능성, 미래출판의 운명을 결정할 이슈 등에 대한 내용을 설명하고 있다.

　전자출판과 전자책은 현재 진화과정 중이다. 따라서 현재 시점에서 아무리 완전하게 책을 써도 얼마 지나지 않아 새로운 내용이 대폭 추가되어야 할 것이다. 또한, 발전의 속도가 워낙 빠르다 보니 필자들이 미처 완벽하게 소화하지 못하고 쓴 내용도 있고, 역량 부족으로 놓친 내용도 있을 것이다. 따라서 적어도 일 년에 한번쯤은 개정판을 내놓을 계획이다.

　부족한 부분이 있겠지만 우리가 내놓는 이 책이 우리나라 전자출판산업의 발전에 이바지하고, 지금보다 더 많이 독서하는 환경이 조성되고, 나아가 우리의 전자책 단말기와 콘텐츠가 세계시장으로 진출하는데 일조하기를 바라는 소박한 바람을 담았다. 끝으로 이 책이 발간되기까지 물심양면으로 도움을 주신 한국학술정보(주)에 감사드린다.

2010. 4

이용준 · 김원제 · 최학현 · 최재표 씀

CONTENTS

제 9 장　미래전망: 출판3.0

출판 패러다임의 진화

01

인쇄출판의 가치는 영원

책은 인류 역사상 가장 오래된 매체이다. 이미 기원전 3000∼4000년 전에 인류는 기록을 남기기 위해 거북의 등이나 진흙판에 갑골문자나 설형문자로 책을 만들어 왔다. 고대 그리스, 로마시대에도 책은 매우 활빌히 만들어져서 이집트의 알렉산드리아 도서관에는 파피루스로 만든 책이 70만 권이 소장되어 있었다는 기록이 남아 있다.

그러나 중세까지 책은 소수의 지배층만이 향유할 수 있는 대상이었다. 일일이 손으로 써서 만드는 책은 생산량에 한계가 있을 뿐만 아니라, 가격도 비싸 일반인이 책에 접근하기란 도저히 불가능하였다.

중세 말기 구텐베르크가 개발한 활자인쇄술은 책 문화에 커다란 변화를 불러왔다. 기본적으로 책의 생산량이 획기적으로 늘어났으며, 가격 또한 대폭 내려가 때마침 자리 잡기 시작한 대중교육제도와 함께 책을 통해 지식과 교양을 쌓을 수 있는 사람들이 대폭 늘어나게 되었다. 기계화된 책의 생산방식은 지식과 민주주의의 확산, 과학기술의 발전을 촉진하여 오늘날과 같은 문명사회가 형성되는 데 기여하였고, 인류는 역사 이래 최고의 번영을 구가하게 되었다.

20세기 말까지 책의 생산과 유통, 소비 방법은 종이에 인쇄되는 아날로
그 방식이 지속되었으며, 따라서 책은 여러 단계를 거쳐 만들어지고 오랜
유통 기간을 거치고, 독자는 서점이나 도서관에 직접 가야 책을 손에 넣
을 수 있었다.

디지털 컨버전스 패러다임과 출판양식의 변화

21세기에 들어서면서 책의 생산과 유통, 소비방식은 급격히 디지털화
되었다. 디지털 기술과 유·무선 네트워크 개념이 출판에 도입되면서 책
의 생산과 유통은 신속해졌으며, 급기야 아날로그 방식을 탈피한 전자책
이 등장하여 화면으로 책을 읽는 시대가 도래하였다. 또한 미디어의 융합
현상에 따라 출판의 스토리를 원작으로 하여 다양한 영상물과 게임, 디지
털 콘텐츠가 개발되는 경향도 대폭 늘어나게 되었다.

이렇게 디지털 컨버전스 패러다임의 등장에 따라 출판 환경은 급격한
변화를 경험하게 되는데, 첫째, 인터넷의 적극적인 활용, e-Book과 같은
새로운 출판방식의 적극적인 개발경향이다. 전자출판의 발전은 CD-
ROM 단계를 거쳐 인터넷 전자출판, 특히 e-Book의 단계에 접어들었
다. 종이책이 출간되기 전에 e-Book이 먼저 나오는 역(逆)출판의 경향
이 나타나고 있으며, e-Book으로만 출판되는 경우도 있다. 둘째, 출판
콘텐츠의 부가가치를 극대화하는 방안이 다양하게 모색되고 있다. 종이책
으로 출간된 콘텐츠가 다양한 전자출판 서비스로 개발되고, 영화나 게임
등의 소재로 쓰이는 다각화(OSMU) 경향이 강화되고 있는 것이다. 나아

가 출판사가 자체 DB를 구축하고 검색엔진을 제공하여 이용자에게 양질의 정보를 유료로 제공하고 있으며, 포털사이트 등에 자신의 콘텐츠를 제공하여 부가수익을 창출하는 방식도 일반화되고 있다. 셋째, 애플리케이션, 인터넷기업과 출판사 간의 전략적 제휴가 증가하고 있다. 전자출판물의 완성도 향상을 위해 인터넷 기업 및 전자 회사 등 관련 업계와 제휴 및 협력을 강하고 있다. 변화된 환경에서 서구의 출판기업들은 기획단계에서부터 전 세계를 염두에 두는 능력을 발휘하고 있다. 최상의 기업들이 제휴 및 합병을 통해 마케팅을 능력을 확대하고 있다. 또한 여러 나라의 출판사들이 함께 기획해 동시에 자국어로 출간하는 공동출판이 늘어나고 있다. 이제는 단순히 저작권을 사고파는 수준이 아닌 전 세계를 하나의 네트워크로 묶는 공동 출판 작업이 본격화되고 있음이다.

컴퓨터화된 도서, 전자책(Gettyimages)

디지털 출판은 기존의 출판과는 전적으로 다른 접근방법을 요구한다. 디지털 출판에서 가장 중요한 점은 온라인을 통해 책이나 디스크와 같은 특정한 상품을 '판매'하는 것이 아니라, 특정한 정보나 아이디어에 대한 '접속'을 제공한다는 점이다. 디지털 출판은 지식, 정보, 오락 등을 즉각적이고 지구적인 차원에서 공유하는 것이다. 디지털 출판은 지식, 정보, 오락 등을 즉각적이고 지구적인 차원에서 공유하는 것이다. 디지털 출판의 핵심은 복제가 가능한 고정된 정보나 지식을 제공하는 것이 아니라, 상호 복잡하게 연계되고 지속적으로 변화하는 생명력 있고 융통성 있는 과정(process)으로서의 정보나 지식을 제공하는 데서 찾아진다. 이로써 디지털 출판은 정보를 통제하는 새로운 방식을 제공하며, 그것을 통해 새로운 수입의 원천을 제공하고 있는 것이다(김원제, 2006).

출판양식의 변화: 전통출판과 정보시대출판

구분	전통출판	정보시대출판
작업의 특성	판형(format) 중심	콘텐츠 중심
정보제공 형태	책, 잡지 등	아이디어와 정보
테크놀로지 적용	제한된 기술	인쇄와 전자미디어
정보처리 기술	기계적	영상중심의 기술
메시지의 상징	문자언어, 숫자, 스틸 이미지	문자언어, 숫자, 스틸이미지 (＋) 동영상, 목소리, 사운드
수용자관	독자	독자 － 시청자 － 이용자
시장지향성	생산중심	시장중심
소통의 흐름	일방향성, 일 대 다수, 비접속	일방향성과 쌍방향, 네트워크, 접속
정보유통 방법	사실적	사실적 ＋ 전자적
정보유통 주기	목록별, 기간별	목록별, 기간별, 개설한 채널별
매니지먼트	포맷 특성화	통합적 접근

출처: Douglas M. Eisenhart(1994), p.38.

인류사에서 가장 중요한 사건, 인쇄술

1997년 미국의 시사주간지 <라이프>는 지난 1천 년 동안 인류사에서 가장 중요한 사건 중 그 첫 번째로 구텐베르크가 금속활자를 발명해 성경을 찍어 낸 것을 꼽았다. 당시 귀족과 성직자들의 전유물이었던 성경이 그의 인쇄기를 통해 일반인에게 보급되면서 결국 서양 문명이 현재 세계를 지배하게 되는 중요한 계기가 되었기 때문이다.

책은 지식을 모아 보존하고 대중화시키는 데 가장 큰 영향을 끼쳐 왔다. 책이 보급되기 위해서는 문자와 종이, 인쇄술이 필수적이지만 책을 통한 지식의 대중화에 가장 중요한 역할을 한 것은 인쇄술이다. 인쇄술은 인류가 정확한 정보를 전달하기 위하여 부단한 노력 끝에 발명한 것으로 인류문화 발전에 큰 공헌을 했다. 인쇄술이 발명되기 전에 인류는 책을 일일이 손으로 써서 베끼는 방식으로 만들었다. 그러나 책을 베끼는 것은 그 과정에서 틀린 글자나 빠지는 글자 등이 많아 본문의 내용을 다르게 하는 단점이 있어 지식과 문화수준이 점차 발달하고 수요가 많아지면서 활자인쇄술의 필요성이 대두된 것이다.

구텐베르크는 독실한 가톨릭 신자로서 흔들리는 가톨릭을 바로잡기 위해 가톨릭 신자들에게 성경을 널리 보급할 생각으로 활자인쇄술을 활용했다. 13세기 당시에는 구약성서 창세기로부터 신약성서 요한계시록에 이르기까지 수십 권에 달하는 성서 한 부를 한 사람이 모두 필사하려면 3년이 넘는 세월 동안 공을 들여야 했다. 그나마 수도사나 수녀들이 필사한 성경은 로마 가톨릭 교회 일부 성직자의 전유물이 되었다. 이처럼 성서와 그리스·로마의 고전을 위주로 한 대부분의 책은 수도원을 중심으로 필사하여 보관했다. 이러다 보니 자연히 가톨릭 수도원은 지식의 창고가 되어 지식을 보관, 전수하는 유일한 장소가 되었다. 이곳에 보관된 서적을 통해 왕실과 귀족, 수도승들만이 지식을 공유하였으며 특히 성서를 교회와 수도원이 독점하고 있었으므로 일방적인 신앙을 강요하며 유럽 전체에 거대한 종교권력을 행사하였다.

움베르트 에코의 소설 <장미의 이름>. 이 소설은 감독 장 자크 아노에 의해 1986년에 영화로 만들어질 만큼 베스트셀러의 반열에 올라 있다. 중세 말의 한 수도원을 배경으로 한다. 주인공 윌리엄 수도사가 수도사들이 연속적으로 살해당하는 음모를 파헤쳐 가는 줄거리다. 수도원 도서관에는 아리스토텔레스가 희극에 관해 논한 시학 제2권의 필사본이 숨겨져 있다. 예수가 평생 단 한 번도 웃지 않았으며, 웃음은 악마의 유혹이고 신성모독이라 믿는 수도원장이 그 책에 독을 발라 놓아 책을 보는 사람은 모두 독살당하게 된다.

책의 제목은 중세의 시구절에서 "태초의 장미는 이름으로 존재하나 우리는 빈이름만을 가지고 있다."는 구절에서 따온 것이다. 장미는 과거의 영광은 사라지고 허망함만 남은 것, 과거의 아름다움을 잃고 이제는 이름만 남아 있다는 것을 상징한다. "실체는 모두 사라지고 남아 있지 않다. 과거의 영광스럽고 위대한 것들은 덧없이 사라지고 만다. 하지만 그것들은 오직 이름으로만 남아 있다."

인쇄술이 발달하지 않아 책을 많이 찍어 낼 수 없었기 때문에 벌어진 일이다. 책은 수도사만이 볼 수 있었기에 그 자체가 예수와 대화하는 권위의 상징이었기에 그 권한을 가진 수도사는 권력이 되어 버린 것이다.

▌종이인쇄 기반 지식과 정보, 역사발전의 초석

그러나 2백 년이 지난 1455년, 구텐베르크는 자신이 발명한 금속활자를 이용하여 3년 남짓한 기간에 성서 180부를 찍어 냈다. 중세까지 문자를 읽고 쓰며 책을 소지하는 이들은 귀족과 수도승 같은 소수 권력층이었으며, 지식에서 소외된 대중들은 하층민의 삶을 영위할 수밖에 없었다.

구텐베르크의 활자인쇄술은 유럽사회에 혁명적 변화를 가져왔다. 구텐베르크 성경 발간 이후 40년 만에 유럽 110개 도시에 인쇄소가 설치됐고, 그 뒤 10년 만에 활자인쇄술로 발간된 서적 수가 800만 권에 도달했다. 유럽은 물론 전 세계에 지식정보혁명을 가져온 인쇄술은 보통사람들도 저렴한 비용으로 서적을 구입하고 아담한 서가를 꾸밀 수 있게 해 줬다. 민족단위의 국가가 형성되는 과정에서도 대중화된 서적의 보급은 큰 역할을 했을 것이다. 법전의 대량보급 역시 국가통치체제 구축에 큰 도움을 주었다.

구텐베르크의 활자인쇄술은 당시 시작되고 있던 르네상스의 불길을 더욱 거세게 했다. 이때 인쇄된 그리스·로마 시대의 고전들은 종교암흑기 중세 이전의 자유롭던 고전시대를 꿈꾸게 해 주었던 것이다. 이제 '책'은 소수의 지배계급을 위한 것이 아니라 지식에서 소외되었던 대중을 위한 것이 되었다. 학문상의 활발한 토론도 활자인쇄술의 도움으로 싹이 트기 시작했고, 이는 다시금 대중 속으로 파고들었으며 나아가 역사발전에도 큰 영향을 미쳤다.

인쇄술의 발달 없이는 종교개혁도 불가능했을 것이라는 것이 학계의 정설이다. 1517년, 종교개혁을 시작한 루터의 '95개조 반박문'은 활판 인쇄술에 힘입어 불과 2주 만에 전 유럽으로 파급되었다. 루터는 인쇄술을 가리켜 "복음 전파를 위해 신이 내리신 최대의 선물"이라고까지 극찬했다. 당시 인쇄술의 발달은 루터의 사상을 빠르게 지식인들에게 알릴 수 있었고 판화를 통해서 글을 모르는 농민들에게도 이해시킬 수 있었다.

구텐베르크 성서 등 라틴어 성서의 인쇄에 이어 루터가 번역한 독일어 성서를 비롯해서 각국의 언어로 성서가 금속 활자로 인쇄, 출판되어 대중에게 보급됨으로써 대중은 지금까지 가톨릭 교회가 이야기한 것들이 성경과 동떨어진 것이었다는 사실을 인식하고 종교개혁을 적극 지지하게 되었다.

종교개혁으로 인해 엄청난 양의 출판물들이 생산되었고 종교개혁과 이에 반발한 가톨릭 교회의 반종교개혁이 팽팽히 맞서면서 이들 인쇄물은 정신적·정치적 투쟁의 도구, 선전·선동과 교화 수단으로 자리매김하게 되었다.

인쇄술에 의해 지식과 정보가 대량 복제되면서 대중의 힘은 점점 커졌다. 르네상스와 종교개혁을 통해 쏟아져 나온 책과 여러 인쇄물을 접하며 이제 대중들은 지식이라는 권력을 지

베를린의 Walk of Ideas에 세워진 북 조각작품,
현재 도서출판의 발명을 기념
2006년 디자이너 Scholz & Friends의 작품

배층과 공유하게 되었고 이는 다시 시민혁명을 거쳐 근·현대로 나아가는 초석이 되었다.

성장률 정체에 놓여 있는 출판 산업

20세기 초·중반까지 출판 산업은 무한한 성장력이 확실히 보장되는 영역이었다. 대중교육의 보급으로 책의 소비가 늘어났고, 여가시간이 늘어나자 책 읽을 시간도 많아졌다.

그러나 텔레비전의 등장을 시작으로 수많은 영상매체가 쏟아지고, 인터넷과 휴대폰의 보급이 급속히 늘어나면서 선정적인 자극적인 시청각 매체에 사람들의 관심이 쏠리기 시작했다. 따라서 정적이고 집중력이 필요하며, 다소 재미가 떨어지는 책을 읽는 사람들이 점차 줄어들고 있다.

매년 우리나라 국민을 대상으로 조사되는 국민독서실태를 살펴보면, 우리나라 국민들의 독서 시간은 평일 28분, 주말 29분에 불과하며, 이것은 TV이용시간이나 인터넷 이용시간의 1/2 내지 1/4 정도에 불과하다. 이런 이유로 우리나라 출판 산업의 매출액은 10년 가까이 3조 5천억 원 내외에 묶여 있으며, 전통적인 출판강국이던 이웃나라 일본은 갈수록 출판 산업의 매출액이 떨어져, 1990년대 초반의 규모로 되돌아가는 결과가 나타났다. 미국을 비롯한 기타 선진국도 출판 산업의 성장률은 영상산업의 성장률이나 게임산업의 성장률에 훨씬 못 미치고 있다.

02

출판2.0, 전자출판의 시대

　현대 문명사회의 성립을 가능하게 했던 활자인쇄술과 종이책은 오늘날 중요한 변화기에 처하고 있다. 과거 책을 만드는 데 사용되던 종이와 활자는 전자책의 등장으로 중요성이 퇴색하기 시작하였고, 종이에 인쇄된 콘텐츠를 의미하는 것으로 보았던 출판의 개념은 보다 넓은 의미로 사용되고 있다. 출판은 이미 종이책뿐 아니라, 전자책, 오디오북, 모바일북, CD-롬 북, POD, 전자교과서, 전자저널로 다양하게 사용되고 있으며, 영화, 드라마, 연극, 방송, 음악, 뮤지컬, 만화, 캐릭터 산업, 광고, 인터넷 등으로 재가공되는 원천소스(기본재료)가 되고 있다.

　이러한 출판의 변화가 가능하게 했던 핵심요소가 바로 전자출판 (Electronic Publishing)이다. 특히 21세기에 들어와서 문화 콘텐츠 산업의 부가가치가 높아지며 중요성이 증가하자, 모든 콘텐츠 산업의 원천스토리 (원작)를 가지고 있는 출판 산업과 전자출판의 중요성이 더욱 부각되고 있다. 따라서 전자출판은 출판 콘텐츠의 본래 가치가 한 단계 업그레이드 되는 변신이라고 할 수 있다. 그리고 아날로그 미디어의 최후의 보루였던 책이 본격적으로 디지털화되기 시작했다는 것을 의미한다.

컴퓨터 마우스로 유지되는 책의 생명(Gettyimages)

▌출판 테크놀로지를 둘러싼 갈등

5천 년 이상의 역사를 가진 인류 최고(最古)의 매체인 책은 그동안 많은 변화를 거쳐 오면서 신구(新舊) 세력 간의 갈등과 타협을 경험해 왔다. 수(手)작업에 의존하던 책의 생산을 기계화시키며 등장한 15세기의 활자인쇄술은 필경사와 중세교회에 위협을 가하는 존재로 여겨졌다. 숙련된 솜씨로 책을 베껴 쓰며 만들던 필경사는 활자인쇄술이 자신들의 일자리를 뺏을까 봐 걱정했고, 중세의 교황과 교회는 종교개혁운동가들에게 활자인쇄술이 알려질까 봐 전전긍긍했다. 구텐베르크와 교회의 밀약에 의해 은밀한 보호 아래 감춰져 있던 활자인쇄술은 시간이 지나면서 어쩔수 없이 유럽대륙으로 널리 퍼져 갔다.

근 5백 년을 유지하던 활자인쇄술은 20세기 후반 불어닥친 전자화의 영향으로 심각한 도전을 받게 된다. 전산사식, 전자조판의 개발로 활자인쇄술의 장인(匠人)은 더 이상 설 곳이 없어지고, 디자이너의 작업도 오려

붙이고 펜으로 그리던 시대에서 컴퓨터로 작업하는 방식으로 바뀌게 된다. 활자인쇄 시대에 젖어 있던 숙련공들은 새로운 컴퓨터 제작방식을 애써 폄하하기도 했으며, 영국의 신문출판 밀집지역인 플리트 스트리트(fleet street)에서는 전산화에 맞선 인쇄노조의 대규모 파업이 일어나기도 했다. 결국 신기술의 점진적인 확산으로 과거의 생산방식에 안주해 있던 문선공, 식자공, 정판공 등은 대규모로 퇴출되고, 남은 사람들은 시간을 투자하여 DTP시스템(컴퓨터 편집시스템)을 익혀야 했다.

출처: 2007. 11. 19. 뉴스위크 표지.

디지털 테크놀로지가 미래 독서에 미치는 영향과 아마존의 등장에 대해 설명

한편, 20세기 말에 불어온 디지털의 혁명은 아날로그 방식에 익숙해 있던 사람들에게 새로운 변화를 압박하기 시작했다. 전산화의 결과로 이미 컴퓨터와 정보기술이 제작과정에 깊숙이 자리 잡고 있었지만, 지금까지는 한결같이 종이책만을 만들어 왔었다. 그러나 21세기에 들어서면서 디지털 방식의 전자책이 나오고, MP3로 듣는 오디오북이 나오고, 휴대폰이나 전자책 단말기로 이용할 수 있는 전자책이 나오게 되었

다. 그리고 1995년 아마존에 의해 처음 선보인 인터넷 서점은 매출액이 해마다 늘어났고, 2003년 아마존에 의해 시작된 도서본문검색(Search Inside)은 구글과 야후, 마이크로소프트 등이 관심을 갖는 새로운 출판프로젝트가 되었다.

그리고 2007년에는 아마존에 의해 '킨들(kindle)'이라는 단말기와 출판 콘텐츠를 결합한 제품이 나와 전자책의 혁명을 일으키고 있다.

▌디지털 시대, 출판 산업의 새로운 가치 발견

21세기 창조경제, 지식기반사회의 도래는 출판 산업에 새로운 가치를 발견하게 하였다. 2008년 유엔 산하기구인 UNCTAD에 의하면, 세계는 이미 창조경제(Creative Economy) 시대에 진입해 있으며, 창조경제 핵심으로서 창조산업(Creative Industries)이 부각되고 있다고 한다. 이러한 창조산업은 '창조성'과 '지적자산'에 기반을 둔 무형지식·예술서비스를 중요시하는데, 따라서 전통예술, 축제, 책(출판), 그림, 공연예술(전통적), 음악, 영화, 방송, 애니메이션, 비디오게임 등이 그 어느 산업 영역보다도 중요한 위치를 차지하게 되었다고 한다.

그리고 디지털 시대의 완숙기에 들어선 오늘날 사회에서는 웹2.0 기반 서비스, 와이브로, 스마트 폰 등이 활성화되고, 1인 미디어나 UCC, SNS 등 개인의 창조적 활동이 급속히 증가하고, 능동적 프로슈머가 확산되는 경향이 뚜렷이 나타난다고 한다.

이러한 변화양상에 발맞춰 출판 산업도 단순히 지식정보의 제공에 치

중하는 경향에서 벗어나, 지식경제시대에 걸맞은 감성과 창의성을 극대화
하는 방향으로 콘텐츠를 가공하는 방안이 필요하게 되었다.

창조경제, 지식기반사회에서는 지식과 콘텐츠의 창출과 활용이 국가 경
쟁력을 좌우하는 중요한 요인이 되고 있다. 따라서 감성, 창조적, 상상력
을 극대화할 수 있는 방향으로 창조적 지식콘텐츠를 생산하는 것이 21세
기 출판 산업의 새로운 화두가 되었다.

지식기반사회의 출판은 '디지로그' 지식콘텐츠 산업으로 진화하고 있
다. 디지털을 기반으로 한 감성·문화 기반의 창조적 지식콘텐츠 생산이
21세기 출판 산업의 새로운 화두로 부상하고 있음이다.

출판 산업의 진화

구분	출판 산업(20세기)	출판지식산업(21세기)
산업 구조	도서제작(편집·인쇄) 중심	지식 콘텐츠 생산 중심
시장 특성	공급자 중심	수요자 중심
매체 형태	인쇄매체 중심	다매체, 복합 매체화
미디어 환경	미디어 간 경쟁	미디어 융·복합화, 콘텐츠 경쟁
수용자	수동적 독자 (생산과 이용의 분리)	능동적 프로슈머 (소비자 + 생산자)

출처: 문화체육관광부(2007). 〈출판·인쇄문화산업 진흥계획('07~'11)〉.

이러한 추세에 맞춰 출판 산업은 단순히 종이책을 생산하는 방식에서
벗어나 종이책, POD(주문형 책), 전자책, 오디오북, 모바일북, 지식검색
등으로 다변화하고 있으며, 출판 콘텐츠의 유통방식도 온·오프라인 서점
위주에서 전자책 단말기, 모바일기기, IPTV로 확대되고 있는 추세이다.

출판은 지식산업의 핵심적 위치에 자리 잡고 다양한 장르로 융합되는

특징이 있기 때문에 지식기반 사회에서 필요한 방향으로 콘텐츠를 양산하기 쉽다. 특히 출판이 소유하고 있는 많은 콘텐츠들은 이미 독자들에게 일차적으로 검증되어 걸러진 내용이므로 이 중에서 성공한 콘텐츠를 또 다른 영역으로 가공시키기 쉽다는 이점이 있다. 출판은 OSMU를 구현하는 핵심콘텐츠로 가치를 높게 평가받고 있다.

최근에 주목할 만한 변화 중에 하나는 2009년 9월 이후 앱스토어에 신규등록 되는 애플리케이션 중 전자책(20%)이 게임(13%)을 제치고 1위를 차지했다는 것이다. 결국 창조경제 시대에 전자출판은 창조산업으로서의 무한한 가능성을 내포하는 새로운 시장으로 부각될 가능성이 매우 높다고 하겠다.

디지털 시대 출판문화 전경(Gettyimages)

출판 패러다임의 변화

분야	변화 내용
출판 콘텐츠생산	종이책 ⇨ 종이책＋POD(주문형 책), 전자책, 오디오북 등
출판 콘텐츠유통	온·오프라인 서점 ⇨ 온·오프라인 서점＋PC, 모바일기기, IPTV
출판 콘텐츠소비	소비자가 직접 기획, 제작(Digital POD Publishing/ 1인 창조 출판)

한편 지식기반사회의 도래는 새로운 지식과 정보의 흡수를 끊임없이 요구하고 있어, 책에 기반을 둔 독서문화의 필요성이 더욱 높아지고 있

다. 책은 인류의 지적 소산인 저작물의 생산·보급 역할을 수행하고, 인간은 책을 통해 정신문화를 공유·창조·전승하고 있다.

특히 책은 인터넷 시대의 폭발적인 '정보 스모그' 속에서 정선된 지식과 정보의 최대 공급원으로 작용하고 있다. 수많은 커뮤니티 공간이 생성되어 누구나 자신이 알고 있는 것을 유포할 수 있는 시대가 도래하여, 검증되지 않고 출처를 알 수 없는 곳에서 옮겨 온 지식과 정보들이 오히려 가치판단에 혼란과 착오를 증폭시키는 시대가 되었다. 따라서 앨빈 토플러는 그의 저서 <부의 미래>(2006)에서 무용(無用)지식(obsoledge)을 가려내는 것이 '미래의 부'를 결정짓는 중요한 요소라고 강조한 바 있다.

오늘날 책을 통한 지식검색이 매우 중요해지는 것도 이러한 측면 때문이다. 지식의 결정체인 책을 통해 인터넷에서 범람하는 부정확한 정보들을 정확히 골라내고, 틀림없는 정보만을 이용자들에게 제공하려는 이유로 도서본문검색은 포털사이트의 주요 사업 대상이 되고 있다. 검증되고 체계적이며 창의적인 지식을 제공하는 데는 책만 한 것이 없기 때문이다.

따라서 구글은 미국작가협회와 미국출판협회에 엄청난 비용의 저작권료를 주고도 도서검색(Booksearch) 프로그램을 추진하고 있으며, 야후와 마이크로소프트는 연합해 도서검색 프로젝트를 진행하고 있다. 우리나라에서도 네이버와 다음 등 주요 포털사이트는 이용자들에게 정확한 지식과 정보를 제공하려고 서적의 본문검색에 막대한 비용을 쏟아붓고 있다.

또한 책은 창의력과 상상력을 길러 주는 핵심 매체이고, 독서는 어떤 매체를 이용하는 것보다 상상력과 창의력을 촉발해 준다. 영화감독 스티븐 스필버그는 "나의 창조성과 상상력은 책에서 나온 것"이라고 책의 소중함을 말하기도 했다. 결국 출판문화의 수렴과 독서의 확산이 국가의 경

온라인 독서(Gettyimages)

쟁력을 고양하는 데 중요한 변수가 되고 있다.

전자출판은 영상세대들에게 독서의 습성을 익히고 책을 가까이하는 데 좋은 수단이 되고 있다. 이웃나라 일본에서는 모바일 소설의 성공으로 새로운 디지털 독서문화가 개화 중이다. 신쵸샤 등 주요 출판사가 '모바일 휴대 전화문고'를 개설해 독자를 끌어들이고 있으며, 모바일 소설이 베스트셀러로 진입하는 경우도 심심치 않게 나타나고 있다.

국내에서도 전자책을 통한 새로운 독서문화를 확산하기 위한 노력이 끊임없이 이뤄지고 있어, 인터파크도서는 국내 최대 온라인 책 문화 축제인 '2009 온라인 도서전'을 개최하기도 했다. 또한 독서와 멀어지기 시작한 첫 세대인 30대 남성들이 국내 전자책 단말기의 주된 구매자로 등장하는 등 전자책은 새로운 독서문화의 형성에 매우 긍정적인 역할을 담당할 것으로 기대되고 있다.

결국 창조경제, 지식기반사회에서 출판 산업은 모든 문화산업의 기반영역으로서 위상을 부여받고 있으며, 전자출판은 이러한 출판 콘텐츠의 문화적 파워를 배가시키 데 큰 역할을 담당하고 있다. 또한 전자출판은 잃어버린 독서습관을 되찾는 데 기여하여, 창조적 지식의 공급을 통한 국가 경쟁력을 높이는 데 일조하고 있다.

출판 패러다임의 혁신

종이책 출판 산업의 전반적인 부진에도 불구하고, 전자출판 산업은 지속적인 성장이 예측되고 있다. 전 세계 전자출판 산업은 2012년까지 연평균 28.8%로 급성장할 것으로 전망되고, 2012년 111억 9,100만 달러로 약 4배의 규모 성장이 기대되고 있다.

전자출판은 기존 출판 시장의 대체·보완이 아닌, 새로운 출판 시장을 형성해 가는 것으로 판단되고 있다. 현재 전 세계 전자출판 시장은 구글, 소니, 아마존, 야후와 같은 세계적인 기업들을 중심으로 하는 대자본이 선

컴퓨터 도서관(Gettyimages)

도해 나가고 있는 상황이다. 소니는 지난 7~8년간 꾸준히 전자책 단말기를 개발해 왔으며, 구글은 2003년부터 디지털 도서관 프로젝트와 북서치 프로그램을 추진해 왔다. 아마존은 인터넷 서점에 이어 전자책 사업에 뛰어들어 현재 미국 시장의 전자책 붐을 주도하고 있으며, 야후는 구글에 맞서 MS와 함께 열린 도서관 프로젝트(Open Library Project)를 진행하고 있다.

전자출판 시장의 환경에 따라 세계 전자출판 산업은 급속히 발전하고 있는데, 콘텐츠의 측면에서는 아직까지 종이책에 비해서는 보잘것없지만, 미국에서는 연평균 100% 이상의 높은 성장세를 보이고 있다. 또한 단말기의 측면에서는 2009년 20종 이상의 단말기가 출시되어 있고, 판매량도 400만 대 내외로 늘어났다. 이러한 전자책 단말기 시장은 크게 아마존과 소니가 양분해 왔으나 최근 미국 최대 오프라인 서점인 반즈앤노블이 단말기를 출시하면서 더욱 경쟁이 치열해지고 있다.

전자출판 세계 시장 현황 및 전망

구분	현황 및 전망
콘텐츠	▸ 전자책의 종이책 대비 비중은 2008년 1.6%에 불과하나 점차 확대 예상 − 2008년 18억 달러 → 2013년 89억 달러로 연평균 37.2% 성장할 전망 − 본격적인 성장단계에 진입한 미국 시장의 경우, 전자책 월 판매량이 전년 동기 대비 100% 이상의 높은 성장을 보이고 있음
단말기	▸ 전자책 단말기 시장도 빠르게 성장 중이나 대중화를 위해서 가격인하 필요 − 전용단말기의 종류 2007년 5종에서 2009년 20종 이상으로 확대 − 판매량도 2008년 100만 대에서 2009년 400만 대 내외로 확대 − 디스플레이서치는 전용단말기 시장이 2008년 100만 대에서 2018년 7,700만 대까지 확대될 것으로 전망하고 있으나, 대중화를 위해서는 가격하락 필요
E-Paper	▸ 전자책 단말기 생산원가의 30~60%를 차지하는 핵심부품인 E-Paper 시장을 E-ink社가 주도하고 있는 가운데, 2010년 이후 후발업체 진입 예상 − 현재 출시된 전자책 단말기들이 모두 E-ink사의 E-Paper를 사용 − 여러 국내외 업체들이 제품을 개발, 양산을 계획 중으로 2010년 이후 시장진입 예상
사업자	▸ 아마존, 소니, 반즈앤노블이 '단말기+유통' 결합을 통해 시장 주도 − 2009년 미국 단말기 시장에서 아마존이 65%, 소니가 35%를 점유 − 최근 미국 최대 오프라인 서점체인인 반즈앤노블이 자체 단말기를 출시하면서 강력한 경쟁자로 부상

이렇게 전자출판 시장이 급속히 성장해 나가자, 많은 출판업체들이 전자책 출판 사업을 확장하면서 더욱 적극적으로 전자책 시장에 진출하고 있다.

전자출판이 앞서 있는 미국의 경우, 전자책 사업을 강화하는 출판업계는 크게 두 가지 방식으로 전자책 시장에 접근하고 있다. 첫째, 많은 콘텐츠를 보유하고 있는 출판업체들은 먼저 Amazon, Mobopocket 등 전자책 유통망을 구축하고 있는 전자책 판매 업체에 콘텐츠 제공을 확대하고 있다. 둘째, 자체 유통망을 통해 전자책 판매에 나서거나 전자책 유통업체와의 제휴를 통해서 공공 도서관 등으로의 유통 채널을 확장하려고 노력한다. 그리고 오디오북, 모바일북, POD, 전자교과서로 영역을 다양하게 넓히고 있으며, 원작 출판 콘텐츠를 가지고 영화, 드라마, 연극, 뮤지컬, 만화, 캐릭터에 진출하는 경향이 늘어나고 있다.

최근에 와서는 Scribd.com이나 iBook Store 등의 오픈마켓을 통하여 전자책을 소비자에게 직접 유통하려는 경향도 늘어나고 있다. Scribd.com을 통해 전자책을 유통하는 출판사는 사이먼앤 슈스터를 비롯하여, 여행서적 전문업체인 론리 플래닛(Lonely Planets), 기술서적 전문업체인 오렐리 미디어(O'reilly Media) 등이 있다.

한편, 전자책의 등장으로 전자책 단말기 등 휴대기기가 새로운 미디어 플랫폼으로 부상하고 있다. 이 기기를 통해서 책, 신문, 잡지를 이용할 수 있을 뿐만 아니라, 인터넷 검색과 블로그를 이용할 수 있으며, 동영상과 MP3 파일을 즐길 수 있다. 또한 출판매체의 단점인 원자재, 인쇄비, 운송비들을 절감할 수 있어 수익성을 개선하는 기회를 잡을 수도 있다.

이제 출판사는 제조업을 담당하는 매체사라는 개념보다는 콘텐츠를 통해 다양한 문화상품을 제작하여 유통시키는 기획사이자 유통회사라는 개념에 더욱 가까이 다가가고 있다. 전자출판시대에 출판 콘텐츠는 OSMU를 구현하는 가장 대표적인 장르가 됐다. 따라서 전자출판은 종이책 시장을 대체하는 요소가 아니라, 콘텐츠를 전달하는 또 다른 유통경로의 확보라는 관점에서 바라볼 필요가 있다.

누구나 작가가 되는 피플 파워드 퍼블리싱(People Powered Publishing) 시대

전자출판이 확산되면서 소비자인 독자의 위상이 사뭇 달라지고 있다. 이름난 유명작가만이 책을 내던 시대에서 벗어나 누구나 작가가 되고, 누구나 책을 낼 수 있는 시대가 도래한 것이다. 따라서 독자는 단순한 책의 소비자에서 벗어나, 책을 직접 기획하고 제작하는 위치에 서게 된 것이다. 즉 독자가 주도하여 출판 콘텐츠를 만들어 내는 피플 파워드 퍼블리싱이 가능한 시대가 되었다. 이것은 전자출판이 있기에 가능한 것이다.

전자출판은 과거의 종이출판처럼 복잡한 공정과 많은 비용을 필요치 않는다. 일반적으로 책이 출판되기 위해서는 저자가 출판사에 원고를 넘겨 출판사에서 교정과 편집과정을 거치고, 이어 인쇄에서 종이에 인쇄한 후, 대형 서점 및 도·소매업자를 거쳐 일반 독자의 손에 들어오게 된다.

그러나 전자출판시대에 들어오면서 뛰어난 창의력과 집에서 쓰는 컴퓨터만 있으면, 저자가 직접 전자책을 만들고 유통할 수 있게 되었다. 이른바 전 국민이 작가이고, 누구나 자신의 책을 가질 수 있는 시대가 온 것이다. 실제로 일본의 휴대폰 소설 작가 중 절반 이상이 평범한 직장인 것으로 알려졌다. 우리나라도 귀여니와 같은 작가는 인터넷 소설에서 인기를 얻어 종이책을 출간하게 되었다.

책을 쓰는 작가가 따로 있는 것이 아니라, 누구나 작가가 될 수 있고, 자신이 쓴 작품을 손쉽게 전자책으로 만들어 유통시킬 수 있는 시대가 된 것이다. 이러한 추세를 반영하여 바로북은 '아이작가', 교보문고는 '인디라이터 출판' 등을 만들어 아마추어들이 인터넷 공간에서 작품을 연재하고 전자책으로 출간하는 것을 도와주고 있다.

한편, 전자출판은 저자 1인 출판시대를 열었다. 일반적으로 책이 출판되기 위해서는 작가가 출판사와 협의를 거쳐 원고를 완성한 후 인쇄소를 통해 책을 인쇄하여 서점을 통해 유통하는 방식을 취해 왔다. 그러나 전자출판 시대에 작가는 출판사의 도움 없이 전자책으로 독자와 직접 만날 수 있게 되었다.

따라서 미국의 공포소설 작가 스티븐 킹의 사례와 같이 기존 작가들도 전자출판에 큰 관심을 보이고 있다. 스티븐 킹은 2000년 <총알차 타기>란 신작소설을 인터넷에 발표해 그의 전속 출판사인 '사이먼앤드슈스터'를 비롯해 마이크로소프트, 랜덤하우스, 타임워너 등이 전자책 사업에 뛰어든 계기를 만들었다. 우리나라도 이문열, 이순원과 같은 작가가 출판사의 도움 없이 전자책으로 책을 출간하기도 했다.

미국에서는 Scribd.com에서 일반인들이 직접 쓴 소설 등 문학 작품을 사고팔 수 있는 서비스를 시작했다. Scribd.com은 개인들이 손쉽게 전자책을 판매할 수 있도록 전자책을 업로드할 때 보안 소프트웨어를 심을지도 직접 결정할 수 있도록 했다. 이를 통해 Scribd.com에서만 읽기, PDF 내려받기, DRM(Digital Rights Management)이 적용된 PDF 내려받기,

DRM이 적용된 EPUB 내려받기 등 다양한 옵션을 지정할 수 있다.

전자책 단말기를 만들고 있는 소니(Sony)도 독립 작가의 작품을 전자책 콘텐츠로 만들기 위해 퍼블리셔 포털(Publisher Portal)을 만들었다. 퍼블리셔 포털을 통해 저자는 자신의 작품을 온라인으로 출판하여 소니 전자책 스토어에서 판매할 수 있다(한국콘텐츠진흥원, 2010).

이러한 환경의 도래로 인해 다양한 관심사와 뛰어난 상상력을 지닌 개인들이 자본 없이 출판업에 뛰어들 수 있는 가능성이 높아지고 있다. 따라서 독자로 머물러 있던 일반인들이 자신의 작품을 전자책으로 만들어 유통할 수 있는 기회를 갖게 되어 전자출판 경로들이 출판계의 유튜브(YouTube)가 될 수 있는 가능성도 높아졌다.

기로에 선 서점사업 그리고 변신

전자출판시대에 들어서면서 서점도 많은 변화를 겪게 될 것이다. 과거 수백 년 동안 서점은 시내 한복판 요지에 자리를 잡거나, 학교 부근에 자리를 잡으면서 성장해 왔다. 따라서 서점 영업의 핵심은 얼마나 목 좋은 곳에 매장위치를 잡는가가 관건이 되었다.

최근 몇십 년간 서점은 대형화와 체인화에 사활을 걸었다. 서점이 대형화되고 체인화되면서 중소 서점은 죽어 가고, 소수의 대형 서점만이 살아남는 사업구조가 형성되었다. 지역에 기반을 둔 중소 서점들이 대형 서점의 지역 내 입점을 막기 위해 안간힘을 썼으나, 서점의 체인화는 갈수록 심화되었다. 미국에서는 반즈앤노블이, 우리나라에는 교보문고가 수많은 체인점을 거느린 거대 서점으로 성장하였다.

1990년대에 들어와 인터넷이 확산되고 전자상거래가 활성화되면서, 서점업계의 구도는 인터넷 서점과 오프라인 서점의 구도로 양분되기 시작하였다. 1995년 최초의 인터넷 서점인 아마존이 미국의 시애틀에서 탄생하더니 불과 10여 년 남짓한 기간에 인터넷 서점의 성장률은 매우 놀랍다. 처음부터 오프라인 서점보다는 월등히 싼 책값으로 독자를 공략하더니, 이제는 오프라인 서점의 매출액에 거의 육박하는 실적을 보이고 있다.

게다가 2003년 책의 내용을 보지 않고 산다는 인터넷 서점의 단점을 보완하는 본문검색 서비스가 아마존에서 시작된 이후, 이제는 거의 모든 인터넷 서점이 본문 검색 서비스를 제공하고 있으며, 독자는 책의 내용을 확인하며 책을 살 수 있어 인터넷 서점의 이용률은 더욱 증가하고 있는 추세이다. 우리나라의 경우 인터넷 서점의 전체 서점 시장 내 비중은 2002년 9.7%에서 2008년에는 31.9%까지 확대되었다.

국내 인터넷 서점의 매출비중 추이

(단위: 억 원)

구분	2002년	2003년	2004년	2005년	2006년	2007년	2008년
전체 도서 시장	28,103	24,463	23,485	26,939	26,124	25,054	25,804
인터넷 서점 매출 총액	2,740	3,443	3,743	4,493	5,703	7,300	8,255
인터넷 서점의 매출 비중	9.7%	14.1%	15.9%	16.7%	21.8%	29.1%	31.9%

출처: 대한출판문화협회(2009), 〈한국출판연감〉.

그러나 전자책의 확산으로 서점사업은 어쩔 수 없이 또 한 번의 변화를 겪게 될 것으로 보인다. 어쨌거나 전자책을 보는 사람들이 많아지면, 종이책을 사는 사람이 다소 줄어들 수밖에 없고, 종이책 판매에 치중하고 있는 인터넷 서점의 매출도 얼마간 줄어들 수 있다.

물론 현재 대부분의 국가에서 대형 서점들은 전자책 유통사업에 공격적으로 뛰어들고 있지만, 애플처럼 전자기기 회사가 직접 전자책 유통을 담당할 수도 있고, 출판사가 직접 전자책 콘텐츠를 유통하는 경우도 점차 늘어날 것으로 보인다. 또한 인터넷 서점만 운영하는 경우는 종이책 판매량의 감소에 다소 유연하게 대처해 갈 수 있을지 모르지만, 체인화된 대형 오프라인 서점을 함께 운영하는 전통적인 서점의 경우에는 종이책 판매의 감소가 상당한 악영향을 미칠 것으로 보인다.

따라서 서점업계는 다양한 방안을 모색해 서점사업의 수익성이 떨어지지 않도록 노력하고 있다. 일례로 미국서점협회(American Booksellers Association)는 최근 지역 서점들의 도서 판매 증진 웹사이트에 도서검색용 iPhone 애플리케이션을 개발하여 올려놓았다. 무료로 사용할 수 있는 이 아이폰용 애플리케이션을 이용하면, 아이폰을 통해 원하는 도서를 도서검색 할 수 있고, 그 도서가 자신의 위치에서 가까운 어느 서점에 비치되어 있는가를 알 수 있다. 미국서점협회는 향후 이 애플리케이션에 전자책 기능을 추가해 전자책 시장에서의 주도권을 확보해 나갈 계획이다(한국콘텐츠진흥원, 2010).

또한 전자책이 활성화되면서 감명 깊은 책은 종이책으로 간직하고 싶어 하는 독자의 심리를 노린 POD(Publish On Demand)사업이 서점업계의 새로운 비즈니스 모델로 떠오르고 있다. 즉 고객이 자신이 읽은 전자책을 원하는 내용만큼 종이책으로 갖고 싶어 하거나 절판도서가 전자책으로 남아 있어 종이책으로 제작하기를 원할 경우, 빠른 시간 내에 종이책으로 만들어 주는 POD 서비스가 서점업계의 새로운 사업영역으로 부각되고 있다.

이미 미국과 영국의 대형 서점에서는 POD 기계인 에스프레소 북 머신(Espresso Book Machine)이 등장하여, 컴퓨터로 원하는 책을 선택하면 5분 내에 인쇄·제본 등을 거쳐 종이책을 만들어 주는 도서 자판기 사업이 성황리에 운영되고 있다. 이러한 POD 사업은 필요 이상의 많은 책을 찍어 내어 상당 부수가 폐지로 처리되는 현재의 책 유통방식의 비효율성을 개선할 수 있고, 자원의 낭비를 막아 환경오염을 줄일 수 있다는 측면에서도 주목을 받고 있다. 또한 서점의 경우도 지나치게 큰 매장을 유지해야 한다는 경제적인 부담에서 벗어날 수 있다.

결국 서점의 POD 서비스는 전자책 유통서비스와 함께 전자출판 시대에 서점이 가야 할 궁극적인 목표가 될 것으로 기대된다.

녹색성장시대, 전자출판은 그린비즈니스

‘온실가스와 환경오염을 저감하는 지속 가능한 성장’을 지향하는 에너지기후시대(ECE: Energy·Climate Era)의 도래가 혁명적 패러다임을 촉발하고 있다. 이른바 녹색혁명(Code Green)이 인류의 중요한 생존·번영의 솔루션으로 부상하고 있음이다. 그 궁극적인 목표는 양적 성장보다는 질적 성장을 통한 인류의 행복추구에 있다. 이를 위해 단기적으로는 경제적 수단과 기술적 수단이 필요하지만, 궁극적으로는 재생에너지의 확대와 생태계 및 자연을 고려한 친환경적 발전이 추구되어야 한다.

세계적으로 각광받는 ‘녹색 열풍’에 선진국들은 지구온난화를 막기 위해 탄소배출량을 줄이는 동시에, 가장 중요한 난제인 경기회복도 해결하겠다는 기치를 내걸고 녹색성장을 선도하고 있다. 이러한 적극적 지원의 천명과 실제 지원 사례가 늘어남으로 인해 친환경 관련 기업이 주목을 받고, 관련 제품들의 인기도 높다. 일본은 2015년까지 친환경 사업 부문 시장을 100조 엔 규모까지 늘리고 220만 개의 일자리를 창출하기로 했으며, 미국과 영국도 이에 동참하고 있다. 이른바 ‘녹색변환(Green Transformation)’을 통해 경제성장과 환경보호를 동시에 추진하는 새로운 패러다임이 대두하고 있는 것이다. 이는 산업별 가치사슬 전체를 환경친화적 저탄소형으로 전환해 경쟁 우위를 확보하고, 신규 시장을 창출하는 새로운 패러다임이다.

한국 역시 2008년 8월 '저탄소 녹색성장(Low Carbon, Green Growth)'을 국가비전으로 설정했으며, 그에 따라 녹색산업이 새로운 국가발전 패러다임으로 부상 중이다. 한국 정부는 온실가스 감축기술 개발 및 IT와 그린테크놀로지의 접목을 통해 선진국 수준의 녹색 기술을 확보하기 위해 2012년까지 1조 7,000억 원 이상을 투입한다는 계획이다.

노르웨이의 국제 위기관리기업인 DNV(Det Norske Veritas)는 인쇄 산업(printing industry)을 환경피해의 중대한 원인으로 보고하였다. 이와 더불어 세계 인쇄출판 산업은 낮은 수익성과 2008년 말부터 세계경제불황과 맞물려 사양 산업이라는 인식이 더욱 커지며 커다란 위기에 봉착하고 있다. 뿐만 아니라 인쇄 산업에 투자되는 자본력이 낮기 때문에 지속적인 성장에서도 타 산업들에 비해서 불리한 입장이다.

인쇄출판 산업은 저탄소 녹색성장에 대한 관심이 고조되고 있는 오늘날 환경오염의 주범으로 지목받는 최악의 상황에 놓이게 되었다. 2009년 경제협력개발기구(OECD)의 발표에 따르면, 출판인쇄 산업은 화학 산업과 철강 산업의 뒤를 이어 온실가스배출량 3위의 산업군으로 낙인찍혀 있다. 벌목과정에서의 자연파괴, 종이 쓰레기 처리 문제 등 녹색성장시대에 역행하는 다양한 환경문제의 주요 원인으로 인쇄출판 산업에 대한 우려가 높아지고 있음이다.

이제 본격적으로 탄소배출량에 대한 규제가 이루어진다면, 종이 값은 더욱 비싸지고, 출판 산업은 종이사용량을 어쩔 수 없이 줄일 수밖에 없는 상황이다. 따라서 선진국은 이미 재생종이를 이용한 책을 활발히 내고 있으며, 전자책과 전자교과서에 대한 개발도 서두르고 있다. 미국의 캘리포니아 주는 2009년 9월 초·중·고 교과서를 전자책으로 대체하기 위해 전자책 단말기를 시범적으로 배포했으며, 대만은 5년간 15억 5천만 달러의 예산을 배정해 학생들에게 전자책 단말기를 보급할 예정이다.

오늘날 출판 산업 앞에 놓인 당면과제는 출판 산업을 환경오염산업에서 녹색성장산업으로 탈바꿈시키고, 영상문화와 휴대폰에 길들여져 있는 사람들에게 책의 소중함을 일깨워 책 읽는 습성을 되찾게 하는 것이다. 그리고 이런 시기에 때마침 등장한 전자책은 출판 산업을 친환경 녹색산업으로 변신시키고, 영상세대에게 새로운 독서습관을 형성하게 하는 최적의 방법으로 인식되었다.

실제로 한 조사연구에 의하면, 전 세계인의 사랑을 받고 있는 <해리포터> 시리즈 1,200만 권을 전자책으로 만들었다면, 19만 7,685그루 나무를 살리고 3억 3,000만 리터의 물 절약, 7,800여 톤의 이산화탄소 배출을 절감하는 효과가 나왔을 것이라고 한다.

에코 산업으로서 전자출판 산업에 대한 관심과 정체성 확립에 대한 기대가 고조되고 있다. 미래에 종이책을 대체할 수 있는 다양한 디지털 전자출판매체 활용을 통한 친환경 녹색 출판 산업에 대한 관심이 고조되고 있음이다. 종이 절감을 통한 사회 간접비용 축소 효과도 기대할 수 있게 한다. 저탄소 녹색성장이라는 시급한 국가적 과제와 맞물려 녹색성장시대의 출판 산업에는 새로운 혁신적 패러다임이 필요하며, 이를 주도할 전자출판 산업의 새로운 비전 역시 수립되어야 할 시점이다.

그린라이프를 위한 친환경실천은 더 이상 선택이 아닌 필수이다. 앞으로는 환경을 도외시하며 오로지 가격과 기술만 내세우는 기업은 소비자로부터 철저하게 외면을 받을 것이다. 소비자 집단이 스마트화되면서 친환경 제품에 대한 소비자들의 눈높이는 더욱 높아질 것이며 요구도 더욱 까다로워질 것이다. 이러한 상황에서 출판 관련 업체들은 녹색바람과 친환경 경영을 피할 수 없는 현실에서 시장의 흐름을 잘 파악해야 하며, 디지털 시대의 흐름에 맞춰 발전을 위한 노력과 환경문제에 대한 인식을 높여야 한다. 또한 세계적인 환경규제 정책들 또한 기업들의 친환경 경영에 많은 영향을 미칠 것이므로 세심한 관심이 필요하다. 세계적으로 환경적 규제가 높아지고 복잡해짐에 따라 보다 적극적으로 지속 가능한 성장을 위해 녹색 전략을 채택해야 할 것이다. 현재 그리고 다가올 미래의 출판기업의 경영에 있어서 친환경 인쇄출판은 지속적인 수익성 창출을 위한 새로운 패러다임이며, 사회적 책임을 다하는 기업이라면 행해야 할 최소한의 노력으로 평가받을 것이다. 따라서 인쇄출판기업은 녹색성장시대 사회구성원의 일원으로서의 사명감을 갖고 그린라이프를 위해 환경도 고려하고 소비자에게 신뢰도 얻는 일석이조의 친환경 실천에 힘을 기울여야 할 것이다.

결국 현시점에서 인쇄업계가 주목해야 할 중요한 터닝 포인트는 바로 그린비즈니스(Green Business)로의 전환이라 하겠다. 그린비즈니스는 에너지·환경 문제를 해결하면서 새로운 부가가치를 창출하는, 이른바 그린오션(Green Ocean) 전략이다. 인쇄출판업은 그린 잡(Green Job)이 되어야 하는바, 사라지지 않는 동시에 돈벌이가 되는 새로운 일자리가 되어야 한다는 것이다.

제2장

전자출판의 개념 및 범위

01

전자출판의 개념

▋왜 전자출판이라고 부르나

　책을 만드는 기술은 인류의 역사와 함께 발전해 왔다. 먼먼 옛날에는 기북의 등, 진흙판, 동물의 가죽, 파피루스(papyrus) 등에 책을 만들었다. 우리가 종이를 영어로 페이퍼(paper)라고 부르는 이유도 기원전 책을 만드는 주된 재료로 쓰인 이집트 지방에서 나는 풀의 일종인 파피루스가 워낙 유명해서 붙여진 것이다. 파피루스로 만든 책은 기원전 수천 년 동안 쓰이다가 중세로 넘어오면서 동물의 가죽으로 만든 양피지로 바뀌게 되었다.

　그리고 서양에서 종이를 사용한 것은 12세기경 동양에서 종이 만드는 기술을 배운 이후이다. 그러나 근대로 접어들면서 서양사회는 동양에서 만든 기술인 종이와 활자인쇄술을 잘 발달시켜 찬란한 출판문화를 꽃피우게 된다. 독일인 구텐베르크가 1450년대에 활자와 인쇄기를 이용하여 책을 찍어 내는 기술을 개발한 이후, 서양사회는 눈부신 문명의 발전을 이뤄 냈다. 활자인쇄술의 소중함을 잘 아는 서양사회는 인쇄기술을 더욱 발전시켜 왔고, 근 500년 동안 활자와 인쇄기는 책을 만드는 주된 수단으로 사용되었다.

그러나 20세기 중반 컴퓨터가 등장한 이후 우리의 모든 삶이 변하듯이, 컴퓨터는 출판 분야도 급속히 변모시키게 되었다. 전자출판이라는 용어는 이렇게 컴퓨터가 출판의 영역에 깊숙이 자리 잡으면서 사용된 용어이다. 컴퓨터를 뜻하는 '전자'와 책을 만드는 '출판'이 결합해서 만들어진 말이다.

컴퓨터는 초창기에 활자를 대신하여 쓰이게 되더니, 점차 책 자체를 종이로 찍어 내지 않아도 되는 전자책을 탄생시켰다. 따라서 전자출판은 초창기에 컴퓨터를 이용하여 종이책을 만드는 기술을 지칭하는 것으로 사용되다가,* 오늘날은 전자책과 같이 종이를 사용하지 않고 책을 만드는 것을 말하고 있다.

우리나라의 <출판 및 인쇄진흥법>에 따르면, '전자출판은 출판사가 저작물 등의 내용을 CD-ROM, CD-I, DVD의 저장매체나 인터넷을 통해 이용자가 컴퓨터 등 정보처리장치를 통해 보고 들을 수 있는 것'을 말하고 있다.

활자

인쇄소

---

* 오늘날은 활자를 이용하지 않고, 한글, QuarkXpress, 인디자인과 같은 출판편집용 소프트웨어를 이용하여 책을 만들고 있다.

TV의 화면 자막이나 인터넷도 전자출판인가

전자출판은 전자(電子)라는 말 때문에 자칫 오해를 불러일으키기도 한다. 따라서 전자제품에서 글자를 표현하는 것을 전자출판이라고 오해하는 사람도 있다. 그러나 TV나 영화에서 글자를 나타내는 것을 우리는 '자막'이라고 부른다. 이런 것은 전자출판이라고 부를 수 없다. 반면에 요즘에는 IPTV 등에서 신문이나 잡지 그리고 책을 볼 수 있는 서비스가 속속 등장하고 있다. 이러한 서비스는 분명히 전자출판이라고 볼 수 있다.

또한 휴대폰은 이미 오래전부터 신문과 잡지, 책을 볼 수 있는 전자출판 서비스를 해 왔다. 일본에서는 소설을 휴대폰에 연재하는 작가가 많이 있는데, 이러한 소설을 모바일소설(휴대폰 소설)이라고 부르며, 엄청난 인기를 끌고 있다. 얼마 전 영화로도 만들어졌던 '전차남'은 모바일 소설이 종이책으로 출간되고, 이것이 인기를 얻자 영화로 제작되었다.

인터넷도 전자출판과 많이 혼돈되는 영역이다. 인터넷의 많은 영역이 문자로 되어 있고, 인터넷에 정보를 올리는 것을 '출판한다(publish)'라고 말하기 때문이다. 그러나 인터넷은 문자로 정보를 전달하고 소통하는 하나의 공간이지 인터넷 자체를 전자출판이라고 부를 수는 없다. 그러나 인터넷은 책, 신문, 잡지가 디지털 형태로 보이는 유용한 공간이며, 전자책이 유통되고 판매되는 주요 영역임에 틀림없다.

전자출판과 전자책은 똑같은 개념인가

전자책 시장은 그동안 많은 논의가 진행되었음에도 불구하고 통일된

분류 체계가 확립되지 못한 상황이다. 따라서 현재 지역 및 국가에 따라 서로 다른 분류 체계가 적용되는 실정이다.

엄밀하게 말하면 전자출판은 전자책보다 더 큰 개념의 용어이다. 요즘에 언론을 통해 많이 보도되고 있는 전자책은 종이책을 그대로 단말기로 보이게 만든 개념에 가깝다. 전자책의 영어 명칭인 e-Book은 Electronic Book의 약자이다. 킨들이나 삼성전자책 단말기나 아이리버 스토리에서 볼 수 있는 전자책은 대부분 종이책의 내용과 디자인을 그대로 화면으로 볼 수 있게 만든 것이다. 물론 요즘의 전자책 단말기는 책뿐 아니라, 신문과 잡지 등을 볼 수 있는 서비스를 제공하기도 한다.

그러나 종이책과는 모양이나 내용부터 다르게 만드는 오디오북, 전자사전, 전자저널, 전자카달로그, POD, 학술논문, 전문 DB(웹 DB) 등은 전자책에 포함될 수 없다. 특히 오디오북, 전자사전 등은 사용목적에 맞게 새롭게 제작하는 경우가 많고, 전자저널, 학술논문, 웹 DB 등은 인터넷에서 볼 수 있게 내용을 처리해 놓았다. POD는 주문형 또는 맞춤형 출판 (Publish-On-Demand)으로 전자책과 연동되어 독자가 원하는 대로 즉시 종이책을 만들어 주는 새로운 형태의 서비스이다.

따라서 전자책과 다른 형식으로 되어 있는 모든 형태의 디지털 출판물을 포괄하고 있는 전자출판은 분명 전자책보다는 넓은 개념이라고 볼 수 있다. 그러나 전자책이 전자출판의 대표적인 형태이기 때문에, 전자책을 전자출판과 같은 개념으로 말하는 경향이 더 많은 것은 사실이다. 따라서 전자출판과 전자책을 거의 같은 개념으로 사용해도 무방하다.

특히 오늘날 언론에서 자주 보도되는 전자책이란 개념 속에는 책, 신문, 잡지, 블로그를 이용할 수 있는 서비스뿐만 아니라 오디오북, 전자사전, 글자 읽어 주기(TTS: Text to Speech), 인터넷 검색 등의 서비스를 포괄하는 경우가 많다는 것도 염두에 두어야 한다.

이 외에도 전자출판 또는 전자책에 대한 정의는 각각의 기관에 따라 조금씩 다른 여러 가지 정의를 내리고 있다. 가장 대표적인 전자출판기관인 IDPF(International Digital Publishing Forum: 국제 디지털 출판협회)는 전자출판을 전자책, POD, e - Mail Publishing, Web - Publishing, Web DB 등 5가지로 분류하고 있다. 이 중 다소 생소한 e - Mail Publishing은 전자적 형태의 뉴스레터를 말하고, Web - Publishing은 e - Mail Publishing과 비슷하나 보다 폐쇄성이 덜한 형태의 전자출판을 의미하는 것으로 설명하고 있다. 또한 Web DB는 전자책이 일반화되기 전부터 사용된 Digital Content Database 기반의 지식/정보서비스를 말하고 있다.

컴퓨터가 건네주는 책, e - Book
(Gettyimages)

IDPF의 전자책 시장 분류 체계

특징	주요 내용
전자책(e-Book)	CD-ROM, PDA, 각종 전자책 Viewer를 통해 디지털화된 포맷으로 전달되는 콘텐츠
Print-On-Demand	주문형 프린트. 사용자가 원하는 때에 책의 원하는 부분만 프린트할 수 있음
e-Mail Publishing	전자적 형태의 뉴스레터. HTML 및 XML 기반으로 제작되므로 전용 S/W 및 H/W 없이도 이용 가능
Web-Publishing	e-Mail Publishing과 비슷하나, 보다 폐쇄성이 덜한 형태의 전자출판
Web DB	전자책의 개념이 일반화되기 전부터 Digital Content Database를 웹을 통해 사용자들에게 제공해 왔음. 인터넷이 연결되면 어디에서든 이용 가능하고, 익스플로러 등 웹 지원 도구 외에 특별히 요구되는 애플리케이션 툴이 없으며, 정보의 갱신이 빨리 이루어짐

출처: IDPF, 2006.

또한 미국국립표준기술 연구소(National Technical Information Service, NTIS)에서는 전자책을 "책을 보는 것과 유사한 형태로 표현되도록 화면에 표시되는 전자적 콘텐츠 또는 전자적 콘텐츠를 표시하는 단말 시스템 그 자체"로 정의하고 있으며 IDPF의 전신인 OeBF(Open eBook Forum)는 "문자 저작물이 포함되어 디지털 형태로 출판되고 열람되는 콘텐츠로서 하나 이상의 고유한 식별자, 메타데이터, 콘텐츠 부문으로 구성되는 것 또는 그 전자책을 읽기 위해 개발된 하드웨어 디바이스 자체"로 전자책을 정의하고 있다.

한편 한국전자책컨소시엄(EBK)에 따르면 국내 전자책 시장은 크게 B2B 시장과 B2C 시장으로 분류되고 있다. B2B 시장은 엄밀히 말해 B2G 시장 (기관납품 시장), 즉 주요 정부 기관, 공공 도서관, 대학 도서관 등을 대상으로 디지털 도서관 구축을 주축으로 하는 사업 부문을 의미한다. 이 시장은 국내 전자책 시장 매출의 2/3를 차지할 정도로 전체 전자책 시장의 성장을 주도해 왔다. 반면 일반 소비자를 대상으로 하는 B2C 시장은 아직 가시적인 시장 규모를 내지 못하고 있으나, 향후 전자책 단말기의 보급 확대가 예상됨에 따라 높은 시장 성장률이 기대되는 분야이다.*

국내 전자책 시장 분류 체계

구분	내용
B2B 시장	정부 기관, 공공 도서관, 대학 도서관 등에 전자 도서관 구축을 통한 수익 창출. 현재 국내 전자책 시장 매출의 2/3 차지
B2C 시장	개인 고객의 전자책 구매를 통한 수익 창출. 향후 u-Book 서비스의 대중화를 통해 비약적인 성장이 예상되는 시장

출처: 한국전자책컨소시엄, 2006.

---

* 현재 개인 구매(B2C) 독자를 위한 시장은 만화 등 킬링타임용 콘텐츠가 대부분이다.

02

전자출판의 범위

▌전자출판에는 어떤 종류가 있나

전자출판은 유무선 네트워크에서 문자, 부호, 음성, 음향, 이미지, 영상 등의 지식정보 또는 출판 콘텐츠를 디지털 방식으로 제작해 처리, 유통하는 것을 의미한다.

사실 수용자 입장에서 보면 출판 분야의 기술적인 혁신 자체는 별로 중요한 관심사가 아니다. 단지 자신에게 필요한 서비스 또한 원하는 서비스에 관심을 가질 뿐이다. 전자책 환경이 어떻게 변화하고 진화하든지 간에 결론은 '콘텐츠'가 핵심이라는 거다.

전자출판은 다음과 같은 유형으로 분류된다.

1) 전자책

전자책(e-Book, e-북)은 디지털로 처리된 출판 콘텐츠를 컴퓨터, 휴대폰, PMP, 전자사전이나 전용단말기에서 볼 수 있게 만든 것을 말한다. 즉 전자책은 책의 내용을 디지털 파일로 만들어 음악파일(MP3)처럼 유·

무선통신을 통해 내려받아 이용하는 형태를 취한다. 특히 전자책 단말기를 이용하면 일반적인 종이책과 같이 가지고 다니며 필요한 때 필요한 내용을 읽어 볼 수 있다.

전자책은 PC나 휴대폰, PMP 등으로 파일을 다운로드받아 전용뷰어로 보는 형태와 전자책 전용단말기(device)로 보는 두 가지 형태가 있다. 또한 한국전자출판협회(KEPA)는 전자책을 "도서로 간행되었거나 또는 도서로 간행될 수 있는 저작물의 내용이 디지털 데이터로 전자적 기록매체, 저장장치에 수록되고, 유·무선 정보통신망을 경유하여 컴퓨터 또는 휴대 단말기 등을 이용해 그 내용을 읽고 보고 들을 수 있는 것(contents)을 말한다."고 정의하고 있다.

이런 의미에서 전자책과 관련된 용어는 아직 정확히 정의되지 않은 채, 다양한 형태의 것을 포괄적으로 나타내는 말로 사용되고 있다. 즉 전자책의 콘텐츠(책의 내용)와 소프트웨어, 하드웨어가 구분 없이 전자책이라고 불리고 있는 것이다.

좀 더 세분해서 말하면 전자책은 전자책 콘텐츠, 콘텐츠를 볼 수 있는 소프트웨어인 전용 뷰어(Viewer)/리더(Reader) 그리고 하드웨어인 전자책 단말기(e-book device)로 나눌 수 있다.

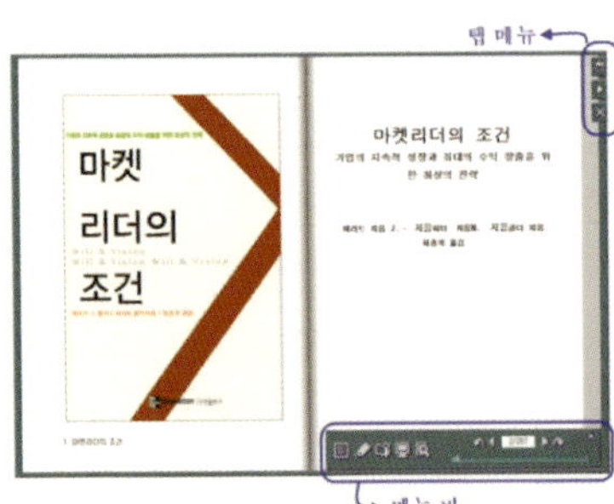

전자책 화면

전자책 전용단말기

노트북과 휴대폰으로 전자책 보기

출처: 북토피아

PMP로 전자책 보기

전자책 전용단말기

전자책이 제대로 서비스되어 독자가 읽기 위해서는 콘텐츠를 담당하고 있는 출판사, 콘텐츠를 전자책으로 제작하고 전용 뷰어를 통해 볼 수 있게 만드는 전자책 유통사, 전자책 단말기를 만드는 전자회사가 서로 적절한 역할을 해야 한다.

따라서 전자책을 구성하고 있는 분야는 세 가지 형태로 구분될 수 있는데, 전자책 콘텐츠 분야, 전자책 유통 분야 그리고 전자책 단말기 분야가 바로 그것이다. 콘텐츠 분야는 주로 출판사들이 담당하고 있으며, 콘텐츠를 직접 제작하여 유통하거나, 유통업체에 콘텐츠를 제공한 후 수익의 일정 부분을 배분받고 있다.

유통 분야는 콘텐츠를 전자책 포맷으로 전환하고, 전자책 콘텐츠를 개인(B2C)이나 기관(B2B) 등에 제공하는 역할을 수행한다. 유통 분야는 유통과 솔루션을 담당하는 전자책 전문적인 유통회사가 있는가 하면, 아마존, 반즈앤노블, 교보문고, 인터파크 등 온·오프라인 서점이 유통을 담당하기도 한다. 유통회사들은 전자책 이용자들이 전자책을 읽을 수 있게 전용 뷰어(Viewer)를 제공하고 있다.

전자책 단말기 분야는 전용단말기와 범용단말기로 나누어진다. 전용단말기는 전자책을 읽을 수 있게 특화된 단말기로서 아마존의 킨들이나 삼성전자의 전자책 단말기, 아이리버의 전자책 단말기 등이 있다. 대부분 E－paper를 채용한 것이 특징이다. 범용단말기는 아이폰과 같은 스마트폰, PMP, 전자사전, 넷북 등 전자책 기능이 부가돼 있어 전자책을 이용하는 데 큰 불편이 없는 기기 등을 말한다.

그동안 전자책은 콘텐츠 분야와 유통 분야를 중심으로 운영되었다. 따라서 이용자들은 주로 PC를 이용하여 전자책을 읽었고, 독자의 수도 그리 많지 않았다. 그러나 최근에 와서는 눈이 피로하지 않는 전자책 전용 단말기가 속속 개발되었고, 이러한 단말기의 개발과 보급 덕분에 전자책이 많은 인기를 끌고 있다.

전자책 분야의 구분

전자책 콘텐츠	전자책의 내용, 주로 출판사 담당, 개인 저자도 해당
전자책 유통	전용뷰어 개발, 콘텐츠의 제작/변환, 판매 전자책 유통사나 온라인 서점이 담당
전자책 단말기	전용 하드웨어 개발, 전자회사가 담당

2) CD롬/DVD북

종이책에 비해 **CD**롬 책과 **DVD**책이 가지고 있는 특징은 대규모 저장 용량과 검색이 편리하고, 다양한 방식의 정보전달이 가능하며, 보관이 용

CD롬 책

이하다는 점이다. 또한 다양한 멀티미디어 정보를 담을 수 있다는 점이다.
한때 **CD**롬 책은 저장용량이 뛰어나고, 멀티미디어 정보를 담을 수 있

다는 점 때문에 각광을 받았다. 특히 교육용과 아동용 책 또는 백과사전과 같이 다량의 정보를 제공하는 에듀테인먼트(Edutainment: Education과 Entertainment의 합성어) 분야에서 각광을 받았다. 우리나라에서는 2011년부터 전자교과서를 사용하기로 했는데, 이때 전자교과서를 만드는 매체가 CD롬으로 결정되었다.

그러나 CD롬 책과 DVD책은 온라인으로 이용할 수 없다는 단점이 있어 전자책의 보급이 늘어나면서 점차 관심에서 벗어나고 있다.

3) 모바일북

핸드폰에서 볼 수 있는 전자책을 의미한다. 모바일북은 전자책을 휴대폰으로 볼 수 있게 변환시킨 것을 말하기도 하지만, 일본의 모바일 소설처럼 휴대폰에서 이용할 수 있게 새로이 만들어진 책을 말하기도 한다.

휴대폰의 보급이 늘어나면서 한때 모바일북은 전자책의 대세를 차지할 것으로 생각했던 때가 있었다. 그러나 모바일북은 작은 화면 때문에 독서가 불편하고, 무선통신의 기능을 가진 전자책 단말기가 등장하면서 전자책의 주력 분야에서 멀어지게 되었다.

그러나 최근에 와서 핸드폰의 추세가 스마트폰으로 넘어가면서, 모바일북에 대한 기대가 새로워졌다. 스마트폰은 화면이 커졌으며, Wi-Fi기능을 이용할 수 있어 별도의 무선데이터 이용요금이 들지 않는다. 따라서 애플 아이폰 등에서는 전자책을 이용할 수 있는 뷰어와 전자책 콘텐츠가 풍부하게 제공되고 있다.

향후 스마트폰은 전자책 단말기와 전자책 시장을 놓고 주도권 싸움을 벌일 것으로 예상된다.

4) 오디오북

귀로 들을 수 있게 만든 책을 말한다. 성우나 저자가 책을 읽어 주는 형식도 있고, 라디오 드라마 형식으로 책의 내용을 각색하여 만든 형식도 있다. 초창기 오디오북은 테이프나 CD를 이용해 만들었으나, 요즘의 오디오북은 MP3로 만들어져 휴대폰이나, 전자 단말기에서 이용할 수 있다.

소리로 책의 내용을 들을 수 있지만, 오디오북과는 조금 다른 형태로 TTS(Text To Speech) 서비스가 있다. 글자로 되어 있는 내용을 소리로 읽어 주는 서비스이다. 아마존의 킨들이 도입하여 본격적으로 알려지기 시작했다.

미국과 독일에서는 오디오북이 전체 출판물 시장의 5% 내외를 차지하고 있다. 우리나라에서는 오디오북이 많이 고전하고 있으나, 노령인구가

증가하는 추세이고 시각장애인이 책을 읽는 기쁨을 누리게 하기 위해 오디오북의 제작과 보급이 늘어날 것으로 보인다.

5) 전자사전

전자사전은 사전 콘텐츠와 단말기(device)가 통합된 패키지이며, 사전 고유한 목적 이외에도 라디오+MP3 기능이 추가되어 있다. 글자 이외에도 사진과 음성, 동영상을 함께 넣어 정보에 대한 이해를 쉽도록 했으며, 웬만한 전자사전은 전자책을 볼 수 있는 기능이 있다. 샤프·카시오 등의 일본업체와 에이원프로·아이리버 등 국내 업체의 전자사전이 유명하나, 전자책 단말기의 보급이 늘어나면서 전자사전의 판매는 주춤한 상황이다.

전자사전은 기존에 내장하였던 콘텐츠가 5~6종에 불과하였으나 최근에는 YBM시사닷컴, 민중서림, 두산동아, 금성 등의 콘텐츠 업체가 뛰어들어 10여 종 이상의 콘텐츠가 탑재되어 다양한 콘텐츠의 활용이 가능해

졌으며 또한 전자책을 보거나 오디오북 또는 음악을 들을 수 있는 기능을 포함하여 소비자의 구매 욕구를 촉진시키고 있다. 또한 샤프전자를 비롯하여 카시오, 레인콤, 한누리비즈, 에이원프로 등 다양한 업체에서 제품을 공급하고 있다. 최근 전자사전 업체는 SKT, LGT, KTF 등의 이동통신사와 맥시안, 디지털큐브, 코원 등이 PMP 단말기로까지 공급 영역을 확대하고 있다.

6) 전자교과서

전자교과서는 전자책을 응용한 멀티미디어 교과서를 뜻한다. 학교와 가정에서 시공간의 제약 없이 기존 교과서와 참고서, 문제집 등의 내용을 동영상이나 애니메이션, 가상현실 등 멀티미디어 방식으로 사용할 수 있는 교재를 말한다. 전자교과서는 학생들이 무거운 책가방에서 벗어나는 것을 도와주며, 입체적인 지식과 정보의 전달로 학습의 수월성을 도와준다.

교육과학기술부는 2011년부터 초, 중학생들이 CD롬으로 제작된 전자교과서로 공부할 수 있게 국어, 영어, 수학 과목 등을 개발해 놓았다. 전자교과서는 종이 없는 책으로 디지털화 정보를 학생 단말기로 전송해 수업을 진행하는 첨단 학습교재다. 그리고 전자교과서와 e - 러닝이 결합되면 재택 수업이 가능해지고, 반복학습이 가능하여 사교육의 문제 해결에도 도움을 줄 수 있다.

7) 전자저널

저널의 특징을 가지면서 온라인 형태로 생산/배포되는 간행물의 형태이다. 전자신문과 웹진(Webzine)이 대표적인데, 웹을 이용하여 잡지나 뉴스와 같은 기능을 하도록 설계한 방식으로 콘텐츠를 제공하는 홈페이지와 새로운 기사나 학술논문을 제공하는 잡지가 합쳐져 주기적으로 새로운 내용을 게재한다. 기존 아날로그 신문사의 경우 대부분이 PDF, HTML 등의 포맷으로 전자저널을 서비스하고 있으며, 관공서 및 기업들 대다수가 웹진을 제공하고 있다. 최근에 와서는 잡지사들이 경쟁적으로 기사를 인터넷이나 모바일로 서비스하고 있다. 또한, 온라인 잡지만을 발간하는 잡지사로 점차 확산되는 추세이다. 이렇게 저널의 특성을 가진 콘텐츠를 온라인으로 제공하는 유형을 전자저널로 부른다.

8) POD(Publish‒On‒Demand)

독자(구매자)가 원하는 대로 책을 즉시 만들어 주는 주문형 출판시스템이다. 디지털 프린트기와 제본기로 이루어진 간이용 인쇄 시스템을 갖추고, 인터넷으로 주문을 받아 제작해 준다.

전자책을 필요에 따라 종이책으로 만들어 주거나, 독자가 직접 쓴 원고를 책으로 제작해 주기도 한다. 또한 이미 나와 있는 책의 내용 중 필요한 내용만을 골라 원하는 대로 자신만의 독특한 책을 만들 수 있어 맞춤형 출판이라고도 불린다.

POD는 소량출판을 가능케 하여 판매 부진에 따른 재고부담에서 벗어날 수 있고, 수많은 절판 도서들이 독자의 주문에 의해 손쉽게 다시 제작될 수 있다. POD 서비스는 현재 전자책과 결합해 전자책 온 디맨드(eBooks on Demand)라는 새로운 융합기술을 낳았다. 전자책으로 만들어진 책을 독자가 요청하면 에스프레소 북머신을 이용하여 5분 내외에 인쇄된 책으로 제작해 주는 자판기 형식의 책 판매 방식이다.

전자출판 콘텐츠 유형분류

분 야		내 용
출판사		출판사가 직접 혹은 전자책 서비스업자 통해 콘텐츠 제공
디지털 작가(인터넷 작가)		인터넷 기반의 작가들이 콘텐츠 제공
전자사전		종이사전의 내용을 전용단말기 혹은 전용 소프트웨어 통해 열람
전자저널	e - News	오프라인 신문사들이 PDF 및 웹브라우저 형태의 전자신문 서비스 제공
	학술논문	포털 사이트 등 전문업체에서 국내 논문과 해외 논문 등을 전문적으로 서비스
	전문자료	리포트, 독서감상문 등 개인 저작물을 훈글, 워드, 파워포인트 등에 DRM을 적용하여 포털 사이트에서 서비스
	전자잡지	아날로그 잡지를 전자잡지로 전환하여 서비스하는 것
	디지털 정기간행물	단체, 기업 등에서 전자사보 등 서비스
멀티 미디어북	오디오북	성우가 녹음하거나 음성TTS 기술 등으로 만든 오디오북으로 MP3 등의 디지털 파일로 전환하여 서비스
	플래시북	플래시 기반의 전자책 콘텐츠 서비스
모바일북		모바일 전자책 서비스
국가 지식정보		행정부, 사법부, 국회 등의 전자문서 서비스
e - 카탈로그		상품 매뉴얼, 보험사 약관 등 전자책 툴을 활용한 전자 카탈로그 서비스
POD		Publish On Demand 또는 Print On Demand의 개념으로 아날로그 출판과 디지털 출판의 상호 융합과정에서 탄생된 아날로그 - 디지털 혼용 출판

9) 학술논문/전문자료

포털 사이트나 학술정보전문 사이트에서 국내 논문과 해외 논문 등을 전문적으로 서비스하는 것이나, 리포트, 독서감상문 등 개인 저작물을 흔글, 워드, 파워포인트 등에 **DRM**을 적용하여 포털 사이트에서 서비스하는 것, 포털 사이트의 도서본문검색 서비스 등을 말한다. 그 외에 기업과 아마추어 개인들이 정치, 경제, 사회, 문화, 과학, 레포트, 감상문, 창작 글 등을흔한글, **MS워드**, 파워포인트 등의 전자문서로 만들어 포털 사이트 등에 서비스하고 있는 지식자료 등도 이 범주에 포함된다.

우리나라에서는 한국학술정보, 누리미디어, 교보문고, 해피캠퍼스 등이 활발히 활동한다.

10) 전자 카탈로그(e-카탈로그)

XML, PDF, HTML 등 다양한 포맷을 바탕으로 상품 매뉴얼, 보험 등의 약관, 상품 카탈로그, 전자앨범 등 그 쓰임새와 서비스는 매우 광범위하다.

03

전자책 성장의 배경 및 이유

▌전자책의 특성 및 장점

사실 전자책은 2000년대 초반에 반짝 인기를 끈 적이 있었다. 전자책은 종이책을 대체할 혁명적인 기술로 주목받았으나, 관련 기술이 충분히 이용자에게 만족을 주지 못했고, 볼만한 콘텐츠가 별로 없어 실패로 끝나고 말았다. 그러나 2007년 미국의 인터넷 서점 아마존이 킨들(Kindle)이라는 전자책 단말기를 내고는 사정이 많이 달라졌다.

우선 킨들은 전자잉크(e - ink)를 사용하여 LCD나 LED 모니터보다 오랜 시간 책을 읽어도 눈이 피곤하지 않았으며, 한 번의 충전으로 7일을 사용할 수 있었고, 무료 무선통신을 제공하여 전자책을 구매할 때 별도의 통신료가 들어가지 않게 배려하였다. 또한 책값은 종이책의 1/2에서 1/3 가격인 9.99달러로 책정하였고, 단말기의 가격은 399달러에 판매하였다. 책 이외에 신문, 잡지, 블로그를 사용할 수 있도록 하여 단말기의 확장성을 극대화하였다.

이 결과 2009년에는 킨들의 판매량이 3백만 대를 육박하는 것으로 알려졌으며, 덩달아 전자책의 판매량도 급성장하였다. 아마존은 킨들과 전자책 콘텐츠의 판매호조로 매출액과 순이익이 대폭 늘어났으며, 킨들은 비즈니스위크(BusinessWeek)가 발표한 2009년 최고의 기술 제품(Tech Gadgets) 1위를 차지하기도 했다.

이렇게 킨들이 큰 성공을 거두자, 2009년부터 전자책에 대한 인식이 다시 새로워지고 있지만, 사실 전자책은 종이책에 비해 많은 장점을 가지고 있어 독자에게 충분히 매력적인 매체이다.

전자책은 우선 종이책에 비해 휴대의 편리성이 있다. 몇천 권의 책도 간편하게 USB드라이브나 DVD, 전자책 단말기에 담을 수 있다. 학생들을 무거운 책가방에서 해방시켜 줄 수 있고, 큰 책꽂이가 없어도 많은 책을 보관할 수 있다. 미래의 도서관은 더 이상 책을 보관할 곳이 없어 고민 안 해도 되고, 집에서는 도서관만큼 많은 책을 손쉽게 이용할 수 있고, 학생들은 간편한 단말기만 들고 다녀도 되며, 해마다 새로운 교과서를 바꿀 필요 없이 새 학년 교과서를 다운로드받기만 하면 된다.

또한 전자책은 종이책에 비해 책값이 싸다. 전자책은 인쇄와 물류비용이 안 들기 때문에 종이책에 비해 대개 50% 이상 싸다. 그리고 전자책은 책의 정형성에서 탈피하여 멀티미디어 기능을 사용할 수 있도록 제작할 수 있으며, 콘텐츠의 수정 및 추가에 따른 신속한 업데이트와 이에 따른 최신정보의 유지가 가능하다.

반면 비싼 전용단말기를 구입해야 하거나, 제작업체 간 호환성이 없는 포맷을 사용하여 불편이 가중되거나, 신간이나 인기 베스트셀러가 부족하다는 한계가 있다. 또한 E-paper는 아직 컬러 및 동영상을 구현하는 데 기술적인 어려움을 가지고 있다.

전자책의 기술적인 한계는 관련 기술이 발전하면서 점차 극복되는 추세이다.

전자책은 출판사와 도서관의 입장에서도 많은 장점이 있다. 출판사는 원자재, 인쇄, 물류 등 출판 제 비용을 절감할 수 있으며, 도서가 많이 팔려 품절되는 현상이나 또는 반대로 도서가 적게 팔려 재고가 쌓이는 우려도 없다. 도서관의 입장에서는 관리비용 절감, 보관장소 문제 해결, 장서의 파손 및 망실의 위험에서 벗어날 수 있다.

이처럼 전자책은 독자, 출판사, 저자, 도서관 등 관련 행위자들에게 다양한 혜택을 제공해 준다.

전자책의 특성 및 혜택

구분	e-Book 활용의 장점
독자	- 많은 책을 보관할 수 있으며 휴대성이 높음 (얇고 가벼움) - 검색 등 다양한 인터페이스 기능 제공 - 저렴한 가격 (종이책 가격 대비 50% 내외) - 구매의 편리성 (장소에 구애받지 않고 클릭 몇 번으로 구매 가능)
출판사	- 원자재, 인쇄, 물류비용이 절감 - 품절 및 재고 문제 해소 - 소규모 시장에서도 접근 가능
저자	- 신인 작가에 진입장벽 완화
도서관	- 보관장소 문제 해결 - 관리 비용 절감 - 장서의 파손, 망실 위험 해소 - 통합 검색 가능

전자책 시장의 성장을 촉진하는 요인들

　여러 측면에서 전자책이 성공할 수 있는 환경이 갖추어져 가고 있는 상황이다.

　먼저 소비자의 태도가 변화하고 있으며, 전자책을 둘러싼 관련 업계의 적극적인 참여가 모색되고 있다. E‑paper 기술의 발전, 전자책 단말기의 확산, 콘텐츠 증가와 표준화 진전이 전자출판 산업의 발전을 촉진하고 있으며, 선진국을 중심으로 전자책 산업을 활성화하기 위한 정책을 적극적으로 추진하고 있다(산은경제연구소, 2009).

　첫째, 소비자의 태도 변화이다. 소비자들이 디지털 콘텐츠와 전자상거래에 익숙해지고, 디지털 텍스트 자료의 이용 활성화가 이루어졌다는 것이 전자출판의 성장요인이다. 요즘 전자책과 유사한 텍스트 자료인 인터넷 신문의 이용률은 82%에 육박하고 있다.

　둘째, 관련 업계의 적극적 참여이다. 출판과 신문업계는 성장률의 정체와 수익 악화에 직면해 있어, 전자책으로의 변화가 불가피하다는 인식이 적극적인 참여를 유도하고 있다.

　셋째, 전자책 단말기의 확산이다. 요즘의 전자책 단말기는 대부분 종이책 수준의 편리한 가독성을 제공하고 있다. 게다가 무선통신기능을 채용한 전자책 단말기의 출시확대로 통신비용의 부담은 줄고, 콘텐츠 구매 및 검색의 편리성은 배가되고 있다. 그리고 전자책 단말기를 대신하여 전자책을 이용하는 데 불편함이 없는 스마트폰, PMP, 휴대용 게임기 등에서 전자책 이용이 활발해지고 있다.

　넷째, 콘텐츠의 증가와 표준화의 진전이다. 그동안 전자책의 가장 큰 불

전자책 단말기 등장의 최대 공헌자: 'E-Paper(전자종이)'

- 2000년 미국 E Ink사가 상용화함
- 마이크로캡슐 속 투명한 유체 속에 떠 있는 흑백의 입자가 전류 변화에 따라 이동하고, 수많은 캡슐들이 모여 흑백의 영상을 구현
- 전원을 끊어도 영상이 사라지지 않고 화면을 전환할 때 말고는 전기가 소모되지 않아 한 번의 충전으로 수천 페이지를 볼 수 있음
- 백라이트가 필요 없어 일반 종이처럼 오래 들여다봐도 눈이 피로하지 않다는 장점이 있음

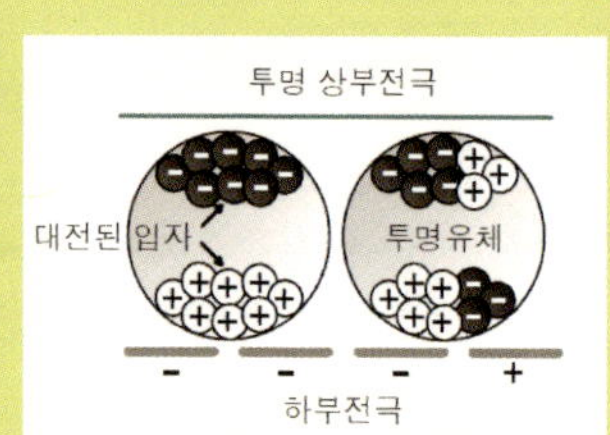

출처: 〈e-book성장의 주역-아마존〉, SERI 경영노트, 2009. 5. 28.

만 중 하나인 콘텐츠의 빈약성이 콘텐츠의 양적 증가와 신간 및 베스트셀러의 전자책 출판 확대로 해소되게 되었다. 아마존은 2009년 베스트셀러 25권 중 10권을 전자책으로 제공하고 있다. 또한 국제표준화단체인 IDPF가 추진하는 EPUB 포맷을 채택하는 업체와 단말기가 증가하여 전자책 콘텐츠의 호환성이 크게 높아진 것도 전자책 성장의 요인이 되고 있다.

다섯째, E-Paper 기술의 발전을 들 수 있다. 과거 CRT나 LCD를 통한 전자책은 이용 시 눈이 부시거나 피로해지는 단점이 있었다. 그러나 E-Paper 기술의 발전으로 전자책은 종이책과 유사한 가독성을 제공하고, 햇빛이 쨍쨍 비치는 곳에서도 전자책의 모니터를 통해 선명하게 책을 볼 수 있다.

국내에서도 전자출판 산업이 성장할 수 있는 환경이 조성되고 있는데, 콘텐츠, 단말기, 유통, 모바일 차원에서 정리하면 다음과 같다.

○ 콘텐츠 ⇨ 콘텐츠 확충을 위한 종이책 출판사들의 참여 기대

종전	시장 형성 실패	o B2B, B2C 시장은 불법복제, 전송권 이슈, 공동구매 DRM정책 이견 등으로 전자책 사업에 대한 출판사들의 소극적 입장 견지 o 결국 구매력 있는 콘텐츠 공급부족 심화와 독자들의 시장 외면으로 이어지며 시장형성 실패
현재	구조적 변화기대	o 전자책 단말기, 콘텐츠유통사업 분야에 대기업 진출 가속화 o 한국출판 콘텐츠, 한국이퍼브 등 적극적인 출판사 중심의 전자책 콘텐츠 준비 가속화로 콘텐츠 시장 구조변화 기대 o 출판사·개인 누구든 애플 아이북(iPad)에 저작물 등록을 통해 콘텐츠의 비약적 확산 예측(애플과 수익배분 계약)

○ 단말기 ⇨ 대기업의 가세로 첨단 신제품 출시 본격화

종전	전용단말기 초기모델	o 전자책 전용단말기 초기모델 출시 (네오럭스, 레인콤, 삼성) o 시장니즈 파악늘 복석으로 비네트워크 조기모델 출시
현재	첨단 신제품 출시	o 삼성, LG, 인터파크, 코원, 아이스테이션 등의 가세를 통해 본격적으로 다양한 단말기 출시 및 판매량 증대 기대 o 네트워크 기반의 iPad 등 다양한 신상품 출시 본격화

○ 유통 ⇨ 유통구조의 혁신, 다양한 유통 채널기회 확보

종전	체계 미흡	o 전자책 콘텐츠의 불법유통으로 출판·저작권자 불안 여전 o 온라인 유통사 중심의 유통구조가 시장 확산에 걸림돌
현재	유통체계 혁신, 고도화	o 유통자산관리시스템 도입 통한 불법유통 문제의 구조적 개선 o 다양한 시장 참여자들의 진입으로 유통 활성화 견인 가능

○ 모바일 ⇨ MVNO 시행을 통해 콘텐츠 사업자 중심 서비스 시장 확대

종전	망사업자 중심 서비스 시장	o 기존 3대 통신사 위주의 독과점적 데이터 서비스 시장구조 o 콘텐츠 비즈니스 사업자 단순 CP로 전락
현재	콘텐츠 사업자 서비스 시장 확대	o MVNO 법제화에 대한 기대감 고조 o 전자책 콘텐츠 사업자 주도의 무선데이터 사업 지평 개선 및 확대 o KT, SKT, LGT 등 기존 망사업자 신규 망임대 수익원 확대

04

글로벌 전자출판 시장의 성장

▌세계 시장의 규모 추이 및 전망

전 세계적으로 전자출판 시장이 잘 발달해 있는 나라는 미국을 중심으로 하는 북미권이다. 미국은 아마존의 킨들과 아이폰과 같은 스마트폰 등 전용 및 범용 전자책 단말기 보급이 확대되면서 전자책 시장 성장을 견인하고 있다. 북미권 다음으로 큰 전자책 시장을 형성하고 있는 일본은 휴대전화 등 범용 전자책 단말기를 중심으로 전자책 시장을 이끌고 있다. 북미권은 2009년 전 세계 전자책 시장 매출의 59.3%를 차지하고 있다.

이렇게 미국 시장이 가장 큰 전자책 시장으로 성장한 배경에는 킨들이라고 하는 뛰어난 전자책 단말기가 탄생한 점과 IDPF(International Digital Publishing Forum)을 중심으로 한 전자책 포맷의 단일화(EPUB 포맷)라는 요소가 결정적이다.

PWC는 세계 전자책 시장 규모가 2009년 24억 달러에서 2014년 82억 달러로 연평균 27.2% 성장할 것으로 전망하였고, 종이책 대비 전자책의 비중은 2008년 1.89%에서 2013년 5%대로 확대될 것으로 예상하고 있다. 그러나 2009년 전자책 시장이 예상보다 훨씬 큰 폭으로 성장했다는 점을 감안하면, 2010년 이후의 전자책 시장에 대한 전망은 대폭 수정되어야 할지도 모른다.

세계 전자책 시장의 규모 및 성장 추이

(단위: 백만 달러)

	2007	2008	2009	2010	2011	2012	2013	2014	'09 – '14 CAGR
세계	1,631	2,191	2,477	3,006	3,790	5,048	6,532	8,262	27.2%
북미권	1,077	1,301	1,470	1,804	2,219	2,701	3,260	3,890	21.53%
유럽권	68	117	146	194	292	519	837	1,257	53.8%
일본	243	327	358	394	454	529	626	746	15.8%
중국	21	41	51	67	102	157	224	304	42.9%
아·태권	170	311	349	424	561	885	1,225	1,585	35.3%
남미권	52	94	103	123	162	257	360	480	36.0%

출처: PWC(2009).

▌전자책에 적극적으로 참여하는 출판사들

세계 최대 출판업체인 랜덤하우스(RandomHouse)*는 자체적으로 전자

---

* 랜덤하우스는 대형 미디어 그룹 베텔스만(Bertelsmann)의 도서 출판 부문 자회사로, 자사 고유의 출판 브랜드는 물론 Alfred A.Knopf, Ballantine, Bantam, Dell, Doubleday 등 100여 개 이상의 출판 브랜드를 보유한 글로벌 출판사이다. 역사상 최고의 판매를 기록한 〈다빈치코드(Da Vinci Code)〉의 저자 댄 브라운 (Dan Brown) 등을 소속 작가로 두고 있어 작가층도 매우 견고하다. 여행 서적과 오디오 제품, 전자책 등도 출간하고 있으며, 캐나다의 McClelland & Stewart, 스페인의 Plaza & Janés와 같은 해외 출판사도 운영하고 있다. 랜덤하우스는 2008년 이후 대대적인 구조조정을 진행하였는데, 그 결과 사업 부문이 기존 6개에서 Crown Publishing Group, Knopf Doubleday Publishing Group, Random House Publishing Group, Random House Children's Books의 4개 부문으로 축소되었다. 또한 랜덤하우스는 Random House Film을 설립하여 영화 시장에 진출하기 위한 야심찬 계획을 진행 중이다. 그 첫 번째 작품은 존 번햄 슈워츠(Jone Burnham Schwartz)가 집필한 동명의 소설을 원작으로 한 〈Reservation Road〉이다. 랜덤하우스 필름은 앞으로도 랜덤하우스에서 출판된 베스트셀러의 영화화를 추진할 계획이다.

책 사업과 오디오책 사업을 진행하고 있고, 2008년 3월에는 공공 도서관에 전자책을 서비스하는 오버드라이브(OverDrive)에 콘텐츠를 제공하기로 했고, 2008년 10월에는 랜덤하우스의 모던라이브러리(ModernLibrary)를 통해 100여 권의 고전 문학 서적을 전자책으로 Authorlink.com 등 문학 관련 웹사이트들에 공급하기로 했다. 또한 랜덤하우스는 자체 전자책 보유에도 더욱 적극적으로 나서고 있어 2008년 12월까지 전자책 콘텐츠를 15,000권으로 확대하기로 했다. 랜덤하우스는 회사의 모든 도서를 온라인으로 직접 판매하기 시작했고, 휴대전화를 통한 교육 콘텐츠 사업에도 관심을 가지기 시작했다.

고전 문학을 많이 가지고 있는 대형 출판사 펭귄(Penguin)은 자사의 신규 출판을 전자책과 종이책으로 병행해 발행하고 있으며, 역시 오버드라이브를 통해 공공 도서관에 전자책을 납품하고 있다. 또한 온라인 전자책 판매 서비스인 'E-Book Taster'를 재개하고, 전자책 표준 포맷인 EPUB을 적용한 전자책을 판매하는 등 전자책 시장에 적극 나서고 있다. 펭귄과 랜덤하우스는 2009년부터 자사에서 출간하는 모든 도서는 종이책과 전자책 2가지 형태로 출판하기로 결정했다(한국콘텐츠진흥원, 2010).

미국의 대표적인 미디어그룹인 바이아컴(Vicom)의 자회사로, 미국에서 손꼽히는 대형 출판사인 사이먼앤슈스터(Simon & Schuster)는 킨들에서 사용될 많은 전자책 콘텐츠를 공급하고 있으며, 2008년 6월부터 전자책 유통업체인 Libre Digital과 제휴하여 사이먼앤슈스터의 전자책과 오디오북의 판매를 Libre Digital에 맡기고 있다.

국내에서도 출판사의 전자책 참여는 매우 활발하게 진행되고 있다. 한국출판 콘텐츠(KPC: Korean Publishing Contents)는 김영사, 더난출판사,

돌베게, 뜨인돌, 문학과지성사, 시공사, 푸른숲, 해냄, 사계절 등 60여 개 출판사들이 만든 전자책 콘텐츠 관리회사이다. 이들은 출판사 중심의 전자책 시장구조를 정착시키기 위해 독자적인 제작 솔루션과 DRM의 개발도 시도하고 있다.

또한 한국 이퍼브(Korea Electronic Publishing Hub)는 한길사, 비룡소, 북21, 중앙일보 등이 에스24, 알라딘, 북센 등과 손잡고 만든 전자책 유통회사로 전자책 제작과 유통을 직접 담당하며, 출판사와 유통회사의 연합을 통한 최적의 전자책 비지니스 모델을 만들려는 계획을 가지고 있다. 2010년 4월부터 전자책 서비스를 시작한 후, 3년 뒤 4~5만 권으로 확대할 계획을 가시고 있다.

전자책의 표준 포맷으로 부각되는 EPUB

초창기 전자책은 각각의 전자책 뷰어를 만드는 회사의 사정에 따라 독자적인 전자책 포맷을 사용하였다. 어도비 포맷을 사용하는 전자책을 볼 때와 MS리더용 전자책을 볼 때 그리고 아마존이나 소니의 전자책 단말기를 이용해 전자책을 볼 때 각기 호환성이 없었다. 따라서 전자책 이용자는 각각의 회사에서 제공하는 독립적인 뷰어를 매번 설치해야 하는 번거로움이 있었고, 이러한 불편성은 전자책 확산의 걸림돌이 되어 왔다.

일찍이 OEBF(Open E‒Book Forum, IDPF의 전신(前身))은 XML 방식을 전자책의 포준 포맷으로 결정하고, 전 세계 모든 전자책이 XML 방식으로 제작되기를 권고한 바 있다. OEBF가 새롭게 확대 구성된

IDPF(International Digital Publishing Forum)는 출판업체들이 제작한 전자책을 단말기나 소프트웨어에 관계없이 활용할 수 있도록 지원하기 위해 지난 2006년 전자책 공개 표준인 EPUB(electronic publication)을 선보였다. EPUB은 Open Publication Structure(OPS), Open Packaging Format(OPF), Open Container Format(OCF)을 비롯한 세 개의 표준으로 구성된 XML Format의 확장형 전자책 Format으로, 이를 적용하면 이용자들은 자신이 소유한 전자책을 여러 단말기에서 읽을 수 있으며, 하드웨어에 대한 지원이 끊어져도 기존에 소장한 전자책을 그대로 이용할 수 있게 된다.

그러나 전자책 포맷이 수익 모델과 직결되어 있다는 점에서 EPUB 표준의 전면적인 확산이 연기되어 왔다. 현재 아마존, 모비포켓(Mobipocket) 등이 자체 전자책 포맷을 이용하는 주된 이유는 자체 DRM이 적용된 콘텐츠를 제공함으로써 불법 콘텐츠의 사용을 미연에 방지하고 안정적인 수익구조를 기대할 수 있기 때문이다. 이러한 상황에서 아마존 등의 전자책 사업자가 이미 구축된 안정적인 수익구조를 버리면서까지 EPUB 포맷을 적용하는 것은 쉽지 않아 보인다.

그럼에도 불구하고 EPUB 편의성에 대한 소비자들의 관심이 증가하면서 최근 주요 사업자들이 EPUB 도입을 선언하고 나섬에 따라 단말기, 소프트웨어, 콘텐츠 등 전자책 산업 전반에 걸쳐 EPUB 표준 채택이 늘면서 전자책 관련 표준화 논의가 수면 위로 떠오르고 있다.

EPUB을 지지하는 주요 출판업체들 외에도 세계 최대의 전자책 서점을 자처하는 반즈앤노블이 2009년 7월 전자책 스토어를 개설하면서 EPUB 서적만을 유통하겠다고 선언했다. 2009년 8월 소니도 연내에 자사의 모든 단말 및 전자책 Store 콘텐츠에 EPUB을 도입하겠다고 발표했다.

전자책 단말기 기능을 갖춘 신형 태블릿 PC 출시설로 전자책 단말 업계를 긴장시키고 있는 애플사 역시 이미 아이폰에 EPUB을 도입하고 있다. 따라서 현재는 자연스럽게 EPUB이 전자책의 표준 포맷으로 굳어지는 추세이다.

EPUB 포맷이 폭넓게 도입되면 전자책 단말기에 대한 선택의 폭도 넓어진다. 그러나 DRM 이슈는 여전히 문제로 남는다. 현재 EPUB Format의 구성 표준 기술 중 하나인 OCF(OEBPS Container Format)의 경우 DRM 요소가 명기되어 있지 않아 DRM 적용을 위한 추가 비용이 요구된다.

또한 선사책 단말기 및 소프트웨어 업체가 어떤 DRM 기술을 적용하느냐에 따라 단말기 간 혹은 소프트웨어 간 상호 호환 여부가 결정되는 문제가 발생할 수 있다. 음악 시장이나 영화 시장에서의 사례와 같이 DRM 없이 콘텐츠가 판매될 경우 저작권 침해 위험이 있는 것 또한 큰 문제로 지적되고 있다.

제3장

전자출판의 역사 및 국내 현실

01

글로벌 전자출판의 역사

e-Book 시장은 두 번의 시행착오 후 오늘에 이르고 있다.

1차 시행착오는 '90년대 말로, 업계 간 공조 미흡 및 기술표준 난립이 그 이유였다. '09년대 초기 혁신적 뉴미디어 분야로 관심을 끌었으나, 제작사와 출판사 간 공조가 미흡했다. 단말기 제조사 중심으로 일본은 소니·NEC가, 미국은 누보미디어 전용단말기가 등장하였으나, 출판사의 참여가 저조했던 것이다. 2000년 대형 출판사 참여 및 소프트웨어 업체 진출에 따라 성장이 기대되었으나, 기술표준 부재 등으로 소비자들은 외면했다. 반즈엔노블, 램던하우스 등 대형 출판사 진출과 어도비, MS 등 참여, 각기 다른 파일 포맷(PDF, XML, 플래시 등) 사용으로 기술표준이 난립했던 것이다.

2차 시행착오는 '00년대 중반으로, 다양한 콘텐츠 확보에 실패한 데서 그 이유를 찾을 수 있겠다. 일본의 경우 독서 시장을 겨냥해 단말기 제조사 주도로 콘텐츠 판매와 결합된 사업모델을 본격적으로 도입했다. 파나소닉은 03년 '시그마북', 06년 '워즈기어'를 출시했다. 소니는 04년 E-Ink, 필립스, 동판인쇄와 공동으로 문고판 사이즈의 e-Book 전용단말기

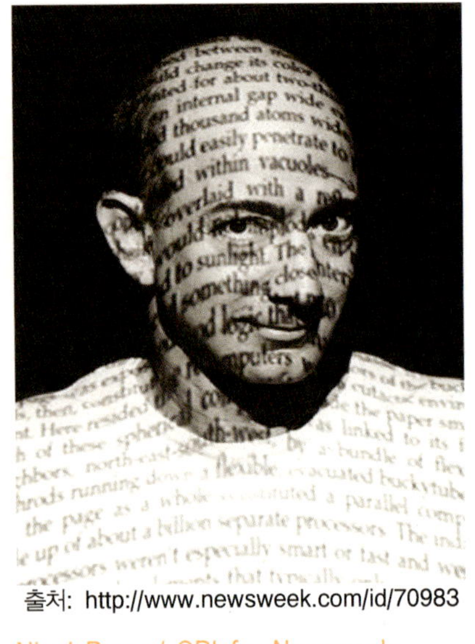

'Librle'를 출시했다. 그런데 기술적 우수성에도 불구하고, 충분한 콘텐츠를 확보하지 못해 독자 유인에 실패했다. 파나소닉, 소니 등은 1만대 미만의 저조한 판매로 시장에서 철수했다. 소니는 실패원인을 e-북에 대한 시장조사가 불충분해 소비자에게 종이책과 차이를 명확하게 보여 주지 못했기 때문으로 분석했다.

1) 2000년대 이전의 전자출판

전자출판이라는 용어는 1976년에 처음 생겼으며, 1980년 국제 출판협회(IPA: International Publishers Association)에 전자출판 위원회가 설치되면서 전자출판이란 용어가 정착되었다. 그러나 전자출판의 시작은 이보다 조금 앞서간다. 1971년 마이클 S. 하트는 저작권이 소멸된 고전들을 디지털화하여 모든 사람들이 무료로 볼 수 있게 하는 구텐베르크 프로젝트(Project Gutenberg)를 시작하였다. 구텐베르크 프로젝트는 전자책을 만들고자 하는 인간의 바람을 시도한 최초의 작품이었다.

본격적으로 책이 종이에서 탈피하여 전자출판물로 만들어지기 시작한 것은 1985년부터이다. 세계적인 전자회사 소니(Sony)사와 필립스(Phillips)사가 CD롬을 개발하고, 이러한 CD롬을 이용하여 「미국 학습대백과사전

(*Academic American Encyclopedia*)」을 미국 그롤리어(Grolier)출판사는 1985년에 발간하게 된다. 이 CD롬 백과사전은 초기적 형태의 전자책이라고 할 수 있다.

물론 CD롬으로 된 책이 나오기 이전에도 디지털 형태의 책을 만들려는 시도가 있어 왔다. 지금은 사용하지 않는 5.2인치 디스켓(diskette)으로 책을 만들기도 했으나, 저장용량이 매우 작아 한계성을 보이고 말았다.

1980년대 후반부터 1990년대 중반까지 CD롬으로 책을 만드는 것은 매우 활발하게 이루어졌다. 매체조사회사인 Simba Information사에 따르면 1995년까지 미국에서 팔린 CD롬 제품은 14억 5,000달러에 달하는 것으로 나타났다. 또 1995년 한 해에만 CD롬 제품이 10억 달러가 팔려 전년에 비해 85%의 성장세를 보였다.

CD롬은 백과사전 분야에서 특히 많이 제작되고 있다. 1990년대 중반에는 전체 백과사전 중 73%가 CD롬으로 제작되고, 오직 27%만이 종이로 제작되고 있을 뿐이었다. 마이크로소프트도 한때 CD롬 백과사전 <인카타(Encarta)>를 제작해 판매하기도 했다.

그러나 1990년대에 들어서면서 인터넷이 급속히 보급되면서, 네트워크에 연결되지 않는 CD롬은 사양의 길을 걷기 시작했다. 결국 사이먼 앤 슈스터 인터액티브나 하퍼

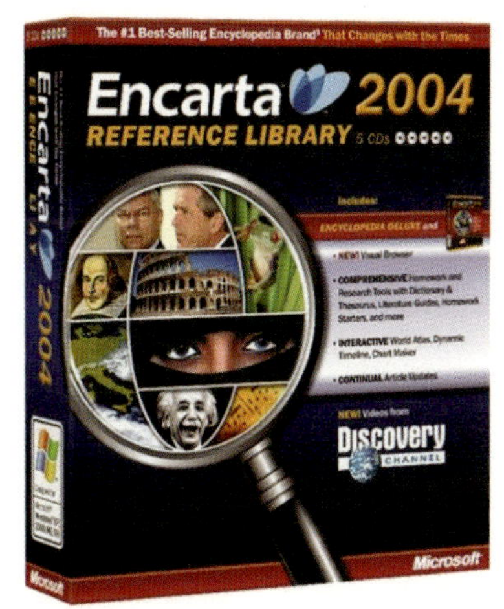

인카타 백과사전

콜린스 인턴액티브, 펭귄 뉴미디어(Penguin New Media) 같은 대표적인 출판사들이 CD롬 출판 사업을 시작하였지만, CD롬 시장의 부진에 따라 사업을 포기하거나 규모를 축소하기에 이르렀다.

이러한 와중에서도 보다 편리한 전자책을 만들려는 새로운 시도는 계속되어 일본의 소니는 1991년 휴대용 독서단말기 '북맨'을, 일본의 NEC가 1993년 플로피디스크와 5.6인치 화면을 장착한 '디지털북'을 발표하기도 했다. 너무 시대를 앞서가고 볼만한 콘텐츠도 없어 실패하고 말았다.

한편 PC통신이나 인터넷을 통해 책의 내용을 전달하려는 노력도 많이 이뤄져 왔다. 미국의 경우 유명한 법률 정보 서비스인 '렉시스(Lexis)'가 오래전부터 가동되어, 법률가들이 다양한 판례정보를 신속히 검색할 수 있었다.

미국의 '맥그로우 힐(McGrawhill)'은 잡지들과 뉴스레터들의 대부분을 온라인으로 제공하였고, 뉴스위크도 기사를 미국의 프로디지란 통신망으로 제공하였다. 또한 이미 1980년대부터 어도비(Adobe)에서 만들어진 아크로뱃(Acrobat)으로 PDF파일 서비스가 이루어져 논문이나 매뉴얼(manual) 등을 무료로 이용할 수 있었다(이용준, 1999).

세계 전자책의 역사

연도	전자책	내용
1971	Gutenberg Project	미국독립선언서 등 2천여 권의 도서 데이터베이스
1976	뉴저지 공대 ELES시스템 개발	Electronic Information Exchange System을 이용하여 원고 작성, 교정, 본문편집을 하고 온라인을 통한 본문 전송과 검색 제공
1985	*Academic American Encyclopedia*	최초의 CD롬 백과사전
1991	BookMan	소니가 만든 휴대용 독서단말기
1998	Rocket e-book	최초의 전자책 전용단말기로 미국의 누보미디어에서 개발, 반즈앤노블 서점에서 판매
2000	Riding the Bullet(총알차 타기) 전자책 출판	미국 인기작가 스티븐 킹(Steven King)이 전자책 출시하여 세계적인 화제가 됨. 전자책이 본격적으로 알려지는 계기가 됨
2000	MS-Reader	마이크로소프트에서 전자책 사업을 시작하기 위해 전자책 뷰어를 개발함
2003	소니 Librie	전자잉크를 사용하는 최초의 전자책 단말기
2004	Google BookSearch	구글이 도서본문검색과 디지털 도서관사업을 시작함
2007	아마존 킨들(Kindle)	본격적인 전자책 시대를 열어 준 전자책 단말기 출시
2010	애플 아이패드(ipad)	전자책 단말기가 아닌 태블릿PC로 전자책 시장을 주도하려는 목적을 가지고 탄생

1990년대 후반에 들어서면서 전자출판은 또 한 번의 변화를 거치게 된다. 미국에서 e-book이 등장한 것이다. 1998년 실리콘밸리의 벤처 기업인 누보미디어가 로켓이북(Rocket eBook)이란 전자책 단말기를 출시하였고, 이어서 소프트북 프레스가 소프트북(Softbook)을 출시하면서 e-Book이라는 전자책이 알려지기 시작했다. 그러나 전자책이 본격적으로 관심을 끌게 된 것은 로켓이북이 미국의 최대 서점인 반즈앤노블의 인터넷 사이트에서 판매가 되고, 미국의 베스트셀러 작가인 스티븐 킹(Steven King)이 <총알차 타기(Riding the Bullet)>를 e-book으로 발표하면서부

로켓이북

소프트북 리더

터다. 스티븐 킹의 '총알차 타기'는 이틀 만에 40만의 고객이 다운받으면서 출판업계의 시선을 전자책으로 끌어내게 하였다.

또한 일본에서는 1998년 10월, 전자도서 시장을 개척하기 위한 독서 단말기 표준화, 온라인 주문형 책(BOD: Book on Demand) 시스템 등을 종합적으로 실증, 실험하기 위한 출판계 주도의 '전자서적 컨소시엄(E-BOOK Japan; http://www.ebj.gr.jp)'이 창립되기도 했다. 이 컨소시엄에는 출판사, 서점, 유통회사, 인쇄소, 통신·전자회사 등 155개 사가 참여하여 여러 가지 시험적인 사업을 추진하였는데, 2001년에 전자도서는 충분한 가능성이 있다는 결론을 내리게 되었다.

1999년 10월에는 18세기 이래 세계 최고의 백과사전으로 인정받아 온 브리태니커가 인터넷(www.britannica.com)을 통해 서비스를 제공하였고, 당일 접속 건수만 100만 건에 이르렀다.

2) 2000년대 이후의 전자출판

전자책이 활성화될 기미를 보이자 출판사들도 덩달아 전자책 사업에 뛰어들었다. 타임워너(Time Warner)가 설립한 아이퍼블리시닷컴(iPublish.com), 베텔스만(Bertelsmann)의 랜덤하우스(Random House)가 설립한 앳랜덤(AtRandom)이 있었고, 사이먼앤슈스터는 별개의 사업체는 설립하지 않았지만 전자출판을 시작하였다. 그러나 닷컴 열풍이 꺼지기 시작한 2001년 말, 시장 전망이 불투명해지면서 전자책 시장에 뛰어든 출판사들은 잇따라 사업 중단을 발표했다. 그리고 전자책 유통 분야에서 인지도를 쌓았던 반즈앤노블마저도 웹사이트에서 e-Book 서비스를 중단했다. 전자책 단말기 분야에서도 'Millenium Reader', 'Everybook', '글래스북(Glassbook)' 등이 새로이 출시되었으나, 비싼 가격과 낮은 해상도 그리고 콘텐츠 부족으로 인해 실용화되지 못하였다.

세계 최대 기업이면서 IT 분야의 선두주자인 마이크로소프트사도 2000년에 클리어타입(Cleartype)이라는 신기술을 채택한 'MS리더(MS-Reader)'라는 전자책 뷰어 프로그램을 내놓고 전자책 시장에 적극 뛰어들었다. 마이크로소프트사는 미국 최대의 서점 반즈앤노블과 전략적 제휴를 맺으며, MS리더를 전자책의 표준뷰어로 만들려는 야심한 계획을 추진하였다. 그러나 곧 전자책이 대세를 이룰 것이라고 보고 시작한 사업이 지지부진하자, 2003년 MS리더의 지속적인 개발을 포기하게 되었다.

이렇게 2000년대 초반 거세게 불었던 전자책의 열풍이 실패로 끝난 이유는 다음과 같이 정리될 수 있다. 첫째, 출판사들이 종이책의 판매 부진을 우려해 전자책에 대한 부정적인 태도를 가졌으며, 이는 콘텐츠의 부족으로 이어졌다. 둘째, 전자책에 대한 표준화 미비로 업체에 따라 포맷이 상이해 전자책을 읽기 위해서는 업체마다 제공하는 여러 가지 뷰어나 변환도구를 사용해야 하는 불편함이 있었다. 셋째, 전자책 단말기에서 아직은 e-Paper 디스플레이를 사용할 수 없어 전자책을 편하게 읽는 환경이 제대로 갖춰지지 않았다. 그리고 Wi-Fi 기술이 없었으며, 무료의 통신망이 제공되지 않아서 콘텐츠를 구입하는 데 무척 비싼 통신요금을 물어야 했다(산은경제연구소, 2009).

이러한 이유로 대부분의 회사가 전자책 시장에서 철수했지만, Sony는 유일하게 전자책 단말기의 개발과 전자책 사업을 계속 추진하여 2004년에 Phillips와 E-Ink사와 함께 전자잉크를 사용하는 최초의 전자책 단말기인 Librie를 개발하였다. 리브리에는 종이가 할 수 없었던 수정이나 첨삭, 화면확대/축소, 스크롤 등의 다양한 기능이 가능하도록 고안되었고, 다른 장치와 연결하여 인쇄나 복사도 가능하였다. 또한 고단샤·신초샤 등 출판사와 다이닛뽄인쇄 등 관련 15개 사가 '퍼블리싱 링크'를 설립해 월정액 회원제 도서 서비스를 실시했다.

기술적인 우수성에도 불구하고 소니 리브리에는 이렇다 할 시장의 주목을 못 받았고, 이어서 소니는 2006년에 더욱 성능이 개선된 PRS-500을 발표하였는데, 이 전자책 단말기는 소니 전용 전자책 타이틀을 제공

소니 리브리에

하는 'Connect e-Book Store' 사이트와 함께 이용하도록 만들었다. PRS 는 한손에 쏙 들어와 뛰어난 휴대성을 가지고 있으며, PDF나 MP3 파일 을 이용할 수 있도록 만들어졌다.

소니의 PRS 시리즈는 505, 700의 후속 모델이 꾸준히 나오며 계속 성 능이 개발됐으나, 이용할 수 있는 콘텐츠가 부족하여 기대만큼 큰 성과를 거두지 못했다.

이렇게 부진한 전자책 시장이 크게 반전이 된 계기는 아마존 킨들의 등장 이후이다. 1997년 11월에 출시된 전자책 단말기 킨들은 우선 전자 책 콘텐츠의 확보에 힘 기울여 처음부터 8만 종 이상의 전자책을 확보하 였고, 신문, 잡지, 블로그 등도 함께 이용할 수 있게 만들었다. 또한 전자 책의 가격은 신간 9.99달러, 구간 1.99달러, 단말기의 가격은 399달러로 책정하여 소비자들이 큰 부담을 느끼지 않고 이용할 수 있도록 배려하였 으며, 통신사인 스프린트와 계약하여 EV-DO 방식의 무선통신이 가능 하게 하였다. 배터리의 사용 시간도 1주일 이상으로 크게 늘렸으며, 충전 도 짧은 시간에 이뤄질 수 있게 하였다. 무엇보다도 킨들의 장점은 E-Paper를 채용하여 가독성을 높였고, 독서기능에 집중해 기존의 PC, PDA 등 범용 단말기보다 우월한 독서 경험을 제공하였다. 이러한 사용자 편리 성을 충분히 갖춰 예상외의 폭발적인 판매량을 달성하였다.

또한 2009년에는 24.6㎝(9.7인치) 크기의 킨들DX가 나와 신문을 편집 된 그대로 읽을 수 있으며, 대학교재나 잡지 등을 판형 그대로 읽을 수 있게 하였다.

킨들이 성공하게 된 요인을 정리하면 다음과 같다(SERI 경영노트, 2009. 5).

(1) CEO의 리더십: 미래에 대한 비전을 끊임없이 소통

독서광이자 부인이 소설가인 아마존의 CEO 제프 베조스는 전자책을 책의 대체품이 아닌 '전혀 새로운 정보 전달 수단'으로 만들고 싶다는 의지를 수차례 피력하였다. 이를 위해 제품이나 서비스에 대한 고정관념에서 과감히 탈피하여 킨들이 단말기가 아닌 서비스라고 말하고, 아마존은 온라인 서점이 아닌 애플의 아이튠즈와 같은 플랫폼이라고 정의했다.

(2) 기술적 단순성: 전문 지식 없이도 손쉽게 사용할 수 있도록 배려함

이동통신업체 스프린트와 제휴해 '위스퍼넷'이란 무료 3G서비스를 제공하여 통신료의 부담을 없앴고, 문서 포맷이나 다운로드 방법 등에 대한 고민 없이 즉시 독서삼매경에 빠질 수 있도록 구입 및 조작 방법을 단순화했다.

(3) 다양한 콘텐츠: 단말기의 활용가치를 극대화함

처음 시작할 때부터 88,000여 종의 전자책 콘텐츠를 확보하였고, 책뿐만 아니라 잡지, 신문, 블로그까지 킨들로 볼 수 있게 하는 등 취급하는 콘텐츠의 범위를 확대하였다.

(4) 윈-윈 전략: 장기적 이익을 위해 당장의 손해도 감수

아마존은 자사 플랫폼의 경쟁력을 강화하기 위해 잠재적인 경쟁자와의 제휴나 출혈을 감수한 파트너십까지 불사하면서 사업을 추진하였다. 따라서 2009년 3월 킨들용으로 판매되던 전자책을 경쟁사인 애플의 아이폰과 아이팟에서도 사용할 수 있게 콘텐츠를 제공하기 시작하였다.

그리고 출판사들이 전자책에 대한 경계심을 없애기 위해 파격적인 인센티브를 제공하여, 전자책 판매금액의 75%를 출판사에 주고, 나머지 25%는 저자에게 주는 등 자사의 이익을 극소화하고 출판사에 최대한 이익이 돌아가도록 배려하였다.

아마존에 앞서 전자책 시장에서 꾸준한 사업을 이끌었던 소니도 킨들의 성공에 주목하면서 킨들의 아성에 도전하기 위해 새로운 모델의 개발을 서둘러 왔다. 소니는 2009년 8월 전 기능을 터치 방식으로 이용할 수 있는 '리더 터치 에디션(Reader Touch Edition)'을 선보였으며, 잇따라 3G 무선 접속 기능을 갖춘 7인치 전자책 단말기 '리더 데일리 에디션(Reader Daily Edition)'을 출시하여 미국에서 판매에 들어갔다.

소니의 리더 데일리 에디션은 킨들과 마찬가지로 통화료 없이 무선인터넷으로 책·신문·잡지 등을 구매해 내려받을 수 있고, 자사의 전자책 상점과 지역 도서관을 통해 전자책을 구매 또는 대출해 읽게 하고 있다. 또한 구글과 연합해 주요 도서관들의 수백만 권 장서를 스캔해 놓은 구글 북서치(Google book search)를 이용할 수 있게 하였다.

애플도 아이폰을 전자책으로 활용할 수 있는 애플리케이션 Stanza를 개발하였고, 반즈앤노블은 플라스틱로직과 함께 전자책 단말기 '누크(Nook)'를 출시하였다. 누크는 AT&T의 3G 이동통신망이나 Wi-Fi를 통해 콘텐츠를 내려받을 수 있고, 안드로이드 운영체계를 가지고 있다는 특징이 있다. 그리고 상단부의 6인치 흑백 패널과 하단부의 3.5인치 컬러 터치스크린을 비롯한 두 개의 패널을 가지고 있다는 점이 기존의 전자책 단말기와는 다르다. 이렇게 누크가 듀얼 디스플레이를 가진 이유는 흑백 e-잉크 디스플레이는 제품의 특성상 화면의 움직임이 매끄럽지 못해 인터페이스의 구현이 수월하지 못해, 아래쪽 터치패드 컬러디스플레이를 이용해 원하는 책 표지를 확인하며 손쉽게 찾아보게 하기 위함이라고 한다. 따라서 위쪽 화면은 장시간 책을 편하게 읽는 데 사용하고, 아래쪽 화면은 검색을 위한 화면으로 이용하게 하였다.

조금 다른 개념이긴 하지만, 구글의 디지털 도서관 프로젝트도 전자출판 분야에 화두가 되고 있다. 구글은 2004년 세계 주요 도서관에 소장되어 있는 책을 디지털로 만드는 '디지털 도서관 프로젝트'를 추진하며, 도서관의 소장 도서들과 기타 문헌들을 구글 사이트에서 검색할 수 있게 하는 'Google Book Search'를 추진하였다. 구글 북서치 프로그램은 작가와 출판협회로부터 저작권 침해 제소를 받아 서비스가 제동을 받았으나, 최근에 협의안이 마련되어 다시 사업에 탄력을 받고 있다. 그리고 구글 북서치의 사업 모델도 초기의 검색 위주의 사업에서 전자책 서비스 제공, POD 출판까지 범위를 넓히고 있다.

구글은 에스프레소 북 머신(Espresso Book Machine)과 협력하여 스캔한 책 중 저작권의 굴레에서 자유로운 2백만 권 정도의 책을 POD방식으로 찍어 내는 사업을 추진하고 있다. 따라서 구글의 디지털 도서관 사업과 에스프레소 북 머신이 만나, 10분 내에 10달러 미만의 비용으로 저작권이 소멸된 도서를 책으로 만들어 이용할 수 있게 된다.

전자출판 분야에서 최근에 주목받는 또 다른 사례는 애플이 출시한 아이패드(iPad)이다. 타블렛 PC 형태인 아이패드는 9.7인치의 멀티터치 스크린을 이용해 동영상과 음악, 게임을 즐길 수 있지만, 전자책을 편리하게 이용할 수 있는 여러 기능을 갖춰 놓고 있다. 특히 애플은 아이패드를 출시하면서 구매자들이 전자책을 손쉽게 이용하게 하기 위하여 전자책 애플리케이션인 아이북(iBooks)과 전자책 마켓플레이스인 아이북스토어(iBook Store) 서비스를 시작하였다.

마치 애플이 아이팟(iPod)을 출시하면서 음원거래사이트인 아이튠즈(iTunes)를 만들어 음악 시장을 평정한 것처럼, 아이패드를 출시하면서 전자책 시장을 겨냥한 사업을 본격적으로 시작한다는 의미이다.

이러한 애플의 아이북 스토어에는 글로벌출판기업 하퍼콜린스, 펭귄, 사이먼&슈스터, 맥밀란, 아쉐뜨 북그룹 등이 참여하여 전자책 콘텐츠를 제공하기로 하였다. 애플은 아이패드용 전자책을 아마존보다는 다소 높은 12.99~14.99달러에 판매하고 있다.

02

한국의 전자출판 역사

1) 2000년대 이전의 전자출판

우리나라의 경우, 최초의 CD롬 책은 1991년에 큐닉스 컴퓨터가 개발한 '성경 라이브러리'와 삼성전자가 영어회화 교육용으로 개발한 '다이나믹 잉글리시'와 '액티브 잉글리시'이다. 이후 1992년에 솔빛조선미디어가 '즐거운 놀이방'을 시판했고, 그해 5월 불교방송은 '한국 불교 인명대사전'이라는 전자사전을 개발해 냈다. 초창기 CD롬 책은 매우 인기 있어 1996년 3월까지 총 545종의 CD롬 책이 제작되었다.

이렇게 CD롬 책의 제작이 급속히 늘어나기 시작한 시점은 1994년으로, 93년까지 불과 33종의 제작에 불과하던 것이 94년에는 231종, 95년에는 354종, 96년에는 520종이나 제작되었다. 그러나 이러한 CD롬 책의 증가추세는 1996년을 고비로 한풀 꺾여, 1997년에는 338종의 CD롬 책이 제작되었으며, 인터넷의 보급이 늘어나면서 CD롬 책의 제작은 더욱 줄어들게 되었고 현재는 겨우 명목만 유지하고 있는 상황이다.

한편, 우리나라도 오래전부터 PC통신이나 인터넷을 출판에 활용하려는 노력이 꾸준히 이어져 왔다. 우리나라에서 통신망을 이용하여 전자출판을 개척한 선구적인 출판사는 청림출판사로 자회사 한국법률정보시스템 (KOLIS)을 통해 1991년부터 서적으로만 접해 왔던 법률정보를 온라인으로 제공하기 시작하였다.

또한 커뮤니케이션북스는 PC통신 천리안에서 운영하고 있는 '커뮤니케이션북스(scomm)' 서비스를 통해 해외출판계 동향, 컴북스 자료실, 도서의 세부목차와 저자 서문을 파일형태로 제공하였다.

예인정보도 온라인 전자출판 분야에서 독보적인 입지를 구축하여, 국내외 1,500권의 문학작품을 PC통신에 띄우기도 하였다. 예인정보는 1990년대 중반부터 책마을이란 통신공간을 만들고 '멀티북'이란 프로그램을 이용하여 전자책을 풀텍스트(full text)로 볼 수 있게 하였다. 엔터프라이즈 골든칩社도 '스크린북'이라는 PC통신형 출판서비스를 1994년부터 시작하였다.

그러나 이러한 초창기 전자도서는 엄밀한 의미에서 오늘날과 같은 전자책으로 볼 수는 없다. 주로 PC통신을 이용하여 텍스트 위주의 책 내용을 서비스하였기 때문이다. 초창기의 전자책이 본격적인 전자책으로 변하기 시작한 것은 1999년 현재의 바로북이 국내 최초로 전자상거래를 바탕으로 전자책 사업을 개시하면서부터이다. 바로북은 1997년 초록배카툰스라는 PC통신으로 텍스트 기반의 전자책을 제공하는 업체로 시작한 이래, 1998년 11월부터는 인터넷 기반으로 바꾸어 3,100여 종의 전자책 서비스를 시작하였다(이용준, 1999).

연도	전자책	내용
1991	성경 라이브러리	큐닉스컴퓨터에서 개발한 우리나라 최초의 CD롬 책
1991	한국법률정보시스템(KOLIS)	청림출판사에서 만든 최초의 법률데이터베이스 온라인 서비스
1994	예인정보의 책마을, 엔터프라이즈 골든칩의 스크린북	PC통신을 이용한 ASCII 텍스트 기반의 전자책 서비스
1999	바로북 전자책 서비스	국내 최초로 전자상거래를 바탕으로 한 전자책 사업 시작
2000	와이즈북 전자책	창작과비평·문학과지성 등 50여 출판사가 참여하여 만듦. DRM 적용 전자책 유료서비스 시작
2000	북토피아 전자책	김영사, 푸른숲 등 한국출판인회의 소속 100여 개 단행본 출판사들이 공동 출자하여 설립
2000	하이북(hiebook)	한국전자북에서 만든 전자책 단말기
2004	네이버 본문검색	북토피아와 협력해 네이버가 본격적인 도서본문검색 시작
2006	제노마드	교보문고가 만든 디지털 콘텐츠 판매 전문 사이트. 전자책과 오디오북 등을 판매
2007	누트(NUUT)	네오럭스가 e-paper를 사용해 만든 전자책 단말기
2009	삼성전자 SNE-50K, 아이리버 Story	국내에서 본격적인 전자책 단말기 시장이 열리기 시작함

2) 2000년대 이후의 전자출판

미국에서 로켓이북이 나오고, 스티븐 킹과 같은 인기작가들이 속속 전자책을 발표하자, 우리나라에서도 전자책에 대한 관심이 뜨거워져 갔다. 2000년에는 출판계를 중심으로 전자책에 관한 세미나도 많이 개최되고, 출판계의 전자책 참여도 활발히 이루어졌다. 2000년 5월 한국출판연구소가 주최한 '디지털 시대 e-북의 발전방향'이라는 세미나는 350여 명의 청중이 복도까지 꽉 메우는 진풍경이 나타났다. 따라서 2000년대 이후부터 비로소 전자책다운 전자책이 출시되면서 국내 전자책 시장이 형성되어 갔다.

우선 북토피아(www.booktopia.com)는 김영사, 푸른숲 등 한국출판인회의 소속 100여 개 단행본 출판사들이 공동 출자하여 2000년에 설립되었다. 이후 북토피아는 창작과비평·문학과지성 등 50여 출판사가 참여하여 만든 와이즈북닷컴(www.wisebook.com)을 흡수하여 명실 공히 국내 최대 전자책회사가 되었다. 그러나 북토피아는 예상보다 저조한 매출 실적을 어려움을 겪다가, 경영난을 이기지 못하고 2008년 말에 사실상 부도상태에 빠졌다. 다행히 채권단의 합의에 인해 최근 회사 회생 작업이 시작되었다.

또한 민음사, 중앙M&B, 청림출판사, 한국프뢰벨 등 8개 사 컨소시엄인 에버북(www.everbook.com)은 2000년에 전자책 사업을 시작했다. 에버북은 글래스북의 뷰어를 사용했으며, 인기작가 이문열은 자신의 소설 <하늘길>을 에버북에서 전자책으로 내기도 했다.

또한 전자책 단말기를 내기 위한 경쟁도 치열하게 전개되어, 한때 국내에는 이키온, 이북솔루션스, 한국전자북, 가산전자, 삼성전자 등 10여 개 업체가 난립해 있었으나, 2003년을 전후로 회사가 부도가 나거나, 전자책 단말기 사업에서 손을 뗐다.

특히 이키온은 서울대 출신의 현직 교수들이 중심이 되어 6인치 액정화면(LCD)을 갖고 있는 단말기를 개발하며 주목을 끌었으나, 전자책 시장이 지지부진하자 회사를 문 닫고 말았다. 한국전자북의 하이북 단말기는 북토피아와 에버북을 제외한 대부분의 전자책 콘텐츠 제작 회사들로부터 채택됨으로써 국내 시장에서 우위를 점하기도 했지만, 전자책 시장 자체가 지지부진하자 문을 닫고 말았다.

이러한 현상은 전자책 콘텐츠 제공업체도 비슷하여 한때 활발한 활동을 보이던 미지로, 에버북 등도 2003년을 전후하여 사업을 접고 말았다.

닷컴과 IT 열풍의 붕괴와 함께 좌초하고 말았던 전자책은 그래도 2002년부터 2004년까지 연평균 15.2%의 꾸준한 성장세를 보이며 눈길을 끌었다. 이러한 현상은 2005년 이후에도 꾸준히 나타나서 금융위기가 닥쳤던 2008년을 제외하고는 매년 일정한 성장을 지속하고 있었다.

또한 인터넷 서점들이 전자책 시장에 뛰어들면서, 더디게 상승하던 시장의 분위기가 달라졌다. 교보문고는 2006년 온라인 서점 교보문고 홈페이지에 디지털 콘텐츠만을 특화시킨 제노마드를 오픈하고 전자책과 오디오북을 판매하기 시작했다. 제노마드는 초창기 PDF 방식의 전자책 솔루션 기술을 가지고 있는 유니닥스와 협력했다.

또한 국내 최대 인터넷 서점인 예스24는 2007년 북토피아와 업무협약을 맺고, 본격적인 전자책 서비스를 시작했으며, 종이책과 전자책을 동시에 보여 줄 수 있도록 검색시스템을 개편하기도 했다. 또한 2006년 통신사로 처음으로 KT는 전자도서관 및 전자책 판매 사이트인 북티(BOOKT)를 오픈해 운영하기 시작했다.

그러나 국내 전자책 시장이 본격적으로 달라진 것은 2009년부터라고 말할 수 있다. 아마존의 킨들이 등장한 이후 전자책 시장이 폭발적으로 성장하자, 새로운 전자책 단말기가 개발되어 출시되었으며, 전자책 콘텐츠를 제공하기 위한 출판사 간의 합종연횡도 다시 이뤄지기 시작하였다.

먼저 킨들의 성공에 영향을 받은 전자책 단말기의 출시를 살펴보면, 네오럭스의 누트2(NUUT2), 삼성전자의 SNE-50K, 아이리버의 스토리(Iriver Story)가 2009년에 출시되었고, 삼성전자의 와이파이(Wi-Fi) 탑재 전자책 단말기인 SNE-60이 2010년 초에 새로 나왔다.

아이리버는 2009년 9월 전자책 단말기 스토리(STORY)와 사전이 탑재된 스토리 에듀버전을 시장에 선보이며 국내 전자책 단말기 시장에 뛰어들었다. 아이리버의 단

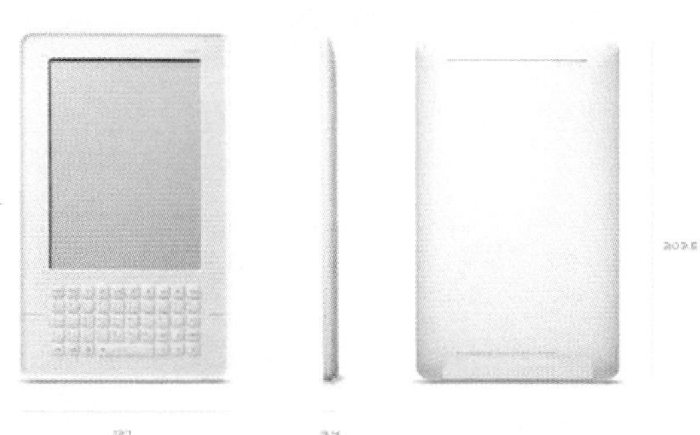

말기는 깔끔하고 모던한 디자인과 코믹뷰어를 통한 만화 지원, MP3 재생 기능도 있어 국내 시장에서 인지도가 가장 높은 것으로 알려져 있다. 스토리는 6인치의 전자잉크 디스플레이를 탑재하고 있으며 지금까지 국내외 시장에 출시된 전자책 단말기 중 epub, txt, pdf, doc, ppt, xls, hwp 등 가장 많은 데이터 포맷을 지원한다.

삼성의 SNE-60 버전은 기존의 SNE-50K 버전을 업그레이드한 것으로, 처음부터 교보문고와 전략적인 제휴를 맺고 개발되었다. 교보문고 로고가 찍힌 삼성eBook(SNE-60K)은 우선 단말기를 통해 볼 수 있는 콘텐츠를 더욱 확대시켰다. 독자들은 WiFi 무선 네트워크 기능을 통해 단말기 내의 앱스토어에 접속, 다양한 콘텐츠의 구매 및 다운로드가 가능하다. 이전의 단말기는 전자책 콘텐츠 중심이었으나 6인치 모델인 삼성eBook(SNE-60K)

은 65,000여 종의 전자책뿐 아니라 신문, 오디오북, 코믹, 소설 정액제, Summary 등 다양한 유형의 콘텐츠를 이용할 수 있다. 슬라이드 방식으로 전용 펜이나 손으로 화면 전환이 가능한 정압식 터치패널을 갖췄다.

전자책 콘텐츠 유통 업체 북큐브네트웍스도 2월 전자책 전용단말기 '북큐브(모델명: B-612)'를 출시했다. 전자책 단말기 북큐브는 6인치 전

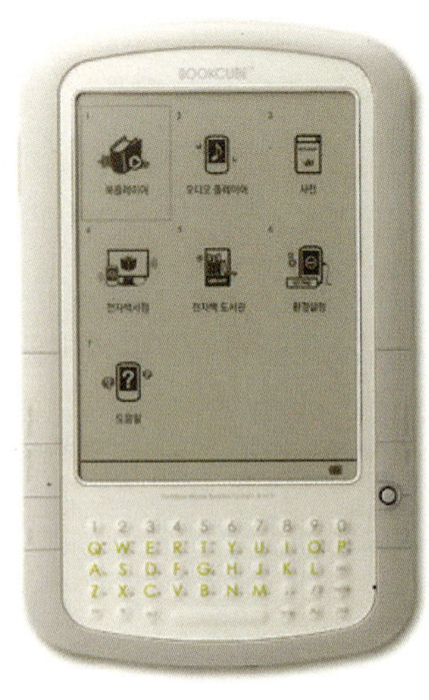

자잉크 디스플레이를 탑재하고 있으며, 와이파이(Wi-Fi) 무선인터넷이 내장돼, 언제, 어디서나 구매한 전자책을 내려받을 수 있다. 두산동아 프라임 사전을 기본으로 내장하고 북토피아·다산지앤지와 손잡아 3만여 종의 콘텐츠를 이용할 수 있다. PDF 형태 콘텐츠를 볼 수 없다는 것이 단점이다.

출판계 중심의 전자책 사업을 둘러싼 변화를 살펴보면, 김영사, 더난출판사, 문학과지성사, 시공사, 푸른숲, 해냄 등 60여 개 출판사들이 전자책 콘텐츠 관리회사인 한국출판 콘텐츠(KPC)를 설립했고, 예스24, 알라딘 등이 한길사, 비룡소, 북21, 중앙일보 등과 손잡고 한국이퍼브(Korea Electronic Publishing Hub)를 창립했다.

이 외에도 인터파크의 도서파트인 인터파크INT에서 2010년 상반기 전자책 단말기, 콘텐츠, 네트워크, 솔루션 등 전자책 관련 서비스를 포괄하는 '비스킷(biscuit)' 서비스를 선보였다. 과자 비스킷처럼 언제 어디서나 쉽게 즐길 수 있다는 의미의 '비스킷'은 국내 최초로 선보이는 통합 전자

책 서비스 브랜드로 전용단말기를 포함한 콘텐츠, 네트워크, 솔루션 등 전자책 관련 핵심 서비스를 제공하며 종이책의 한계를 넘어 더욱더 편하게 책을 즐길 수 있게 한다.

인터파크INT는 이번 비스킷 런칭을 통해 단말기 위주의 패러다임에서 벗어나 콘텐츠로 전환시킨다는 계획이다. 이를 위해 경쟁력 있는 신간 위주의 콘텐츠 확보에 주력하고 있으며 국내 유명 작가들의 신간 및 신문, 잡지, 외국어 학습 등의 교육 콘텐츠까지 확보해 다양한 연령대의 국내 독자층을 만족시킨다는 계획이다.

현재 비스킷 전용단말기 제조는 LG이노텍이 생산을 담당하며, 출판사들의 전자책 콘텐츠 제작을 지원하기 위한 EPub 파일 제작·변환 소프트웨어는 한글과컴퓨터가 개발해 공급 중이다. 또 전자책 무선 접속 환경을 지원하기 위해 LG텔레콤과 데이터 네트워크 제공 계약을 맺고 독자들이 무료로 콘텐츠를 검색, 다운로드할 수 있도록 하고 있다.

확실히 2010년 우리나라 전자출판 산업의 여건은 과거보다 훨씬 좋아졌다. 불법복제, 전송권이슈, DRM정책 이견 등으로 전자책 사업에 소극적이던 출판사들이 적극적으로 시장에 뛰어들기 시작했으며, 전자책 단말기, 콘텐츠유통사업 분야에 대기업의 진출이 가속화되고 있다. 또한 e-Paper를 사용하지 않고 성능이 떨어지며 네트워크 기능이 없던 과거의 전자책 단말기 대신 e-Paper를 사용하는 최첨단의 대기업 신제품이 출시되면서 전자책 단말기에 대한 기대감도 한층 높아져 있다.

그리고 온라인 유통사 중심의 유통구조가 시장 확산에 걸림돌이 되고, 전자책 콘텐츠의 불법유통으로 출판·저작권자가 불안해했던 과거와 달리, 콘텐츠 사업자 중심의 시장구조가 서서히 조성돼 가고 있으며, 전자책의 불법유통을 근절하기 위한 다양한 제도적인 장치가 마련되고 있다. 이 외에도 Wi-Fi나 MVNO(무선망 임대사업)를 통한 통신비 절감 방안이 구체화되고 있다. 이러한 주변 여건의 개선이 향후 우리나라의 전자책 시장을 밝게 보는 근거가 되고 있다.

한국 전자출판 산업의 환경을 SWOT 분석하면 다음과 같다.

한국 전자출판의 SWOT 분석

강점요인(S)	약점요인(W)
▶ 대기업의 전자책 단말기 및 콘텐츠 유통산업 참여 활발 ▶ 모바일 유비쿼터스 환경 구축과 뉴미디어 플랫폼 콘텐츠 서비스 시장 활기 등 출판 콘텐츠 패러다임의 변화 ▶ 우수 전자기기 업체 존재 및 선진기반의 인터넷 환경 구비	▶ 시장을 선도하는 인기 단말기의 부족과 단말기 간 콘텐츠 통합 유통의 어려움(지나친 DRM) ▶ Any Device에서의 콘텐츠 최적화가 가능한 전자책 국제표준(ePub*) 국내 확산 부족 ▶ 불법유통을 우려하는 종이책 출판사의 전자책 콘텐츠 제공 미온적
▶ 국내 대기업의 전자책 단말기 시장 진출에 따라 대기업 중심으로 재편될 가능성 높아짐(국내 신문서비스 참여와 시너지효과) ▶ SKT, KTF, LGT 등 이동통신사의 진출 가시화 ▶ 교보문고, 인터파크 등 제작 및 유통회사 등의 대형 온오프라인 서점의 전자책 콘텐츠 시장 진출 ▶ 인터넷, 모바일 기반 오픈마켓 개화(출판 콘텐츠, e-Book의 유통 활성화)	▶ 저작권 소송에 따른 전자책 전문기업 부도와 전자책 시장 신뢰상실 ▶ 뉴미디어 등 소비의 다양화에 따른 독서율 저조현상과 출판 시장 침체 ▶ 협소한 시장 안에서의 다수의 사업진출로 과잉경쟁 우려

---

* ePub: electronic publication의 약자로 국제디지털출판포럼(IDPF)의 공식 eBook 표준.

국내 전자출판 시장의 현황 및 과제

국내 전자책 시장은 기본 토대가 취약한 편이다. 출판생산력, 저작권관리 등 총체적인 부실 등 문제점을 노정하고 있다. 출시된 지 6개월에서 1년 이상 된 책들을 전자책으로 제공하던 방식이 일반적이다. 신간도서에 대한 독자들의 니즈를 제대로 충족하지 못하고 있다는 비판이 크다. 이러한 비판 속에서 2009년 11월에는 인터넷교보문고에서 고객 저변확대를 위해 출간되지도 않은 <데샹보 거리>, <미네르바의 생존경제학> 등을 신간으로 내놓는 시도를 한 바 있다. 국내 전자책 시장은 일반적인 전자책이 아니라 인터넷 포털 등을 통해 유료로 결제되는 만화 콘텐츠가 대부분이다.

전용단말기 및 콘텐츠의 부재, 디지털저작관리(DRM), 수익분배 등에 대한 문제도 지속적으로 제기되는 과제이다. 무엇보다 유비쿼터스 환경에 부응하는 디지털 출판 문화의 미성숙이 문제점으로 지적된다. 학교·도서관 등 기관수요(B2B) 중심의 전자책 산업 발전으로 개인구매(B2C)에 의한 대중적인 소비기반이 취약하다.

그럼에도 국내 전자출판 시장은 급속하지는 않지만, 서서히 발전하고

있다. 이렇게 아직 전자책 시장이 큰 변화가 없는 이유는 인기 있는 전자
책 단말기가 출현하지 않았고, 베스트셀러 및 신간의 전자책 공급이 부진
하고, 불법복제에 대한 우려가 많아 출판사가 참여를 꺼리기 때문이다.
그러나 종이사전을 완전히 대체한 전자사전 분야는 지속적인 성장을 하
고 있다. 그리고 전문정보를 찾는 사람들에게 도움이 되는 학술논문 시장
도 급속한 성장세를 보이고 있다.

그러나 스마트폰의 확산으로 무선 인터넷 사용이 가능해지기 때문에
휴대폰 통신망으로 콘텐츠를 다운받아 이용하는 모바일북 시장은 점차
줄어들 것으로 보이고, 유용성은 매우 많으나 사람들의 인식이 부족한 오
디오북 시장도 성장이 정체되어 있는 상황이다.

국내 전자책 시장은 도서관을 대상으로 판매되는 B2B 시장이 위주이
며, 규모도 1,300억 원에 불과하다. 그러나 2009년의 전자책 시장은 2002
년에 비해 4배 이상 성장했으며, B2C 시장이 살아난다면, 엄청난 성장력
을 보일 것으로 예상된다. 2009년부터 국내에도 전자책 전용단말기가 나
오기 시작했고, 2011년부터는 전자교과서가 본격적으로 사용될 예정이기
에 국내전자책 시장의 성장은 시간문제인 것으로 보는 경향이 많다.

국내 전자책 시장의 규모 및 성장 추이

(단위: 억 원, %)

분야	2006	2007	2008	2009(추정)	'06 – '12 CAGR
합계	3,393	5,110	5,551	5,786	16.63%
전자책(생산 + 유통)	825	1,235	1,278	1,323	17.04%
전자사전	1,220	2,100	2,400	2,542	27.72%
모바일북	208	265	279	247	5.0%
학술논문	127	192	214	248	24.99%
오디오북	72	115	118	104	13.04%
기타 디지털 출판	941	1,203	1,262	1,322	11.99%

출처: 한국전자출판협회(2010). 〈2009 한국전자출판 연감〉.

국내 전자출판 콘텐츠 현황

국내에서 전자출판물은 얼마나 발간되고 있을까. 한국전자출판협회가 집계한 발간물 현황에 따르면, 2009년 기준 전자책은 총 230,271종이 발간되었다. 교육용 CD/DVD는 2,617종, 학술논문은 1,805,972편, 전자잡지/웹진은 819종, 오디오북은 1,816종, 전자사전은 246종이 발간되었다. 연도별 추이를 보면, 2006년 이후 꾸준한 증가세를 보이고 있는 것을 알 수 있다.

전자출판물 발간 현황(2009년 8월 현재)

구분		2004년	2005년	2006년	2007년	2008년	2009년
전자책	신규	25,267종	36,732종	77,417종	53,303종	142,705종	230,271종
	총계(누적)	45,267종	81,999종	159,416종	212,719종	355,424종	585,695종
교육용 CD/DVD	신규	3,126종	2,572종	2,039종	1,612종	2,042종	2,617종
	총계(누적)	9,654종	12,226종	14,265종	15,877종	17,919종	20,536종
학술논문	신규	120,281편	210,599편	230,354편	280,725편	131,676편	1,805,972편
	총계(누적)	864,783편	1,075,382편	1,305,736편	1,586,461편	1,718,137편	3,524,109편
전자잡지/웹진	신규	196종	341종	463종	635종	721종	819종
	총계(누적)	209종	550종	1,013종	1,648종	2,369종	3,188종
오디오북	신규	3,481종	1,223종	1,605종	2,534종	2,552종	1,816종
	총계(누적)	12,958종	14,181종	15,786종	18,320종	20,872종	22,688종
전자사전	신규	19종	41종	122종	175종	207종	246종
	총계(누적)	26종	67종	189종	364종	571종	817종

출처: 한국전자출판협회(2009), 〈2009 한국전자출판연감〉.

2009년도 전자책 콘텐츠 판매현황에 따르면, 문학(23.1%)과 사전류 (19.5%)가 전체 판매량의 우선순위를 차지한다. 그 다음으로 아동도서, 학술도서 순으로 판매량 순위를 기록하고 있다. 문학은 주로 장르문학을 중심으로 판매량이 제일 큰 것으로 나타나고 있으며, 학습을 위한 사전류 와 아동 교육용 도서 분야가 전자책 형태로 많이 제작되었다.

콘텐츠 분야별 전자책 콘텐츠 판매 추이

(단위: %)

분야/연도	2004	2005	2006	2007	2008	2009
문학도서	16.0	18.9	19.4	21.7	22.3	23.1
실용도서	5.0	4.4	6.3	4.9	4.3	4.4
학술도서	14.0	15.6	16.3	17.0	14.4	13.5
아동도서	21.5	12.8	14.7	15.6	15.5	13.7
학습참고서	1.5	1.7	4.4	2.5	2.8	3.0
사전	9.0	6.7	7.8	10.2	11.9	19.5
만화	5.5	6.1	6.9	7.3	8.9	9.0
잡지	9.5	10.6	11.5	12.5	11.0	9.5
성인물	3.5	3.9	3.2	3.0	3.3	3.2
기타	14.5	19.4	9.5	5.3	5.6	1.1
합계	2,089.5	100	2,096.5	2,101.7	2,102.4	2,107.9

출처: 한국전자출판협회(2009), 〈2009 한국출판연간〉.

전자출판 시장 구조 및 행위

01

전자책 시장의 기본구조 및 가치사슬

전자책 시장은 크게 콘텐츠(e-Book), 유통(distribution), 단말기(e-Reader)로 나누어지며, 이 밖에도 디스플레이, 통신, 미디어 등 다양한 분야와 연관되어 있다.

콘텐츠 부문은 저작자, 출판사, 신문사 등이 해당되며, 콘텐츠를 제작하여 직접 유통하거나, 유통업체에 제공한 후 판권료 수익을 획득한다. 대형 출판사들은 직접 전자책 콘텐츠를 제작·유통하기도 하나, 다수의 중소 출판사들은 유통업체에 도서 원본 파일을 제공하고 판권료 수익을 획득하는 방식으로 e-Book 사업에 참여한다. 솔루션 업체들은 콘텐츠를 전자책 포맷으로 전환하고, 이를 읽을 수 있는 뷰어(viewer)를 제공하는 등의 역할을 수행한다.

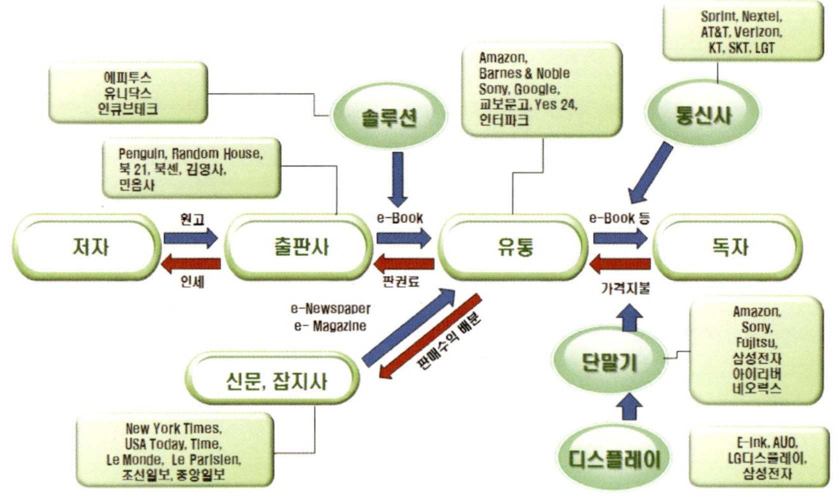

전자책 시장구조(산은경제연구소, 2009)

유통 부문은 e-Book 콘텐츠를 모아 개인(B2C) 또는 기관(B2B) 등에 제공하는 역할을 수행한다. 서점, 단말기 제조사, 포털 등 다양한 사업자들이 진출하고 있는 가운데, 아마존, 반즈앤노블, 교보문고 등 온·오프라인 서점이 유통을 주도한다. 통신사는 무선망을 유통업체에 제공함으로써 독자가 무선망을 통해 콘텐츠를 다운로드받을 수 있도록 한다.

단말기는 전용단말기와 범용단말기로 구분된다. 전용단말기는 e-Book에 특화된 단말기로서 아마존의 킨들, 소니의 PRS 등이 대표적이며, e-Paper를 채용한 것이 특징이다. 그 밖에 아이폰, 아이팟터치, 닌텐도, PC 최근의 아이패드 등은 e-Book 기능이 부가된 범용단말기에 해당하며, 최근 아이폰 및 아이팟터치를 통한 e-Book 이용이 급증하고 있다.

한편 오픈이북포럼은 전자출판 시장의 가치사슬을 창작자-중개업자-

최종소비자의 흐름으로 정리하고 있다(2000).

- 창작자(Originators): 작가, 편집자 등으로 전자출판물을 생산한다. 일인 창작 혹은 다수의 협력 작업도 가능하다.
- 중개업자(Intermediaries): 출판업자, 대행사 등으로 출판 콘텐츠의 흐름을 촉진한다.
- 최종이용자(End-users): 소비자, 독자, 도서관 이용자 등으로 전자출판물을 구입하고 소비한다.

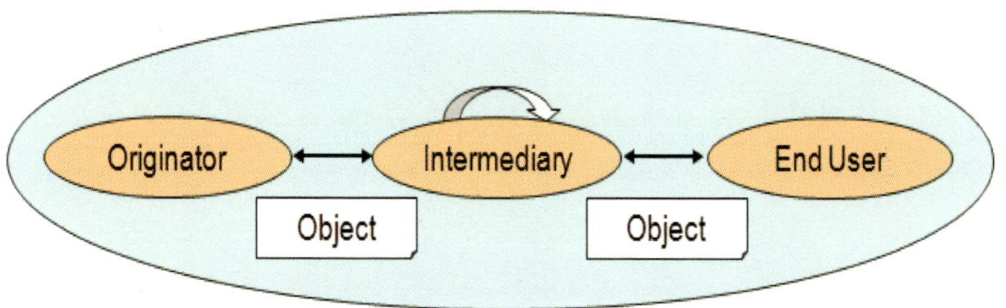

전자출판 시장의 가치사슬(OpeneBookForum, 2000)

전자책 시장의 비즈니스는 다양한 거래관계에 의해 구성된다.

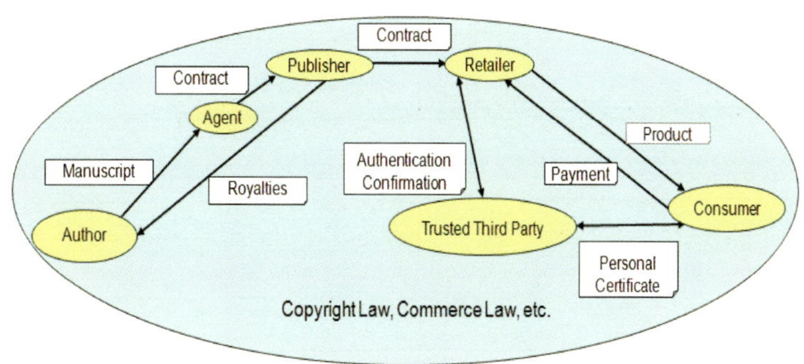

전자책 시장의 비즈니스 및 거래관계(OpeneBookForum, 2000)

　　전자책 산업의 가치사슬(Value Chain)은 전통적인 인쇄매체인 종이책 산업의 가치사슬과는 모습을 달리한다. 전자책 산업 가치사슬은 인터넷 등 전자적 정보의 흐름을 활용하며 전자책 콘텐츠 생산에 누구나 쉽게 접근할 수 있는 전자책의 매체적 특성을 많이 반영하고 있다. 먼저 기존 종이책 산업에서는 각 산업 주체들이 특정 역할에 국한되어 있던 반면, 전자책 산업의 가치사슬에서는 한 사업자가 복수의 역할을 동시에 수행하는 일이 빈번해졌다. 온라인 도서 판매업으로 시작해 대형 온라인 마켓을 형성한 아마존의 경우 자사의 전용 전자책 단말인 킨들을 바탕으로 전자책 출판*에서 유통까지 모두 직접 맡아 전자책 사업을 운영하고 있다는 점에서 전자책 가치사슬의 특성을 살펴볼 수 있다.

　　이처럼 전자책 산업 가치사슬 내에서 복수의 역할이 가능해지면서 대형 출판업체와 전자책 기술 제공 업체들도 전자책 산업 내에서 영향력을 강화하기 위해 기존의 역할 외에 유통 등의 영역으로 사업을 확장하고 있다. 2008년을 기점으로 랜덤하우스(Random House), 펭귄그룹(Penguin Group) 등 기존 출판업체들은 전자책 사업 부문을 강화하면서 직접 온라인 사이트를 통해 전자책 유통에 나서고 있으며, 어도비(Adobe) 역시 자사의 전자책 마켓을 열어 전자책 유통 사업에 진출했다.

　　또한 전자책 출판 및 유통 기술이 보편화되면서 기존 출판업체 중심의 콘텐츠 제작 시스템에서 누구나 콘텐츠를 생산해 판매할 수 있는 시스템으로 변화되어 일반 개인을 비롯한 특정 주제를 다루는 소규모 출판업체들의 등장도 빈번해지고 있다.

---

* 콘텐츠 제작이 아닌 출판사 등에서 제작된 콘텐츠를 전자책 형태로 변환하고 DRM 등 전자책 관리 기술을 적용하는 일.

전자책 가치사슬에서의 또 한 가지 특징은 서로 다른 영역의 업체 간 제휴가 빈번하다는 점이다. 이는 기존 가치사슬상에서 하나의 역할을 맡고 있었던 업체들이 전자책 산업 내 타 영역의 사업자와 제휴함으로써 전자책 산업 내 영향력을 확대하기 위한 하나의 방편으로 해석된다. 이미 많은 출판업체들이 전자책 유통 전문 업체나 전자책 솔루션 업체와 제휴를 맺고 있는 것으로 알려졌다. 또한 전자책 산업에서 무선 인터넷의 중요성이 부각되기 시작하면서 전자책 서비스를 위한 망사업자와 출판업체 간의 제휴도 활발해지고 있다.

콘텐츠 생산 단계에서 출판 주체는 기존의 책, 잡지, 신문의 발행자 또는 조직이 될 수 있으며 순수 전자책 사업자일 수도 있다. 셀프 퍼블리싱(self-publishing)의 가능성도 열려 있다는 점이 전자책의 두드러진 특성 중의 하나이다. 여기서 작가(author)는 각 분야별 콘텐츠 생산자와의 계약을 통해 전자책을 생산할 수도 있으며 직접 유통에 나설 수도 있다. 콘텐츠는 전자책 제작 및 편집 솔루션을 통해 패키지화되며 제작·편집된 전자책은 CMS(Content Management System)*를 통해 라이프 사이클이 관리된다.

배포 및 유통 과정은 CP(Content Provider), 서비스 업체(BSP), 최근에는 Google 등 대형 온라인 포털을 통해서도 이루어지고 있다. 배포 및 유통과정상 저작권 보호를 위한 DRM(Digital Rights Management)과 요금 지불 및 관리를 위한 Billing System을 거치게 되며 PDA, 휴대전화,

---

* CMS(Content Management System)는 기업 내에 존재하는 다양한 포맷의 콘텐츠를 제작·출판·관리하는 등 보통 콘텐츠 생성·출판·배포·보관 등으로 정리되는 콘텐츠 라이프스타일 전체를 관리하는 시스템을 의미함.

UMPC(Ultra Mini PC) 또는 전자책 전용단말기 등이 소비자와의 접점으로 이용된다.

한편 최근 미국에서는 주요 이동통신사들을 중심으로 전자책 관련 시장의 생태계가 조성되고 있는 상황이다. 전자책 시장에 이미 진입한 스프린트(sprint)와 달리 무선데이터 매출 관련 신규 수익원 확보를 위한 이동통신사들 중심의 비즈니스 구조가 형성되고 있다. AT&T는 2009년 전자책 단말기 출시를 발표했으며, 버라이존(Verizon)의 Open Development Labs에서 4~5개의 전자책 단말기의 개발을 검토하고 있다.

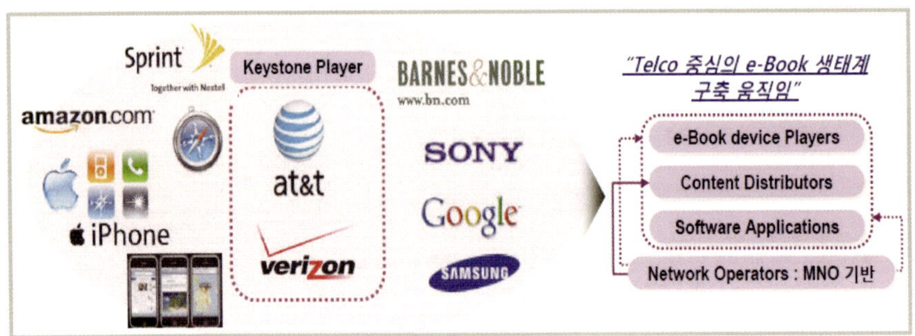

미국 내 이동통신사중심의 생태계 구축 움직임(KT경제경영연구소, 2009)

02

디지털 도서관 프로젝트와 전자책 콘텐츠

1994년 연구 프로젝트 차원에서 시작된 디지털 도서관 프로젝트는 현재 본격화 단계에 접어들었으며, 디지털 도서관이 많이 생기면 저작권이 소멸된 공유저작물은 무료로 전자책으로 다운로드받아 이용할 수 있고, 저작권이 있는 도서는 해당 디지털 도서관을 통해 유료로 다운받아 이용할 수 있다. 따라서 디지털 도서관 프로젝트의 추진은 전자책 콘텐츠 확충에 중요한 매개 고리가 된다.

1) Google Digital Library

2004년 시작된 'Google Digital Library'는 가장 대표적인 디지털 도서관 프로젝트로서 구글이 하버드, 미시건 대학 등 20여 개 주요 도서관과 계약을 맺고 이들의 방대한 장서를 디지털로 전환하는 작업이다.

구글은 지난 2004년부터 향후 10년 내에 3,200만 권에 달하는 도서를 스캔해 온라인으로 서비스하겠다는 목표로 디지털 도서관 사업을 추진해 오고 있다. 디지털 도서관은 저작권자가 디지털 활용을 승인한 도서 및 저작권이 소멸되었거나 저작권자를 찾을 수 없어 절판된 퍼블릭 도메인 서적을 디지털화하는 작업을 의미한다. 이에 따라 구글은 2009년 11월까지 전 세계 주요 도서관 장서를 비롯해 1,000만 권에 달하는 서적을 디지털화하는 데 성공했다. 구글은 디지털화한 서적을 바탕으로 향후 유료 서비스에 나설 것으로 전망된다. 단 구글은 디지털화한 서적 중 저작권자가 없는 50만 권의 퍼블릭 도메인 서적을 소니와 반즈앤노블을 비롯한 전자책 사업자들이 이용자들에게 무상으로 제공하도록 함으로써 전자책 이용자들이 풍부한 콘텐츠에 접근할 수 있도록 지원하고 있다.

그러나 구글 디지털 라이브러리 사업은 미국 내에서는 물론 유럽과 중국을 비롯한 세계 곳곳에서 반독점법과 저작권 침해 논란에 휩싸이고 있다. 2008년 구글은 미국출판인협회(AAP) 및 작가조합(AG)이 제기한 소송에서 절판 서적 수백만 권에 대한 디지털 저작권 확보 계약을 맺으면서 저작권 논란을 일단락 지었다. 합의안에는 저작권료 제공, 도서 관리 등록소 설립, 향후 수익의 공정한 분배, 구글 보유 도서정보에 도서관의 접근권한 부여, 수익을 저작권자에 공유(총 1억 2,500만 달러 규모 지불 예정, 저작권관리기관이 수익정산 및 분배 담당 /구글 37%: 저자, 출판사 63%) 등이 포함되었다.

그러나 2009년 9월 美 법무부에서 해당 합의가 출판 시장 경쟁을 훼손할 수 있다는 의견서를 뉴욕연방법원에 제출하면서 제동을 걸고 나섰다. 법무부 측은 "저작권자 확인이 어려운 절판 서적의 권리를 구글이 독점할 우려가 있다."는 문제를 제기하며 계약 사항의 수정을 권고했다. 뿐만 아니라 아마존·MS·야후가 주축이 되어 설립한 '오픈 북 연맹(Open Book Association)' 역시 구글에 의한 디지털 도서 시장의 독점 가능성을 제기하며 저지 의사를 밝혔다.

독일과 프랑스를 비롯한 유럽 각국 정부와 출판업계도 구글의 디지털 도서관에 대한 우려를 표명하고 있다. 메르켈(Angela Merkel) 독일 총리는 2009년 10월 개최된 프랑크푸르트 북 페어(Frankfurt Book Fair) 주례 연설에서 "인터넷에서도 저작권은 보장돼야 한다."며 구글이 디지털화한 책 중 저작권이 만료됐거나 저작권자를 알 수 없는 책들의 디지털 저작권을 구글이 가져가는 것은 반독점법 및 저작권 위반이라고 지적했다. 또한 독일 하이델베르크대 롤랜드 로이스 문학 교수도 "수백만 권의 도서를 온라인으로 제공하겠다는 구글의 계획은 허풍"이라며 비난했다. 구글이 계획대로 일을 진행해 나간다면 출판 시장에 큰 변화가 생기며 이는 기존 출판 시장에 치명상을 줄 것이라는 주장의 핵심이다. 프랑스 정부도 구글의 디지털 도서관 프로젝트가 저작권에 관한 국제법 및 반독점금지법을 위반한 것은 물론, 문화적 다양성을 위협하고 있다는 내용의 진정서를 뉴욕지법에 제출했다. 또한 프랑스 법원은 2009년 12월 구글의 디지털 라이브러리가 저작권을 침해했다는 판결을 냈다. 파리 지방법원 재판부는 프랑스의 출판사인 라 마르티니에르 그룹이 구글을 상대로 낸 손해배상 청구소송에서 "구글이 저작권자의 동의 없이 도서 디지털화 사업을 추진해 저작권 침해가 인정된다."며 "30만 유로(약 5억 원)를 배상하라."고 원고 승소판결을 했다. 재판부는 또 구글에 한 달 유예 기간을 주고, 이 기간에 프랑스 도서의 디지털화를 전면 중단하지 않으면 하루 1만 유로씩의 벌금을 부과하겠다고 판결한 바 있다.

구글은 유럽 측의 강력한 반대를 누그러뜨리기 위해 총 8명으로 구성될 예정인 도서저작권등록(BRR)위원회의 위원직 두 자리를 미국 이외의

국가에서 발탁하겠다고 밝혔으며, 유럽 내 저작권 보호 도서는 디지털 도
서관 프로젝트에서 제외시키겠다고 밝혔다. 그러나 세계 각국의 반발에도
불구하고 구글 측은 디지털 도서관을 지속적으로 추진할 방침을 시사함
에 따라 향후 관련한 논란은 더욱 가속화될 전망이다.

구글은 2009년 11월에 세계 각국의 저작권 침해 우려를 고려하여 작가
협회, 미국출판협회와 수정된 합의안을 도출하였는데, 주요 내용은 미국,
캐나다, 영국, 호주에서 출간되지 않은 도서는 구글의 도서 디지털화 대
상에 포함되지 않는다는 내용이다. 이로써 구글과 영국을 제외한 유럽과
의 디지털 도서관을 둘러싼 대립관계는 다소 완화될 전망이다.

Google Digital Library 사업현황

시기	내용
2004년	전 세계 모든 책들을 스캔해 검색하게 해 주는 도서검색 프로젝트 시작
2008년	책 700만 권 스캔. 상당수가 절판되거나 구하기 힘든 책들
	미국 저자들 및 출판업체와 협상 타결. 이들에게 전자책 접속 요금의 63%를 제공하는 등의 내용을 담고 있음
2009년	美 법무부, 구글 저작권 협상 관련 반독점법 위반 여부 조사 착수
	인터넷 아카이브 주도로 출판 관련 업체들 '오픈북 연합' 결성, 구글－출판업체가 저작권 협상에 대해 반독점 단체 소송 제기
	인터넷 아카이브 연합에 아마존, MS, 야후 합류

출처: 아이뉴스 24(2009. 9. 18).

구글 디지털 라이브러리에서 제공하는 모든 책에는 제목, 저자, 발행일,
페이지 수, 주제 등 책의 기본 정보가 나와 있는 '해당 도서정보' 페이지
가 포함되어 있다. 일부 도서의 경우 핵심 용어 및 문구, 해당 도서를 참
조한 학술자료 간행물 또는 다른 도서, 장 제목 및 관련 도서 목록과 같

은 추가 정보를 볼 수도 있다. 모든 책에는 해당 도서를 구매할 수 있는 온라인 서점 및 해당 도서를 대출할 수 있는 도서관으로 바로 연결되는 링크가 표시되어 있다.

구글 도서검색에서 검색 시 나타나는 화면은 네 가지로, 전체보기, 일부 미리보기, 발췌문 보기, 미리보기 없음 등이다.

(1) 전체보기

저작권이 없는 도서나 발행인 또는 저자가 도서 내용 전체를 볼 수 있도록 요청한 경우 전체보기를 할 수 있습니다. 전체보기를 이용하면 도서의 모든 페이지를 볼 수 있다. 공개도서의 경우 PDF 버전을 다운로드하거나 저장 및 인쇄하여 언제든지 책을 읽을 수 있다.

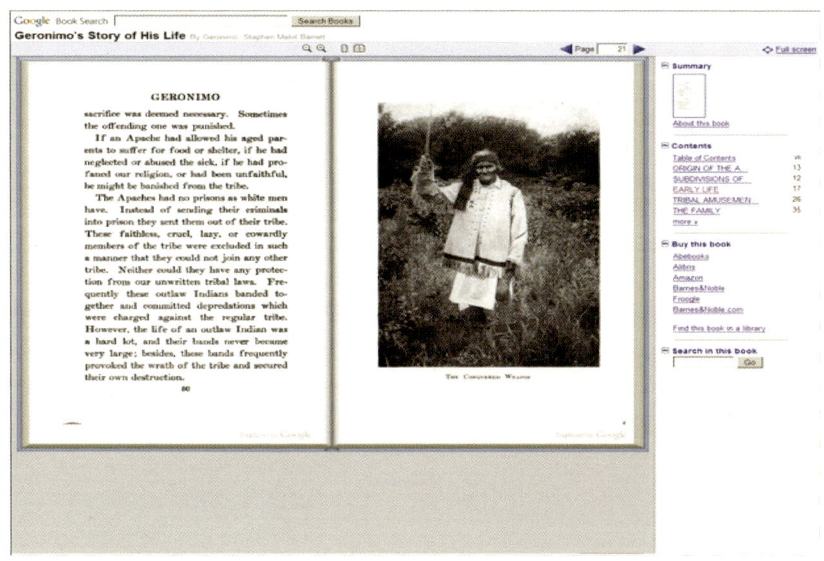

(2) 일부 미리보기

발행인이나 저자가 구글에 허가한 경우 사용자는 제한된 페이지 수만큼의 도서 내용을 미리보기 할 수 있다.

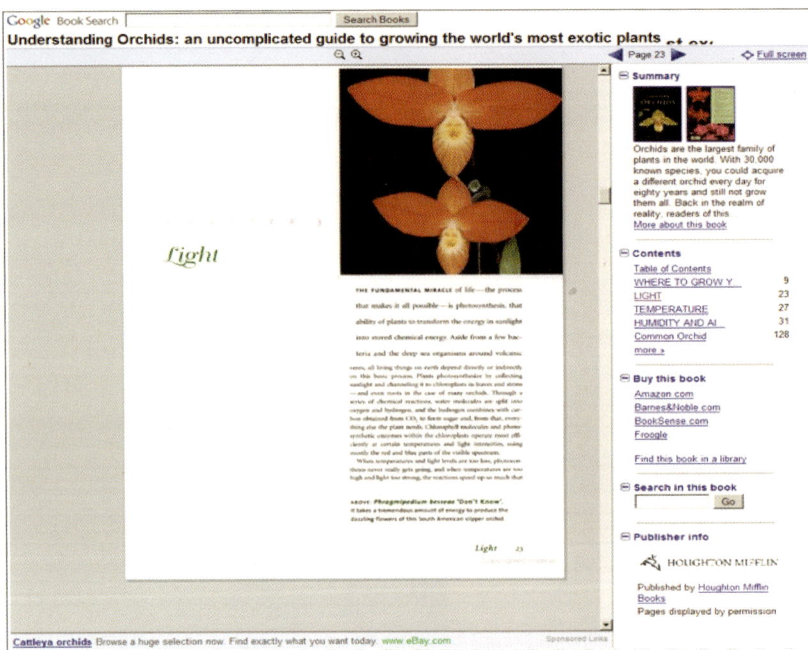

(3) 발췌문 보기

카드 카탈로그 방식의 짧은 발췌문 보기는 해당 도서에 대한 정보와 검색어가 포함된 몇 개의 문장으로 이루어진 일부 발췌문을 보여 준다.

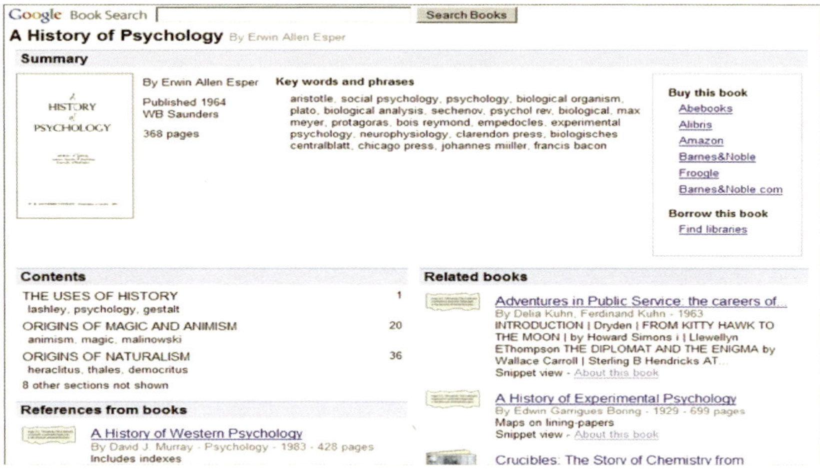

(4) 미리보기 없음

카드 카탈로그 방식으로 도서에 대한 기본 정보만 볼 수 있다.

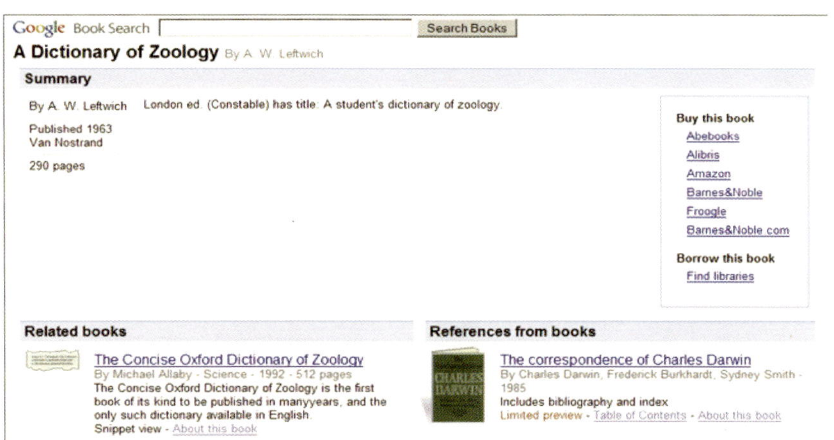

2) 공공적 목적에서 출발한 디지털 도서관 프로젝트인 유럽연합(EU)의 'Europeana'

유럽디지털 도서관 프로젝트 EUROPEANA(http://www.europeana.eu)는 EU의 디지털 경제를 부흥시키기 위해 2005년 발표된 i2010의 핵심내용 중 하나로 유럽의 문화 및 과학 유산을 디지털화하여 접근성을 높이겠다는 취지로 추진된 것이다.

2006년 여름, 프랑스 국립도서관(BNF, Bibliothèque Nationable de France) 작업을 시작으로 2008년 11월 20일 사이트를 오픈했다. 사이트 공개와 동시에 서버 용량의 2배에 해당하는 엄청난 접속(시간당 천만 접속자 기록)으로 인해 3개의 메인 서버가 다운되어 하루 만에 폐쇄되기도 했다. 2008년 12월에 재오픈했다.

Europeana 사업진행 연보

시기	내용
2006. 8.	유럽집행위원회 권고사항, 유럽 문화유산에 직접 접근할 수 있는 접근점 필요성 인식
2006. 11.	유럽각료이사회에서 유럽집행위원회 권고사항 승인
2007. 7.	Europeana 프로젝트 시작
2007. 9.	유럽의회 표결 통과
2008. 11.	프로토타입 서비스 개시

유로피아나는 23개 언어를 지원(EU국의 모든 언어 지원)하는 온라인 도서관이다. 전 유럽 내의 145개 문화기관과 네트워크를 구축하고 있다. 유럽 내의 모든 도서관 내 서적(200만 서적)과 자료(Film, 신문, 그림, 소리, 영상 등)를 인터넷으로 검색, 무료 이용이 가능하다. 예컨대 렘브란트

가 사망할 때 그의 방에 걸려 있던 그림과 그에게 영향을 준 책이나 가족들에게 보냈던 편지를 함께 살펴볼 수 있으며 예술작품을 가공하는 것도 가능하다. 1차 입력이 완료된 자료에는 단테의 <신곡> 등 고전 문학작품, 베르메르의 <진주 귀걸이를 한 소녀> 등 회화 작품, 영국 마그나카르타(권리장전)류의 역사적 문서 및 기록물, 베토벤·모차르트·쇼팽등 음악가의 친필 악보, 각종 보도사진, 신문 기사 등이 포함되어 있다.

루브르 박물관, 프랑스 국립 시청각연구소인 오디오비쥬엘(the Institut National de l'Audiovisuel), 네덜란드 암스테르담 국립미술관인 Rijks museum 등이 이 프로젝트에서 가장 많은 부분 참여했다. 현재는 공공도시관이나 미술관 등의 자료를 저장(Archive)하는 수준이지만, 앞으로 개인이나 기업 등과 접촉해 1천만 점 이상의 전시물을 추가, 대규모 디지털 도서관으로 발전시킬 계획이다.

유럽연합은 유로피아나에 이어 2009년 10월에는 디지털 도서관을 오픈

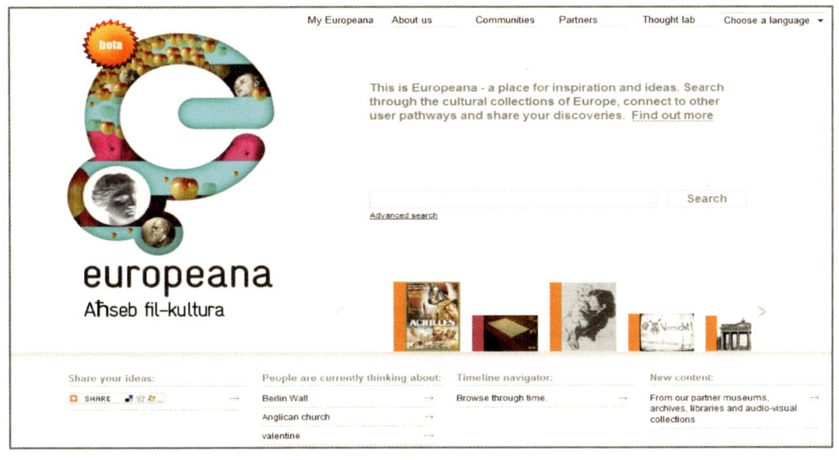

유럽디지털 도서관 Europeana 웹사이트

했다. EU의 디지털 도서관은 온라인을 통해 유럽연합과 관련한 지난 50년간의 문서를 무료로 제공한다. 또한 "언어의 다양성을 존중하여 연합국들의 역사를 보존하고 장려할 것"이라는 EU의 서명에 근거하여 관련 자료들은 영어, 프랑스어를 비롯한 유럽연합국의 언어는 물론, 일부 출판물은 러시아어, 중국어를 비롯한 20여 개국 언어로 제공되고 있다.

3) 일본국회도서관의 디지털 도서관프로젝트

한편 일본 국회도서관은 구글이 추진하고 있는 디지털 도서관 프로젝트에 대항하기 위해 소장 도서의 디지털화에 박차를 가하고 있다. 구글 디지털 도서관이 본격화되면 사람들이 도서관보다 구글 서비스에 의존하게 될 것이라는 우려를 불식시키기 위해 디지털화를 서두르고 있다. 이를 위해 2009년 수정 예산안에서는 도서 디지털화를 위한 예산으로 전년 대비 무려 100배나 증가한 127억 엔을 요청했다. 이를 기반으로 2009년 내에 과거 1968년도에 발행된 도서까지 포함해 약 77만 3,000권의 도서를 디지털화한다는 계획이다. 또한 2009년 6월 저작권법 개정으로 인해 국회도서관은 저작권이 있는 서적에 대해서도 자료보존 목적으로 디지털화할 수 있는 권한도 가졌다.

2009년 5월 현재 일본 국회도서관은 총 917만 권의 장서를 소장하고 있다. 이 중 852~1926년(메이지(明治)시대 및 다이쇼(大正)시대)에 간행된 약 14만 8천 권의 서적을 디지털화하여 '근대 디지털라이브러리'라는 코너를 통해 인터넷에서 무료로 공개하고 있지만, 이는 전체 장서의 약 1.6%에 불과하다.

따라서 향후 일본 국회도서관 측은 1차적으로 전체 소장 도서의 25%에 해당되는 92만 권의 도서를 디지털화하여 온라인에서 제공한다는 계획이다. 특히 온라인 유통을 위한 저작권 문제를 해결하기 위해 1945년 이전에 일본 국내에서 발행된 도서에 대한 저작권 문제는 2009년 내에 마무리하겠다고 밝혔다.

국회도서관이 디지털화한 소장 도서의 온라인 유통을 주도하고 나섬에 따라 일본 도서 시장에는 새로운 유통 구조가 탄생할 전망이다. 국회도서관이 주도하는 온라인 유통이라는 신규 비즈니스 모델을 정비하기 위해 이미 출판 관련 대표 단체인 일본서적출판협회는 관련 위원회 참가를 결정했으며, 저작자 단체인 일본 문예도 이에 가세할 전망이다. 구체적인 방안이 확정되진 않았지만, 국회도서관이 축적한 디지털 도서를 특수 권한이 부여된 신규 조직에 제공하여 다양한 사업자 네트워크를 통해 유통하고 관련 수익을 출판사와 저자에게 배분한다는 것이 기본 계획이다.

일본국회도서관의 희귀장서 디지털라이브러리[*]

---

[*] http://rarebook.ndl.go.jp/pre/servlet/pre_com_menu.jsp

03

전자책 시장을 둘러싼 경쟁구도의 심화

지속적인 e-Book 콘텐츠의 증가는 향후 e-Book 시장의 선순환 구조 형성을 기대하게 한다. 2000년 당시와 비교해 이용 가능한 e-Book 콘텐츠의 수가 수백 배 이상 확대되었으며, 신간의 e-Book 출판이 늘어나 질적으로도 개선되고 있다. 아마존은 2007년 11월 Kindle 출시 당시 8만 8천 종의 e-Book을 보유하고 있었으나, 2년이 지난 2009년 11월 현재 31만 권으로 증가했다.

아마존의 경우 2009년 베스트셀러 25권 중 10권을 e-Book 형태로도 제공하고 있는 등 과거에 비해 신간의 e-Book 출판이 활성화되고 있다. 대형출판사인 랜덤하우스와 펭귄(Penguin)은 2009년부터 자사에서 발간되는 모든 도서를 종이책과 전자책 2가지 형태로 출판하고 있다.

업체명	사업진출 현황
Penguin	• 2009년부터 모든 신규 타이틀을 종이책과 전자책으로 출판 • 2008년 9월 온라인 전자책 판매 서비스인 'E-book Taster' 서비스 재개 • 2008년 8월 온라인콘텐츠 유통업체인 OverDrive를 통해서 전자책 콘텐츠를 공공 도서관 등에 제공
Random House	• 2009년부터 모든 신규 타이틀을 종이책과 전자책 형태로 제공 • 2008년 3월 온라인콘텐츠 유통업체인 OverDrive를 통해서 6,500권 이상의 전자책 콘텐츠를 공공 도서관 등에 제공
WaterStone's	• Sony와 제휴를 통해 PRS-505 판매 시작, 2008년 9월부터 PRS-505 사용자를 대상으로 전자책 판매 서비스를 제공하고 있음
Simon & Schuster	• 2008년 5월부터 신규 및 자사가 보유하고 있는 5,000개의 타이틀을 Amazon Kindle 통해 제공
Harlequin	• 2008년 3월 자사 디지털 만화콘텐츠를 일본 Softbank Group 산하 SoftBankCreative의 이동전화 기반 서비스를 통해 제공하기로 합의
Palgrave Macmillan	• 전지책 플랫폼인 Palgrave Connect를 2009년 1월부터 서비스 • Palgrave Connect는 도서관 등에 인문학, 경영학, 사회과학 중심의 전자책 4,000여 권을 서비스할 것으로 알려짐

출처: 한화증권리서치센터(2009. 10).

치열한 경쟁이 심화되고 있는 현재 전자출판 시장에서 구글, 소니, 아마존, 야후와 같은 세계적인 기업들을 중심으로 하는 대자본이 현재 글로벌 시장을 선도하고 있다.

시장에 가장 먼저 진출한 것은 소니이지만, 아마존은 소니의 약점이었던 콘텐츠 부족 문제를 해결함으로써 e-Book 시장 내 가장 선도적인 업체로 부상하고 있다. 2009년 미국 e-Book 전용단말기 시장에서 아마존이 65%, 소니가 35% 정도의 시장을 차지한 것으로 추정된다.

소니의 경우에도 네트워크 기능 미비 및 콘텐츠 다양화 부족으로 경쟁열위의 상태였으나, 최근에는 구글과의 협력을 통해서 60만 권 이상의 콘텐츠 확보로 아마존의 라이벌로 다시 부상하고 있다. 타 온라인 서점을 통해서도 콘텐츠의 다운로드가 가능한 S/W의 업그레이드 계획도 가지고 있다.

미국 최대 오프라인 서점 체인인 반즈앤노블의 e-Book 시장 진출로 아마존, 소니, 반즈앤노블의 3강 구도가 형성되고 있다. 반즈앤노블은 2009년 10월 자체 e-Book 단말기인 '누크(Nook)'를 출시했다.

여기에 새롭게 2010년 애플이 태블릿 PC 'iPad'를 내놓으며 전자책 시장 진입을 선언하면서 경쟁구도가 한층 더 복잡해지는 양상이다. 애플은 아이패드가 컬러화면인데다 컴퓨터로도 사용할 수 있고 애플의 다양한 애플리케이션을 활용할 수 있다는 점을 내세우면서 기존 아마존 킨들의 아성에 도전하고 있다.

주요 사업자 동향

기업	내용
amazon.com	전자책 열풍을 주도한 '킨들' 출시, 2009년 현재 미국 전자책 단말기 시장에서 '킨들'의 비중은 65%에 이름
SONY	전자책 단말기 리더와 전자책 서점인 '소니 커넥트'를 통해 1만여 종의 전자책 콘텐츠를 제공하는 서비스 실험 中
Apple	애플은 모바일 태블릿PC 형태의 'iPad'를 출시, 국제적인 출판그룹과 함께 iBookstore를 개설하고 전자책 시장에 본격진출, 새로운 강자로 급부상
Google	전 세계의 책을 인터넷으로 검색하는 '디지털 도서관' 프로젝트 수행, 서적 검색엔진 '구글북서치' 출범
NTT DoCoMo	모바일 소설을 200만 부 판매하고, 이를 또다시 종이책으로 출간하여 100만 부 넘게 판매
YAHOO!	열린 도서관 프로젝트(Open Library Project) 발표, 영국 국립문서국, 미국 캘리포니아대학 도서관, 어도비, HP, 유럽 문서국 네트워크, 뉴욕의 프릴렝거 문서국 등 참여 예정

현재는 아마존의 킨들의 독주체제이지만, 향후 포스트(post) 아마존을 위한 글로벌기업들과 각 국가 간 경쟁이 치열하게 전개될 것으로 전망된다. 전자출판의 선점은 미디어에 대한 막강한 영향력을 행사할 수 있는 기회이므로 글로벌 기업들의 관심도 증가하고 있다. 1991년 소니 '북맨', 1993년 NEC의 '디지털북', 1998년 누보미디어의 '로켓E북' 등 전자책에 관한 관심은 이미 '90년대부터 시작되었다. 느린 성장속도와 IT버블 붕괴 이후 관련 업체들의 사업 축소 및 중단이 있었다. 1990년대 초기시장이 실패한 이유는 기존의 종이책 출판사들의 부정적인 태도, 표준화의 미비, 전용단말기 부재, 오프라인 또는 유선통신만을 통한 콘텐츠 구입의 제한

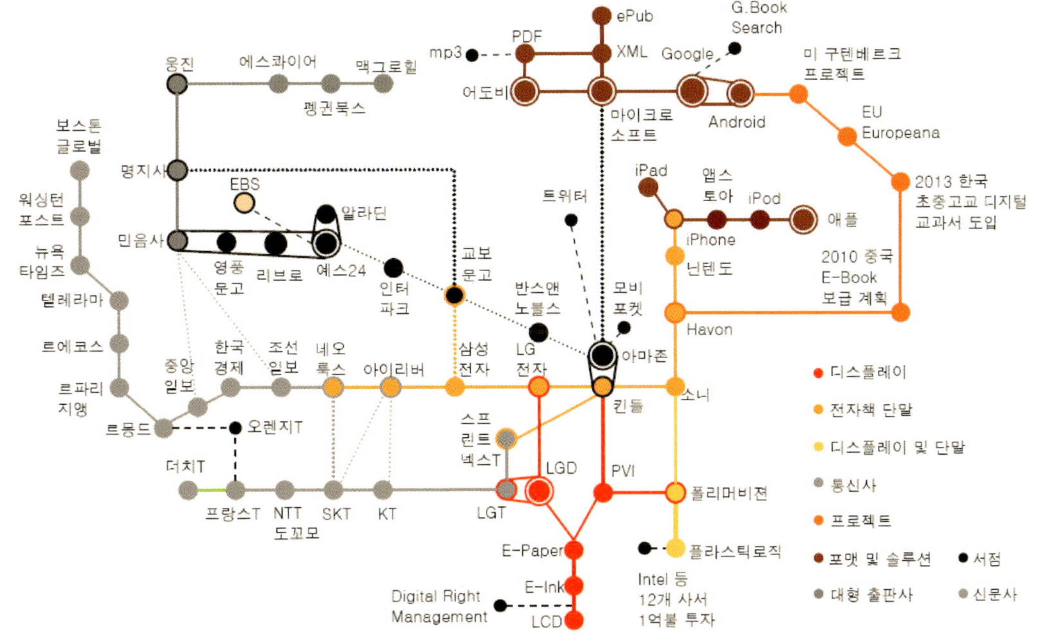

국내외 주요 전자책 참여자 및 관계도(출처: 한화증권 리서치 센터, 2009. 10.)

으로 인한 공간적 제약이 중요 동인으로 작용했다. 하지만 아마존 성공 이후 글로벌 기업들과 국가들의 관심 증대, 미국, 유럽, 중국 등 각국이 사활을 걸고 전자출판 산업에 뛰어들고 있다.

그러나 모든 성공의 열쇠는 바로 누가 어떠한 콘텐츠를 확보하고 있느냐로 귀결된다. 아마존의 e-Book 사업의 경우에도 언론사와 통신사들 사업에 함께 참여했지만 핵심 콘텐츠를 유통할 수 있는 아마존이 주도적으로 시장을 이끌었기 때문에 성공한 바 있다.

04

전자책 시장의 개척자, Amazon

온라인 서점에서 시작한 아마존은 이제 모든 종류의 상품을 판매하는 세계 최대 규모의 온라인 스토어로 성장했다. 아마존닷컴(Amazon.com)을 통해 도서, 음악, 영화를 비롯한 콘텐츠는 물론 자동차 부품, 장난감, 전자기기, 가구, 의류, 헬스 및 뷰티 용품, 제조약, 식료 잡화까지도 구매할 수 있게 된 것이다.

아마존은 온라인 서점에서 출발한 만큼 온라인 도서 유통에서 미국 내 최대 사업자로 부상했다. 또한 2007년 킨들 출시를 필두로 아마존닷컴과 킨들을 연계하여 전자책 콘텐츠 시장과 단말 시장에서 공히 선두로서의 입지를 다져 왔다. 그러나 반즈앤노블과 소니를 비롯한 전자책 기업들의 선전으로 전자책 시장 경쟁이 치열해지면서 아마존은 기존의 경쟁 우위를 유지하기 위해 적극적인 시장 확대 전략을 추진하고 있다. 이를 위해 디지털 오디오북 출판사인 오더블(Audible)을 3억 달러에 매입하여 디지털 콘텐츠를 보강했으며, 중고서적, 희귀도서 및 절판 도서 판매 업체인 애비북(Abebook)도 제휴 계약을 체결했다.

최근 들어서는 온라인 동영상 사업에도 적극적으로 뛰어들고 있다.

2007년에는 티보(Tivo)와의 제휴를 통해 TV에서 온라인 동영상을 시청할 수 있도록 지원(서비스명 'Unbox')하고 있으며, 2008년에는 Amazon Video On Demand를 개시하여 온라인 동영상 콘텐츠 제공 폭을 확대하고 있다. 이러한 온라인 비디오 사업은 아마존 본체 사업을 강화할 수 있는 일석이조의 효과를 낼 것으로 기대되며, 향후 북스토어 및 디지털 콘텐츠 판매 사업 간의 시너지를 적극 유도할 것으로 보인다.

아마존의 킨들은 그간 전자책 시장 형성의 단초를 찾지 못하던 전자책 시장에 성공적으로 진입해 전자책 시장 성장을 이끌고 있다. 특히 '전자책 시장의 iPod'이라는 킨들의 별칭처럼 아마존은 이미 보유하고 있는 방대한 콘텐츠 자원을 기반으로 '콘텐츠 – 단말 연계형 비즈니스 모델'을 도입하였다. 또한 美 Sprint Nextel의 EV – DO망을 임대하여 MVNO 방식으로 전자책 콘텐츠를 무선 네트워크를 통해 소비자들에게 제공하는 독특한 서비스 방식을 택한 것은 아마존 킨들의 성공의 주요 요인으로 분석되고 있다.

2007년 11월 아마존이 전용단말기 킨들을 출시해 히트시킴으로써 침체된 전자책 비즈니스에 신성장의 계기를 마련했다. 2005년 "모든 언어로 된 서적과 인쇄물을 60초 내에 구해 볼 수 있게 한다."는 장기비전으로부터 킨들 프로젝트가 시작되었다. 3년여 개발과정을 거쳐 탄생한 킨들은 판매개시 5시간 반 만에 매진되었고, 연말연시에는 공급부족에 시달렸을 정도로 인기를 끌었다. 디자인과 인터페이스에 대한 개선요청을 반영해 2009년 2월 출시한 '킨들 2'는 두달 만에 30만 대 이상을 판매했다. 킨들 2 출시 후 2달 동안 전자책 콘텐츠 판매량은 같은 내용의 종이책 판매량의 13%에서 35% 수준으로 급증했다.

아마존은 2009년 2월 9일 자사의 홈페이지를 통해 신형 전자책 단말 'Kindle 2'를 공개했다. 킨들 2는 기존 킨들이 지녔던 단점을 보완하는 동시에 슬림형 디자인을 채택하는 데 중점을 두었다. 킨들 2는 키보드 배열과 검색 버튼 역시 더욱 편리하게 배치되었으며, 더 작은 폼팩터와 향상된 인터페이스를 갖추고 있다. 텍스트를 음성으로 변환하여 읽어 주는 TTS(Text－to－Speech) 기능인 'Read to me'도 제공하고 있다.

2009년 6월에는 화면 크기를 키운 신형 전자책 단말 'Kindle DX'를 출시했다. Kindle DX는 킨들 2의 화면보다 2배 이상 큰 화면과 내장 PDF 리더 및 대용량의 스토리지(3,500권 저장 가능, 킨들 2의 경우 1,500권)를 탑재해, 기존 도서 시장 외에 신문 시장과 교과서 시장 진입을 타깃으로 하는 것으로 평가되고 있다. 실제로 Kindle DX는 미국 내 주요 신문 업체인 뉴욕타임즈(NYT), 위싱턴포스트(The Washington Post), 보스턴글로브(The Boston Globe)를 비롯한 신문사와 제휴를 확대하고 있다. 또한 주요 교과서 출판업체인 와일리(Wiley), 피어슨(Pearson), 센게지 러닝(Cengage Learning)과 제휴를 맺고 프린스턴(Princeton) 등 6개 대학에서 시범 서비스를 진행했다. 전자책 외 37종의 일간신문과 28종의 유명잡지, 1,500여 블로그 등의 부가 콘텐츠 제공(블로그: 무료~0.99달러, 1.99달러까지 유료), 월 구독료: 최저 5.99~최고 14.99달러(평균 9.99달러) 등을 특성으로 한다.

아마존 킨들이 가진 상품구조를 정리하면, 핵심 가치를 구성하는 콘텐츠, 그 콘텐츠를 저장하고 화면에 보여 주는 기능을 수행하는 단말, 콘텐츠와 단말을 상시적으로 그리고 능동적으로 연결시켜 주는 이동통신의 세 가지 부분으로 구성되어 있다. 아마존 사장인 제프 베조스(Jeff Bezos)

의 말처럼 킨들은 제품이 아니라 서비스인 셈이다.

미국 전자책 단말 시장의 60% 이상을 점유하고 있는 아마존 킨들은 2009년 들어 지속적인 가격 인하를 단행했다. 2009년 2월 선보인 킨들 2는 출시 당시 가격이 359달러였으나 7월 들어 299달러로, 10월 들어 259달러로 100달러나 내렸다. 아마존의 CEO 베조스는 대량 생산에 따른 생산 원가 절감을 가격 인하 이유로 들고 있으나, 업계에서는 경쟁이 치열해지는 단말 시장에서 킨들의 경쟁력을 지속하기 위한 전략으로 보고 있다. 아마존은 킨들 가격 인하를 발표하며 글로벌 시장 공략을 위해 100개국에 진출할 예정이라고도 밝혔다. 이에 따라 글로벌 시장용 단말 'Kindle Wireless Reading Device'를 2009년 10월 19일부터 아시아, 아프리카, 유럽, 남미를 비롯한 100개국에서 259달러에 판매하고 있다.

그간 아마존은 전자책 독자들이 킨들을 통해서만 구입한 콘텐츠를 읽을 수 있도록 제한해 왔다. 폐쇄 정책을 쓴 셈이다. 그러나 다양한 단말에서 전자책 콘텐츠를 활용하길 바라는 소비자들의 요구가 증대하고, 반즈앤노블을 비롯한 경쟁사들이 특정 기기에 한정하지 않고 전자책을 읽을 수 있도록 지원하고 나섬에 따라 아마존 역시 그동안 고수해 오던 'Only Kindle' 전략을 수정하고 있다.

이를 위해 2009년 3월 iPhone과 iPod Touch에서도 킨들용 콘텐츠를 다운받아 구독할 수 있도록 'Kindle for iPhone'을 내놓았다. 그리고 2009년 4월에는 아이폰용 전자책 소프트웨어인 스탄자(Stanza)* 제작업체 렉스사이클(Lexcycle)을 인수했고, 바로 5월에는 Kindle Store를 아이폰과

아이팟에도 최적화하는 일련의 단말 개방 정책을 단행하였다. 자체 단말 시장 외에 콘텐츠 시장에서의 입지를 강화하기 위한 전략으로 풀이된다. 뿐만 아니라 2009년 11월에는 PC용 킨들을 공개했다. PC용 킨들은 전용 단말기인 킨들 없이도 MS 윈도우 PC에서 아마존 전자책 콘텐츠를 구입 및 다운로드할 수 있도록 지원해 주는 소프트웨어다.

혁신적인 노력을 통해 아마존은 정체된 시장성장의 캐즘(chasm)을 극복하고 주변 이해관계자들이 모두 이익을 볼 수 있는 윈윈 수익구조를 마련했다. 합종연횡식 경쟁구도이지만 상생할 수 있는 건전생태계를 마련했다는 평가이다.

아마존의 'win‒win형' 전자책 비즈니스 모델(SERI 경영노트, 2009. 5.)

최근 아마존은 도서를 광고 플랫폼으로 활용하는 새로운 비즈니스 모델을 시도하고 있다.

아마존이 美 특허청에 제출한 서적에 대한 광고 삽입 비즈니스 모델은 두 가지이다. 첫 번째는 고객 주문에 의해 콘텐츠를 인쇄물로 제작해서 납품할 때 그 인쇄물에 광고를 삽입하는 방식이고, 두 번째는 전자책과 같은 디지털 콘텐츠에 광고를 삽입하는 방식이다.

첫 번째 방식은 이미 절판되거나 희귀본인 문서를 고객의 주문에 맞게 다양한 인쇄물로 제작해 납품할 수 있다는 장점이 있으나 콘텐츠가 물리적으로 고정되어 있기 때문에 첨단 마케팅 기법을 활용할 수 없다는 단점이 있다. 이에 반해 두 번째 방식은 전자책과 같은 디지털 콘텐츠를 활용하는 것으로서 최근에 개발된 첨단 디지털 편집 기술에 의한 다양한 시도가 가능하다.

전자책에 광고를 삽입하는 방법은 첫 페이지부터 맨 마지막 페이지까지 다양하게 삽입할 수 있는데, 각 장(章)이 시작될 때마다 넣을 수도 있고, 매 10페이지마다 일정한 간격으로 넣을 수도 있다. 게재 공간은 주로 가장자리 여백을 활용하게 되며, 주석과 부록, 일러스트레이션 등을 상호 참조하여 광고를 삽입할 수도 있다.

전자책 내 광고를 내용적 측면에서 본다면 책 본문 내용과 연관성이 상당히 높은 광고를 손쉽게 골라 넣을 수 있다는 장점이 있다. 예를 들어 소설 <빨강머리 앤>의 전자책에는 그 배경이 되는 캐나다의 카벤디쉬(Cavendish, 저자 루시 몽고메리의 고향)의 관광 광고를 넣을 수 있다. 아마존에 등록된 고객의 프로필과 연동한 광고를 제공하는 등 인구통계학적인 맞춤형 타깃 광고가 가능해진다는 점도 또 다른 장점이다. 일례로 이탈리아 소설을 전자책으로 구입한 독자에게는 그 독자가 살고 있는 지역의 이탈리아 전문 음식점 광고를 해당 전자책 속에 담아 제공할 수 있다.

05

Barnes & Noble의 전자책 시장 전략

반즈앤노블*은 도서 시장이 침체되면서 전자책 영역으로 사업을 확대하고 있다. 2009년에 전자책 판매 업체인 픽션와이즈(Fictionwise)를 인수한 데 이어, 전자책 스토어를 런칭하기에 이르렀다. 또한 아마존, 소니 등과 경쟁하기 위해 자체 전용단말 '누크(Nook)'도 선보였다. 또 다른 전략적인 움직임으로서 2009년 10월, 자매회사인 반즈앤노블 스쿨북셀러(Barns & Noble College Booksellers)와 재합병함에 따라 대학 교재 전자책 시장으로도 진입할 수 있는 기회를 갖게 되었다.

10여 년간 전자책 시장을 떠나 있었던 반즈앤노블이 2009년 7월 20일 온라인 전자책 스토어인 'Barnes & Noble eBookstore'를 오픈했다. eBookstore는 오픈 당시 70만 권 이상의 전자책 콘텐츠를 제공하고 있어 아마존이 제공하고 있는 33만 권에 비해 두 배 이상 많은 서적을 제공하

---

* 반즈앤노블은 미국 최대의 도서 판매 업체로 워싱턴 DC를 비롯한 미국 내 50개 주 전역에 720개의 대형 서점을 운영하고 있다. 각 매장은 6만 권에서부터 20만 권에 이르는 다양한 도서를 판매하고 있으며, 도서 이외에 음반, 비디오 및 기타 선물용품 등도 판매하고 있다. 상당수의 매장에서는 스타벅스 매장뿐만 아니라 3만여 종의 음반을 취급하는 음반 매장도 함께 운영하고 있다. 자회사인 barnesandnoble.com을 통해 온라인 도서 판매도 실시하여 전체 매출의 10%가량을 온라인에서 얻고 있다. 반즈앤노블은 도서 시장이 침체되면서 전자책 영역으로 사업을 확대하고 있다. 미국 도서 시장의 침체가 장기화되고 있음에도 반즈앤노블은 여전히 미국 도서 판매 시장의 약 20%를 차지하고 있다.

고 있다. 반즈앤노블은 향후 모든 출판사에서 출간하는 전자책과 가능한 한 모든 오리지널 전자책 콘텐츠를 확보함으로써 2010년까지 제공 가능한 전자책 콘텐츠를 1백만 권 규모까지 확충하겠다는 계획이다.

반즈앤노블은 아이폰이나 블랙베리를 비롯한 스마트폰은 물론 MS 윈도우와 Mac OS를 탑재한 대부분의 노트북 및 PC와도 호환성을 갖춘 전자책 콘텐츠를 제공하고 있다. 이른바 'every device strategy'를 표방하며, 향후 활용 가능한 단말기 종류를 더욱 확대할 예정이다.

반즈앤노블은 2009년 10월 20일 전용단말 '누크(Nook)'를 선보이며 아마존 킨들에 도전장을 내밀었다. 누크는 구글의 안드로이드 운영체제를 탑재했으며, 상단부 흑백 패널과 하단부의 컬러 터치스크린을 비롯한 두 개의 패널을 갖추고 있다. 배터리 수명은 10일 정도이며, 2G 메모리 외에 Micro SD 카드를 활용한 메모리 확장이 가능하다. 누크는 AT&T의

반즈앤노블에서 출시한 e북 리더기 '누크(Nook)'

3G 네트워크와 Wi−Fi를 통한 무선 접속을 지원하여 PC와 연결하지 않

고도 온라인 서점을 통해 전자책을 다운받을 수 있다. 다른 전자책 단말기와 대체로 유사하지만 누크만의 차별점이라고 한다면 바로 3G망을 사용한다는 것이다. AT&T의 3G망을 사용해서 반즈앤노블의 서비스에 접속해서 책을 받을 수 있다. 물론 Wi-Fi로도 가능하다. 안드로이드 기반의 단말기라는 점도 차별화된 특성이다.

누크와 킨들의 비교

	누크	킨들
스크린	흑백 전자잉크, 컬러 터치패널	흑백 전자잉크
네트워크 커넥션	AT&T 3G, Wi-Fi	Sprint 3G
메모리	2G, Micro SD카드로 확장 가능	2G
라이브러리	1백만 권 이상 구매 가능 50만 권 이상의 무료책 다운로드	35만 권 징도 구매 가능 잡지, 신문 구독 가능
PDF 직접 지원	가능	변환 후 가능
배터리 수명	10일	14일
해외 서비스	미지원	지원(한국 제외)

누크를 통해 구입한 전자책은 구입 후 2주 동안 PC 및 아이폰, 블랙베리를 비롯한 다른 기기로 사본을 전송할 수 있다. 구입한 전자책을 자신이 가진 다른 기기에서 활용할 수 있음은 물론, 친구들과 빌려 보기도 가능하다. 판매 가격은 킨들과 동일한 259달러이다. 아마존을 능가하는 전자책 콘텐츠를 보유한 반즈앤노블은 2010년 출시 예정인 Plastic Logic 단말과도 제휴를 체결했다고 밝힘에 따라 풍부한 콘텐츠와 다양한 전용 단말을 무기로 전자책 시장을 공략할 것으로 보인다.

06

Google의 전자책 혁신 전략

　2009년 5월 말 뉴욕에서 열린 북엑스포(BookExpo)에서 세계적인 검색 업체 구글은 오프라인 출판사가 신간 디지털 버전을 소비자와 직접 거래할 수 있는 프로그램 도입을 추진하였다. 구글은 킨들의 가장 강력한 경쟁자인 소니 리더(Sony Reader)뿐만 아니라 모바일 폰을 통해서도 읽기가 가능한 150십만 개의 퍼블릭 도메인 서적(public-domain books)을 이미 제공해 오고 있다.

　인터넷 이용자들은 구글에서만 전체 e-Book 콘텐츠의 약 20% 정도를 찾아낼 수 있고, 구글을 통해 아마존 닷컴과 반즈앤노블 등의 온라인 서점 사이트에 접속하면 종이책은 물론 E-Book 구입도 할 수 있는 상황이다. 이 같은 상황에서 구글의 새로운 프로그램 도입 추진은 킨들 단말기(Kindle reading device)를 통해 e-Book 시장을 지배하고 있는 아마존 닷컴에 대해 새로운 혁신기술을 도입하여 도전하려는 구글의 경쟁전략으로 받아들여지고 있다.

　구글의 이 같은 움직임은 아마존 닷컴의 e-Book 시장 지배를 우려하고 있는 오프라인 출판사들의 환영을 받고 있다. 오프라인 출판사들은 아마존 닷컴의 e-Book 가격 전략에 대해 불만을 지녀 왔다. 아마존 닷컴은 9.99달러의 가격에 대부분의 베스트셀러 킨들 버전(Kindle editions)을 소비자에게 제공하고 있는데, 이 가격은 오프라인 출판사들이 하드커버 신간을 판매하는 일반적인 가격인 26달러에 비해 현저하게 낮은 가격이다.

구글은 e-Book 직거래 프로그램의 도입 추진을 위해 많은 출판사들과 e-Book의 가격에 대해 협상을 지속해 왔었으며, 가격 책정에 있어 소비자의 의견 반영도 시도하였다. 구글은 오프라인 출판사의 하드커버 신간 가격보다 지나치게 낮은 가격이 디지털 버전의 가격으로 책정되지 않게 하면서도 이 프로그램에 대한 소비자의 이용 활성화가 가능할 수 있는 적정 가격을 찾기 위한 노력도 지속하고 있다.

오프라인 출판사들은 구글과 같은 메이저 기업이 e-Book 시장에 진입하려 한다는 사실 자체는 물론 이로 인한 새로운 가격구조가 형성될 가능성이 높아지게 되었다는 점을 반기고 있다. 또한 이들 출판사들은 구글이 새로 도입할 예정인 프로그램의 기술적 보안성에 대해서도 만족감을 나타내고 있는 것으로 알려졌다. 구글은 새로운 프로그램 도입이 e-Book 독자들을 광고주에게 판매할 수 있도록 도움으로써 새로운 수익 창출에 기여할 수 있을 것으로 기대하고 있다.

2009년 2월 초, 구글은 휴대폰을 통한 Google Mobile Book Search(이하 GMBS) 서비스를 개시했다. 2004년부터 인터넷에서 제공되고 있는 도서 검색서비스인 구글 북서치는 현재 약 1,000만 권의 도서 본문 검색이 가능하고, 검색된 도서나 전자책을 바로 구매할 수 있을 뿐만 아니라 저작권이 소멸된 퍼블릭 도메인 도서의 경우 무료로 다운로드하고 인쇄할 수 있다(한국콘텐츠진흥원, 2010).

GMBS는 애플 아이폰이나 구글의 안드로이드가 탑재된 T-Mobile의 G1 등의 스마트폰을 통해 도서 검색과 본문 열람이 가능한 모바일 전자책 서비스이다. 현재 구글이 보유하고 있는 1,000만 권의 도서 중에서 1923년 이전에 출판된 퍼블릭 도메인 도서 150만여 권(미국 외 지역에서는 50만여 권)이 포함되어 있다.

GMBS는 별도의 애플리케이션 없이 모바일 웹 브라우저를 통해 바로 접속할 수 있는데 아이폰과 G1의 브라우저 타입에 최적화된 화면을 제공한다. 원래 기존의 구글 북서치에서 제공하는 도서데이터는 스캔한 이미지로 휴대폰과 같은 작은 화면에는 적합하지 않았다. 그러나 GMBS에서는 도서의 스캔 이미지로부터 OCR(Optical Character Recognition) 기술을 이용하여 플레인 텍스트(Plain Text)를 추출하여 모바일 화면에 적합하게 재구성하여 제공하고 있다. 텍스트가 잘못 추출되었을 경우를 대비하여 스캔 원본 이미지도 함께 제공하고 있다.

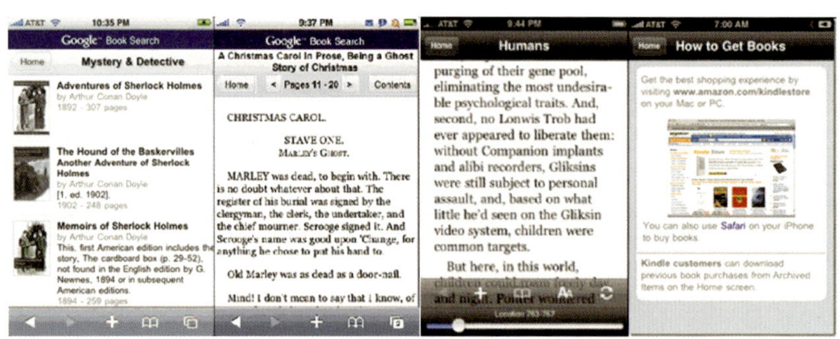

iPhone에서의 'Google Book Search'(좌)와 'Kindle for iPhone'(우)

한편 구글의 GMBS 개시 다음 날인 2월 9일 아마존은 전자책 단말 킨들의 후속 모델인 킨들 2를 공개하였다. 킨들은 2007년 11월 출시 이후 38만 대가 팔려 나가면서 전자책업계의 '아이팟'으로 평가되어 왔다. 신모델 출시에 힘입어 2010년 7,500만 달러 규모로 점쳐졌던 킨들의 매출은 이미 10억 달러 수준으로 상향 조정되어 전망되고 있다.

킨들 2에 대한 시장의 평가가 호의적인 가운데 아마존은 2009년 3월 3일, 아이폰과 아이팟용 전자책 애플리케이션인 Kindle for iPhone의 배포를 시작하였다. 무료 소프트웨어인 Kindle for iPhone을 내려받으면 아이폰과 아이팟에서도 킨들용 전자책 콘텐츠를 읽을 수 있다. 또한 Whispersync 기능을 사용하여 자신이 읽고 있던 부분을 저장하여 다른 단말을 이용하더라도 저장된 부분부터 다시 읽을 수 있다. 또한 애플리케이션 자체에서 전자책을 직접 구매할 수는 없으나 웹 브라우저를 통해 아마존 사이트에 접속하여 구매가 가능하다. Kindle for iPhone은 iTunes Store에서의 사용자 평가가 그리 좋은 편은 아니나, 2009년 3월 11일 현재 도서 분야 무료 애플리케이션 랭킹에서 Stanza를 제치고 1위로 올라서며 유저들의 높은 관심을 받고 있다.

Google Mobile Book Search, Kindle for iPhine, Kindle 2 비교

구분		Google Mobile Book Search	Kindle for iPhone	Kindle 2
콘텐츠	수	150만 권 이상	24만 권 이상	24만 권 이상
	종류	1923년 이전에 출판된 저작권이 소멸된 고전 도서	New York Times 베스트셀러 및 신간을 포함한 현대 도서	New York Times 베스트셀러 및 신간을 포함한 현대 도서
	포맷	텍스트 및 이미지	자체 포맷	자체 포맷
	가격	무료	권당 9달러 내외, 일부 무료	권당 9달러 내외, 일부 무료
디바이스	종류	iPhone, T-Mobile G1 등의 스마트폰	iPhone 및 iPod	Kindle 2
	크기 (단위: 인치)	4.5 × 2.4 × 0.48 4.6 × 2.16 × 0.62	4.5 × 2.4 × 0.48	8 × 5.3 × 0.36
	무게	133g, 158g	133g	289g
	배터리 (전자책 독서 시)	하루 이상	하루 이상	4일 이하
	네트워크	Wireless	Wireless	Wireless
서비스		웹에 접속하여 브라우징	다운로드받아 이용	다운로드받아 이용

GMBS는 방대한 자료, 쉬운 접근성, 낮은 진입장벽 등 여러 가지 장점을 갖고 있지만 아직까지 분명한 수익 모델이 없는 상태이다. 그러나 구글의 움직임은 주목할 만하다. 구글은 기존 1,000만여 권의 자료와 더불어 미국 의회도서관을 비롯하여 정부·공공·대학 도서관의 소장 서적들을 디지털화하기로 하였으며, 체계적인 저작권 관리 시스템을 마련해 세계의 모든 책을 디지털화할 태세이다. 조만간 구글의 디지털 책장에는 팔릴 준비가 된 상품들이 빼곡히 들어찰 가능성이 높다.

이러한 구글의 모바일 서비스는 구글이 보유하고 있는 방대한 양의 전자책 콘텐츠의 활용도를 높이기 위한 전자책 생태계 구축의 한 방편으로 보아야 할 것이다. 아울러 모바일 환경에서의 저작권 문제가 해결되고 비즈니스 모델이 개발된다면 그 자체로 수익을 거둘 가능성도 있다. 전자책은 태생적으로 휴대성(mobility)을 장점으로 하는 콘텐츠로서 모바일 환경에서 그 진가가 나타날 수 있기 때문이다.

전자출판 비즈니스

01

2010년 국내 전자책 시장의 희망적 징후

국내 전자책 산업은 2000년을 전후해 다수 업체가 생겨났으나, 시장형성에는 실패했다. 2003년을 전후로 많은 업체가 사업을 포기하고 말았다. 그러나 이런 와중에서도 2000년대 들어와 국내 전자책 시장은 서서히 성장해 2009년에는 외형적으로만 보면 2002년에 비해 4배 이상 시장이 확대되었다. 그러나 2009년 국내 전자책 시장규모는 1,300억 원에 불과하며, 이마저도 B2B 위주의 시장으로 B2C 시장에서는 아직까지 별다른 진전이 없었다고 하겠다.

국내 최다 전자책을 보유한 디지털교보문고도 6만여 종에 불과하고, 신간의 전자책 출판비중도 낮아 양적·질적 측면에서 콘텐츠가 부족한 형편이다. B2B, B2C 시장은 불법복제, 전송권 이슈, DRM 정책의 이견 등으로 전자책 사업에 대한 출판사들의 소극적 입장이 강했다. 결국 구매력 있는 콘텐츠 공급부족 심화와 독자들의 시장 외면으로 이어지며 뚜렷한 시장을 형성하지 못하고 있다.

국내 전자책 시장에서 콘텐츠 부족은 시장 확대의 가장 큰 장애요인이다. 이런 이유로 기술적 문제점보다는 콘텐츠 부족현상이 향후 전자책 시장의 성장에 가장 큰 중요변수로 작용할 것으로 보인다.

현재 국내 전자책 단말기는 가독성 문제 및 느린 로딩시간 등의 기술적 단점이 지적되고 있다. 하지만 더욱 큰 문제로 지적되는 것이 바로 콘텐츠의 부족 문제이다. 현재 전자책 콘텐츠를 구할 수 있는 가장 큰 콘텐츠소스는 교보문고, 북토피아 등인데, 이런 곳에서 구할 수 있는 전자책은 고전 및 베스트셀러 중 10%에 불과한 수준이다.

또한 국내 전자책 시장의 취약한 유통구조도 문제가 되어 왔다. 국내 전자책 유통의 문제점은 저작권 보호(DRM) 문제, 정산의 문제, 유통질서(가격 책정 등)의 문제, 표준포맷의 문제, ISBN 발행·인증·정가제 문제 등을 모두 포함하고 있다.

저작권 관리에 대한 문제점도 여전한 걸림돌로 작용하고 있다. 전자책이 처음 출범했던 2000년 초와 달리 디지털저작관리(DRM)에 대한 부분이 기술적으로 가능해졌고 일반 소비자들의 저작권에 대한 인식도 높아진 상황이다. 그럼에도 불구하고 여전히 저작권에 대한 우려가 중요한 화두로 다루어지고 있다. 이는 세계 다른 국가에서도 마찬가지이다. 미국 전자책 시장은 8,100만 달러(2009년 1월부터 7월까지) 정도로 전체 미국 출판 시장의 1.6% 수준이지만, 전자책 시장이 넓어질수록 불법 해적판에 대한 우려도 커지고 있는 상황이다. 향후 저작권과 관련 구글의 정책에 대한 관심도 높아지고 있다. 디바이스의 형태에 관계없이 방대한 구글의 디지털 도서관에 모두 접속할 수 있도록 밀어붙이는 정책을 추진하고 있기 때문이다.

콘텐츠 부족 등 출판생산력의 부실도 문제이다.

출시된 지 6개월에서 1년 지난 책들을 전자책으로 제공하던 방식이 일반적이다. 신간도서에 대한 독자들의 니즈를 제대로 충족하지 못해 외면

받고 있다. 특히 국내 출판 시장에서 판매량의 상당 부분을 차지하고 있는 번역서는 전자책을 제작할 수 있는 저작권이 거의 계약되어 있지 않다. 따라서 국내 전자책 시장은 국내 실용서와 로맨스 소설 위주의 콘텐츠가 강세를 나타내고 있는 상황이다.

신간을 종이책과 전자책으로 동시 출간할 수 있는 환경지원도 미흡하다. 오프라인 출판사는 판매량 감소를 우려, 인기 서적이나 전문 서적들을 전자책 전용 콘텐츠로 제공하는 데 꺼리고 있는 입장이다. 2009년 11월, 인터넷교보문고에서 전자책 고객 저변확대를 위해서 아직 출간되지도 않은 <데상보 거리>, <미네르바의 생존경제학> 등을 신간으로 내놓는 시도를 했지만, 독자의 니즈를 고려하면 미흡한 수준이다.

그러나 2010년에는 낙관적 전망을 가능하게 하는 구조적 변화들이 보이고 있다. 교보문고, 한국이퍼브, 한국출판 콘텐츠 등을 중심으로 콘텐츠 확충을 추진 중이며, 콘텐츠 확대 열쇠를 쥐고 있는 출판사들 다수가 참여를 꾀하고 있기 때문에 2010년은 콘텐츠 확대의 기점이 될 것으로 기대된다. 유통회사들의 전자책 참여도 활발해지고 있어, 교보문고는 2010년 현재 6만 5,160개의 전자책 콘텐츠를 보유하고 있고, 예스24는 한국이퍼브에 참여하고 있다. 인터파크도서는 2010년 3월 단말기 출시와 함께 전자책 서비스 '비스킷(biscuit)'을 시작했다.

전자책 단말기, 콘텐츠유통사업 분야에 대기업 진출이 가속화되고 있다. 한국출판 콘텐츠, 한국이퍼브 등 적극적인 출판사 중심의 전자책 콘텐츠 준비 가속화로 콘텐츠 시장 구조변화가 기대된다. 또한 애플에서 출시하는 아이패드의 아이북 스토어를 이용하면 출판사·개인 누구든 자신의 콘텐츠를 등록해서 유통할 수 있으므로 콘텐츠의 비약적인 확산이 예상된다.

제작유통사 중심의 전자책 시장 질서에 종이책 출판사 연합 조직의 대거 가세로 콘텐츠 시장의 수급이 개선되고 있는 상황이다.

- 한국출판 콘텐츠: 뜨인돌, 한스미디어, 사회평론, 은행나무, 더난출판, 문학과지성사, 세종서적, 길벗 등 50여 개 출판사 참여
- 한국이퍼브: yes24, 리브로, 반디&루니스, 북21, 북센, 비룡소, 알라딘, 영풍문고, 중앙일보, 한길사 지분 참여한 전자책 신디케이션회사

또한 전자출판 분야 업체는 점진적으로 증가하는 추세이다.

전자출판 업체의 증가세는 2008~2009년보다는 2007~2008년이 더욱 큰 폭으로 늘어났다. 전자책 분야의 경우 2008년에 63개 업체가 설립되었고, 2009년에는 30개 업체가 새롭게 설립되었다.

국내 전자출판 업체 현황

분야	업 체 수		
	2007년	2008년	2009년
전자책	34	97	127
오디오북	4	4	4
전자잡지	2	3	4
모바일북	3	3	3
디지털 교과서	5	5	5
학술/전문지식	10	14	22
POD	8	8	8
솔루션	31	39	45
단말기	8	8	12
합계	105	181	230

출처: 한국전자출판협회(2009), 〈2009 한국전자출판연감〉.

2009년도 전자책 콘텐츠의 종이책 대비 평균 판매가격 현황은, 종이책 대비 평균 50%(12,000원 정가 대비 6,000원)에서 가격이 결정되었다. 상대적으로 전자책 구매자들의 인식은 전자책이 이용도에 비해 비싸다는 인식을 하고 있는 상황이다.

콘텐츠 분야별 평균 가격

구분	2007년		2008년		2009년	
	평균가격	종이책 대비	평균가격	종이책 대비	평균가격	종이책 대비
전자책	5,000원	43%	5,000원	43%	6,000원	50%
전문지식	2,000원	17%	2,000원	17%	2,000원	17%
모바일북	3,000원	26%	3,000원	26%	3,000원	26%
학술논문	2,000원	17%	2,000원	17%	2,000원	17%
전자잡지	1,500원	13%	1,500원	13%	1,500원	13%
오디오북	700원	6%	700원	6%	6,000원	50%

출처: 한국전자출판협회(2009), 〈2009 한국전자출판연감〉.

전자출판 산업에서 양질의 콘텐츠가 매우 중요함에도 국내 출판사 31,739개 중에서 1년에 단 한 권이라도 책을 출간하는 출판사는 8.7%인 2,777개에 불과하다. 이러한 결과는 종이책에 대한 비용문제에 기인한 것으로서, 향후 비용문제로 어려움을 겪는 무실적 출판사가 전자책 출판사로 변신할 경우 전자출판의 콘텐츠 수급에 있어 중요 역할을 할 것으로 기대된다.

02

POD(Print On Demand) 출판 확산

2009년 매스마켓을 겨냥한 최초의 POD 도서인 <The Obama Time Capsule>이 출간되어 화제를 모았다.

미국의 사진편집가인 스몰란(Rick Smolan)이 2009년 5월 21일 미국 최초 흑인 대통령인 버락 오바마(Barack Obama)의 2년여에 걸친 대선 과정과 취임 100일 동안의 기록을 담은 <The Obama Time Capsule(오바마 타임캡슐)>이란 책을 POD(Print-On-Demand) 방식으로 출간한 것이다. 매스마켓을 겨냥한 POD 도서가 미국 시장에 등장하기는 이번이 처음이다(한국콘텐츠진흥원, 2010).

스몰란은 대선 결과가 발표되던 날, 자신의 친구들이 TV 화면에 비친 오바마 대통령 옆에서 사진을 찍거나 같이 있던 사람들과 기념사진을 남기는 등 이날을 기억하고자 하는 사람들이 많은 점에 착안하여 오바마 타임캡슐을 발간하게 됐다고 밝혔다. 스몰란은 오바마 대통령의 일대기를 기록하거나 경선 과정을 나열하는 대신 대선 과정을 기록한 사진집을 기획하면서 전문가의 작품과 함께 일반인이 찍어 둔 사진 및 그림 등의 콘텐츠도 함께 담을 수 있도록 POD 방식을 채택했다.

출판 시장의 새로운 패러다임으로 등장한 **POD**란 고객의 주문 사항을 반영하여 인쇄에 들어가는 출판 방식을 의미한다. 이러한 방식은 디지털 기술의 발달로 인해 출판에 소요되는 초기 비용을 획기적으로 낮출 수 있게 됨으로써 가능해졌다. 즉 대형 인쇄기를 활용해야 했던 과거에는 몇 천 부 이상을 찍어야 수익을 낼 수 있었지만, **POD** 기술이 발달하면서 대형 인쇄기 없이도 컴퓨터를 활용한 소량 인쇄가 가능해진 것이다. 또한 인쇄판을 만들 필요가 없으므로 출판에 소요되는 시간도 단축됐다.

그동안 **POD** 출판은 주로 자가 출판이나 소규모 유통을 지원하는 방안으로 활용되어 왔지만, 매스마켓을 대상으로 맞춤형 도서를 출판하는 것은 스몰란의 책이 최초의 시도이다. <오바마 타임캡슐>은 전문 사진작가들의 작품 사진 140여 장과 유명 인포그래픽 디자이너인 홈즈(Nigel Homes)의 작품을 비롯하여 포웰(Colin Powell), 클레인(Joe Klein), 오바마(Auma Obama), 허핑톤(Arianna Huffington) 등 유명인의 에세이가 포함된 총

---

* http://www.theobamatimecapsule.com/

200여 페이지 분량의 책이다. 그러나 POD 도입으로 슬로만이 구성한 다양한 사진 및 콘텐츠 외에 구매자가 자신의 이름과 글, 사진을 추가한 맞춤형 서적으로 소장할 수 있도록 지원하고 있다.

매스마켓을 대상으로 하는 만큼 POD 제작 과정도 간편하다. <오바마 타임캡슐>의 구매를 희망하는 소비자는 아마존을 통해 도서를 구입한 후, 이메일로 안내되는 POD 출판 전용 홈페이지에 접속해 원하는 콘텐츠를 추가하면 자신만의 책을 받아 볼 수 있다.

최초의 POD 도서 출간을 기념하여 페이스북, AOL 등의 웹사이트들이 무료로 프로모션에 나섰다. 또한 종이 제조업체인 뉴페이지(NewPage)에서 1만 권 분량의 종이를 기부함에 따라 첫 1만 권까지는 권당 34.95달러에 판매하고 있으며, 그 이후는 64.95달러에 판매한다.

이러한 POD 출판은 세계적인 PC주변기기 업체인 HP의 참여로 가능했다. 그동안 POD 출판에 관심을 보여 온 HP는 1만 권 이후부터 권당 58센트를 지불받는 조건으로 출판을 지원하고 있다. HP는 개별 구매자들이 자신의 콘텐츠를 반영할 수 있는 인터넷 기반 플랫폼인 'publishers the book'을 제공해 줌으로써 POD 출판을 기획하는 작가 및 출판사의 시장 진입 비용을 낮춰 줬다. 인터넷 기반 플랫폼을 통해 대형 인쇄기 운영과 사전 출판에 소요되는 비용을 줄일 수 있기 때문이다.

슬로만의 <오바마 타임캡슐>은 단순히 재고 부담을 줄이기 위한 인쇄 방식으로 POD를 활용한 것이 아니라, 매스마켓 고객을 대상으로 맞춤형 콘텐츠를 제공해 주는 도서 제작 방식으로 POD를 활용했다는 점에서 큰 의의가 있다. POD를 활용해 전문가와 일반인이 보유한 콘텐츠를 매쉬업 (Mash-Up)할 수 있는 방안으로 활용하고 있다. 출판 전에 자신이 원하는 콘텐츠를 추가하고 변경할 수 있는 것이다. 이로써 수백만의 사람들이 자신들의 경험을 담아 역사적인 순간을 기록할 수 있게 됐다.

그러나 POD는 말 그대로 맞춤형 도서인 만큼 매스마켓을 대상으로 맞춤형 콘텐츠를 지원하는 방식을 도입할 수 있는 분야는 한정적이다. 대부분의 소설, 전문서적, 학술서적 등은 일반 개인이 보유한 콘텐츠를 추가할 요인이 적을 뿐 아니라, 수요가 있을 시 즉시 구입할 수 있기를 원하므로 기존의 대량 인쇄 방식을 유지할 확률이 높다. 다만 <오바마 타임캡슐>처럼 일반 개인이 콘텐츠를 추가할 확률이 높은 사진집, 에세이 등의 분야에서는 POD 방식이 새로운 출판 방식으로 주목받을 것으로 보인다.

POD 방식의 도서 출간 시 전문가 콘텐츠에 더해 자신이 추가한 콘텐츠를 다른 사람들과 공유할 수 있도록 하는 플랫폼을 제공한다면 또 하나의 새로운 기회를 제공할 수 있을 것으로 전망된다. 예컨대 오바마 대통령과 찍은 사진을 여러 사람과 공유하기를 희망할 경우에는 이를 공개할 수 있도록 하고, 추후 다른 구매자들이 이를 활용할 수 있도록 한다면 콘텐츠가 더욱 풍부해질 수 있을 것이다.

POD 출판은 출판사와 서점 입장에서는 기존 도서 출판 및 재고 관리 비용을 절감할 수 있고, 소비자 입장에서는 자신이 보유한 콘텐츠를 책으로 보관할 수 있는 가능성을 제공함에 따라 향후 더욱 일반화될 것으로 전망된다.

한편 소비자의 구매 주문 이후에 도서 인쇄에 들어가는 POD 출판이 주목을 받으면서 2009년 5월 에스프레소 북 머신(Espresso Book Machine, 이하 '에스프레소')이라는 POD 출판 지원 키오스크가 등장했다. 출판인 엡스타인(Jason Epstein)은 이미 10년 전에 컴퓨터 파일 형태로 저장된

책 내용을 몇 분 만에 인쇄하여 책으로 만들어 주는 'Book ATM'이 필요하다고 강조했다. 엡스타인은 2003년 Print On Demand란 회사를 설립하고 에스프레소를 개발해 왔다. 물론 초기 모델은 지나치게 크기가 커서 일부 대학 도서관에 비치되는 정도에 머물렀다. 그러나 최근 발표된 에스프레소는 초기 버전을 업그레이드한 것으로 크기가 훨씬 작아진 것은 물론 인쇄 속도도 향상되었다. 300페이지 분량의 책을 단 몇 분 만에 인쇄하여 완결된 책으로 만들 수 있게 됐다. 버튼 몇 개만 누르면 컬러로 인쇄되어 제본까지 마친 책을 손에 넣을 수 있다. 이에 따라 에스프레소는 17만 5,000달러라는 높은 가격에도 불구하고 대형 서점과 도서관에 비치되기 시작했다.

현재 에스프레소에는 기존에 출판됐던 와일리앤선, 사이먼앤슈스터를 비롯한 50만 권의 책이 파일로 저장되어 있어 원하는 때에 언제든 책으로 인쇄할 수 있다. 앞으로는 일반 개인이 보유한 콘텐츠도 책으로 제작할 수 있도록 지원할 예정이다.

고객 주문 후 인쇄를 지원하는 POD는 주로 개인 차원에서 자신의 콘텐츠를 책으로 만들어 소장하거나 대학 강의 교재 등 소규모 유통을 목적으로 활용되어 왔다. 이는 POD 관련 인쇄 기술의 발달과 더불어 자기 표현 욕구 및 소규모 유통을 목적으로 하는 일반인의 수요가 증대된 결과이다.

에스프레소의 등장은 기존 출판물의 소량 인쇄를 지원하는 방식으로 POD가 폭넓게 활용되는 기폭제가 될 전망이다. 그동안 오프라인 서점에서는 온라인 서점에 독자를 뺏기지 않도록 필요 이상의 도서를 구매한 뒤, 재고를 반납하는 등의 비효율을 경험해 왔다. 이는 서점과 출판사 모두에 비용 부담을 안겨 주었다. 서점에서는 도서 진열을 위한 공간 확보 및 인력 운용비용이 소요되고, 출판사 입장에서는 항상 재고를 떠안아야 하기 때문이다. 그러나 POD 출판은 실수요에 대해서만 인쇄와 도서 제작을 진행함으로써 자원의 낭비를 줄이고 이에 따른 재고비용을 절감할 수 있다. 소비자가 구입 완료 후 인쇄에 들어가는 POD 방식은 재고를 걱정할 필요가 없기 때문이다. 또한 소비자 입장에서는 물류 및 재고 비용 감소에 따른 도서 가격 하락의 혜택을 누릴 여지가 높아졌다. 이러한 이유로 출판 업체 관계자들은 POD 출판 방식이 5~10년 후에는 일반적인 출판 방식으로 자리 잡을 것으로 긍정적으로 전망하고 있다.

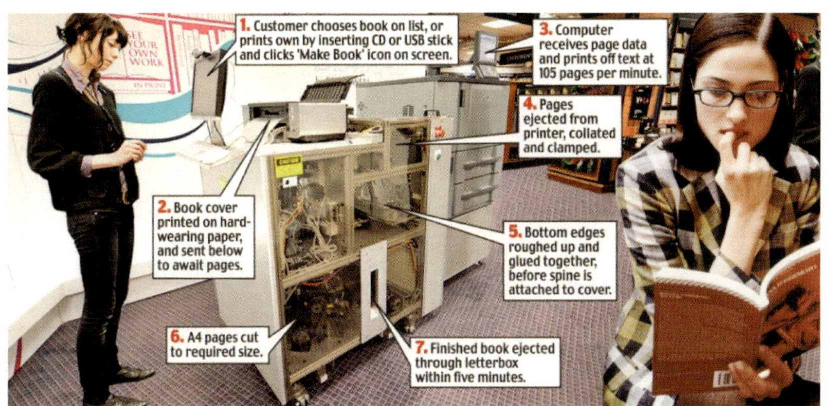

에스프레소(EBM)의 주문 프로세스 모식도*

---

* http://www.dailymail.co.uk/sciencetech/article-1173013/A-novel-idea-The-machine-print-book-minutes.html

트위터 출판, 블로그 출판(블룩)

소설가 매트 스튜와트(Matt Stewart)는 자신의 소설 데뷔작품인 <프랑스 대혁명(The French Revolution)>을 2009년 7월 14일부터 트위터에 연재하고 있다. 이 소설가는 하루에 10개에서 40개에 이르는 트윗을 작성하고 있다. 하나의 트윗을 작성하기 위해서는 15분 정도의 시간이 필요한 것으로 알려지고 있다. 이미 완성한 자신의 480,000글자짜리 소설을 한 번에 130글자(링크와 태그가 나머지를 차지한다)씩 트위팅하고 있는 것이다.

소설가 매트 스튜와트와 그가 트위터에 게재하고 있는 소설 <프랑스 대혁명>

인쇄출판이라는 전통적인 방식으로 자신의 소설을 대중에게 공개하는데 어려움을 경험한 이 작가는 결국 트위터를 통한 소설 공개라는 새로운 실험을 시도하게 되었다고 자신의 블로그를 통해 밝히고 있다. 작가는 '전통적인 미디어 제국(old-fashioned media empire)'이 포용하지 못하는 자신의 '문학적 신생아(literary baby)'를 감당할 수 있는 효과적인 미디어 중 하나로 트위터를 생각해 냈다.

트위터는 2009년 현재 가장 빠르게 성장하고 있는 네트워킹 서비스 중 하나이고, 글로벌 기업의 최고경영자는 물론 백악관과 우주왕복선에서도 이용되고 있으며, 이란 대통령 선거 관련 집회에 대한 가장 중요한 뉴스 소스로 대두되기도 하였다. 한 번에 최대 140글자를 사용하여 작성된 메시지를 올릴 수 있는 마이크로 블로깅 서비스를 활용하여 소설 게재를 시작한 매트 스튜와트는 이 같은 실험이 '소셜 실험(social experiment)'이라고 의미를 부여한다. 작가는 아직 얼마나 자주 트윗을 작성할지에 대해서는 결정하지 못했다. 작가는 독자들이 보내오는 '최초의 반응(initial feedback)'을 기다리고 있으며, 이 같은 반응을 관찰한 후 자신의 트윗 작성 빈도를 조정할 계획이라고 밝혔다.

작가는 이 작품을 트위터에 게재하는 이유가 인쇄출판을 할 수 있는 기회를 얻기 위함이라고 밝히고 있다. 매트 스튜와트는 이 같은 시도가 새로운 형식의 소설, 즉 '트윗 소설'을 만들어 내기 위한 것은 아니며 인쇄출판에 대한 희망을 위한 노력이라고 밝히고 있다.

매트 스튜와트는 트위터의 커뮤니케이션 형식에 적응하지 못하는 전통적인 독자들을 위해 스크라이브닷컴(Scribd.com)을 통해 무료로 소설을 게재하거나 1달러 99센트에 아마존 킨들(Kindle)을 이용한 전자책의 형태로 제공할 것이라고 밝혔다.

트위터 단문메시지나 파워포인트 슬라이드에서 보는 문장이 책의 문장으로 확대될 가능성 도 커지고 있다. 2009년 4월, 웹2.0 화두를 던진 팀 오라일리(Tim O'Reilly)가 공저로 출판한 <Twitter Book>은 페이지마다 문장이 독립되어 있어 저자는 언제라도 원할 때 새로운 내용의 추가나 변경이 가능하다.

트위터 입문서 <Twitter Book>

마이크로 블로그 서비스인 트위터는 커뮤니케이션 방식을 변화시킬 정도로 큰 인기를 구가하고 있다. 전 세계적으로 사람들이 관심을 갖고 있는 사람들, 조직, 사건 등에 대해 현재 상황을 실시간으로 전하고 있다는 점에서 미디어2.0의 총아로 여겨지고 있다.

마이크로 블로깅 서비스 트위터를 활용한 소설 유통은 블로그의 소설 유통 플랫폼으로서의 가능성에 대한 실험을 의미한다. 인터넷 등장으로 '인터넷 소설'이라는 새로운 장르가 등장하고, 대중의 인기를 얻은 '인터넷 소설'이 인쇄소설로 출판되었던 사례를 고려하면, 트위터 소설의 성공

여부에 주목할 필요가 있을 것이다. 이러한 흐름은 출판업계에서 주목해야 할 부분이다. 국내에서도 소설가 김영하가 트위터를 통한 소설쓰기 실험을 수행 중이다.

트위터가 소설 유통의 새로운 창구로 부상하는 가운데, 블로그 기반 도서출판 영역은 이미 출판 분야의 새로운 기회로 자리하고 있다.

블로그 기반 도서출판인 '블룩(Blook＝Book＋Blog)'이 새로운 영역을 구축해 가고 있는 것이다. 일러스트레이터 김은정 씨는 자신의 일러스트를 일상과 함께 담아 발행한 페이퍼(paper.cyworld.com/joyillust)가 인기를 끌면서 일러스트 에세이집인 <하트 쿠키>를 출간했다. 캐나다 거주 송민경 씨는 자신이 운영하는 '명품 다이어트 & 셀프 휘트니스'(paper.cyworld.com/nayanoss)를 활용, <송민경의 명품 다이어트 & 셀프 휘트니스>라는 도서를 출판했다.

네이버의 대표적인 요리 블로그인 '보윤이랑 보성이랑(blog.naver.com/shriya)'의 내용은 <쌍둥이 키우면서 밥해먹기>라는 책으로 출간되었다. 수제 리빙용품 전문주부가 운영하는 <어느날 문득...(blog.naver.com/nicejuly)>, 스물셋 쌍둥이 아빠의 생활, 육아 내용이 담긴 <RIVER, Tea Time(blog.naver.com/sexyriver)>도 출판되었다. 브이코아에서 출판한 <2009년 블로그로 살아남다>는 30여 명의 블로거들이 블로그와 웹, 일상에 대한 포스팅을 엮어 낸 책이다.

블룩은 침체된 도서시장에서 새롭게 조명받고 있다. 블로그 기반 도서출판의 경우는 대부분 마케팅도구 활용을 통한 블로그형 1인 창조기업의 형태이다. 블로그를 통해 전문 분야의 글을 게재하여 고정독자가 확보되고 콘텐츠가 검증되면 출판사의 권유에 의해 오프라인 도서로 출판하거나, 셀프 출판의 도움을 받아 저자 스스로 자신의 책을 출판할 수 있다. 진입 비용이 저렴하고, 참여 블로거(저자)들이 집적 유통 및 판매에 참여할 수 있다. 출판사의 도움 없이 기획부터 집필, 디자인, 인쇄, 유통까지 출판의 전 과정을 필자들의 힘으로 해결할 수 있다.

이렇게 블로그가 출판의 새로운 콘텐츠 공급원으로 각광받는 이유는 콘텐츠 내용이 소비자·독자 친화적이기 때문. 주로 취미·실용 분야의 블로거들이 초기부터 성공한 점이 이를 증명한다. 하루 수백~수천 명에 이르는 블로그 방문자 수에서 시장성도 어느 정도 검증되는 점, 블로거들이 대부분 사진 판권을 갖고 있기 때문에 제작단가도 낮출 수 있다는 점, 기존 필자에 비해 선인세 등 초기 자금을 적게 투입해도 된다는 점도 블룩의 매력이다.

04

휴대폰 소설

2009년 11월에 개봉한 사사키 노조미 주연의 영화 <천사의 사랑(Tenshi no koi, tenkoi.gaga.ne.jp)>이 있다. 이 영화는 칸치쿠 유리 감독의 영화로 리오라는 미모의 17살 여고생과 미츠테루라는 35살 대학 강사 사이의 운명적인 사랑 이야기를 다룬다. 이 영화에 주목하는 이유는 이 영화의 원작이 휴대폰 소설이기 때문이다. <천사의 사랑>은 휴대폰 소설로 연재되어 1,300만 회의 페이지뷰를 달성했으며 종이책으로 출간했을 때도 초판만 50만 부를 찍을 정도로 큰 인기를 얻은 베스트셀러다.

<천사의 사랑> 외에도 아라가키 유이 주연의 <연공>, 미나미사와 나오 주연의 <붉은 실> 등이 모바일소설(케타이소설)을 원작으로 만든 영화다. <연공>은 600만 PV(페이지뷰)를 기록했고, <붉은 실>은 800만 PV를 기록했다. 이처럼 휴대폰 소설의 인기는 출판업계는 물론이고 영화산업에 영향을 미칠 정도다.

휴대전화 소설을 원작으로 한 영화 '천사의 사랑'

　휴대폰 소설이란 말 그대로 휴대폰으로 인터넷에 접속하여 소설을 쓰기도 하고 읽기도 하는 것을 의미한다. 한국의 수많은 블로그 중에서 인기 블로그(블로거)가 태어나듯, 전혀 무명의 일반인이 휴대폰 전용 인터넷 사이트에 접속하여 글(소설)을 남기고, 무수한 작품 속에서 클릭 수가 많은 인기 작품이 등장하게 되고, 그중에서 몇몇은 종이책으로도 발행되어 밀리언셀러가 되는 현상이 일본 출판계에 적지 않은 충격을 안겨 주었다. 2006년도와 2007년도에는 연간 소설 베스트셀러 10위 중 4종이 휴대폰 소설일 정도로 휴대폰 소설의 인기가 높았다(출판저널, 2009. 5). 그 대표작인 미카(美嘉)의 <연공(恋空)>은 한국에서도 번역 출판된 바 있다.

　휴대폰 소설은 러브스토리를 중심으로 하는 내용의 상투성(반항, 이별, 불치병, 사고, 죽음)과 과격한 성, 폭력의 묘사, 글의 구성과 문장의 완성도 등 소설로서의 가치가 여전히 논란거리가 되고 있지만, 활자이탈세대라 불리는 10대, 20대의 독자층이 새롭게 형성되었다는 점, 콘텐츠의 흐름이 이제까지 일반적이었던 아날로그(책)에서 디지털(전자출판)이 아니라 디지털에서 아날로그라는 새로운 흐름을 창출했다는 점, 일반 네티즌의 새로운 표현의 장을 형성했다는 점 등 긍정적인 시사점도 적지 않다.

　무엇보다도 전자출판 시장 성장의 견인차 역할을 하고 있는 것은 전자코믹(만화)이다. 2007년의 휴대폰 코믹 시장 규모는 229억 엔(전년 대비 279% 성장)으로 전체 전자출판 시장의 65%를 차지했다. 또한 PC 전용 판매 사이트 수가 답보상태인 반면, 휴대폰전용 판매 사이트 수는 최근 3년간 급격한 증가 추세를 보이고 있다.

　이처럼 휴대폰 전용 전자출판 시장의 확대 요인으로는 제3세대 휴대폰의 광범위한 보급과 유저에게 부담 없는 패킷 정액제의 일반화가 그 배경에 있다. 현재 휴대폰의 약 90%가 3G 휴대폰으로, 통신 속도 및 표시 성능의 향상은 화상 이미지를 다용하는 코믹 콘텐츠도 스트레스 없이 볼 수 있게 해 준다. 게다가 같은 브로드밴드 환경이라면 기동하기까지 시간이 걸리고, 어딘가 고정된 장소를 필요로 하는 PC보다는 비록 화면은 작지만 언제 어디서나 쉽게 이용할 수 있고, 조작과 결제가 용이한 휴대폰이 선호되고 있는 것이다. 또 하나의 성장 요인으로 각 출판사(특히 대형 출판사)가 콘텐츠의 디지털화에 적극적으로 나서기 시작했다는 점도 간과할 수 없다. 이로 인한 타이틀 수의 증가와 콘텐츠의 충실화는 전자출판 독자의 만족도를 높이고 시장을 개발할 수 있는 여지를 넓히고 있다고 볼 수 있다.

휴대폰 소설 웹사이트 '마법의 i 랜드(魔法のiらんど)'

휴대전화 외에 최근에는 닌텐도DS, PSP, 위(Wii)를 비롯한 유명 게임기를 활용한 전자책 시장도 인기를 끌고 있다. 2008년 7월에는 Nintendo DS 이용자를 대상으로 한 전자책 서비스 'DSvision'이 선보이면서 게임기를 활용한 전자책 시장이 새로운 유통 플랫폼으로 주목받고 있다.

NTT도코모가 콘텐츠 CP기업 10만 개 육성을 목표로 정책을 펴고 있으며, 신쵸샤 등 주요 출판사는 '모바일 휴대 전화문고'를 개설해 큰 매출을 올리고 있는 상황이다.

특히 일본에서 휴대폰 소설은 작가는 물론 출판사에도 새로운 돌파구를 열어 주고 있다. 서적 반품률이 40%에 달하는 일본에서 휴대폰을 통한 출판은 재고 0%를 기록할 수 있는 분야이기 때문이다. 팔려 나간 60%의 책에서 이익으로 들어오는 것은 10~30%지만 재고로 들어오는 것은 100% 손해가 되기 때문에 재고 부담은 출판사에도 큰 부담이다. 종이로 출간되는 책은 출간비용 외에도 유통과정에서 창고비용, 운송비용 등 많은 비용부담을 안겨 준다. 그런 면에서 전자책과 모바일책은 적게 팔린다 하더라도 무재고라는 장점으로 종이책의 단점을 상쇄시킨다. 이처럼 전자책과 모바일의 발전은 휴대폰 소설과 같은 새로운 형식의 출현을 만들어 냈다. 지금까지 책은 지은이가 쓴 책을 출판사에서 인쇄해 서점을 통해 판매하는 형식이었으나 PDF나 전자책, 모바일소설 형태로 판매하는 시장이 커지게 된다면 이런 구조가 무너질 것으로 보고 있다. 문서 공유 사이트인 scribd.com은 이런 현상을 보여 주는 사례다.

05

전자책 사업자들의 자가 출판 지원

아마존과 소니를 비롯한 전자책 선두 사업자들이 독립 작가 및 중소출판사가 보유한 콘텐츠를 확보하기 위해 자가 출판(Self-Publishing)을 지원하고 나서면서 기존 도서 유통 플랫폼 외에 또 하나의 유통 창구를 제공하고 나섰다.

전자책 시장에 가장 먼저 뛰어들었지만 그동안 콘텐츠 측면에서 약세를 보여 왔던 소니는 2009년 9월 독립작가와 중소규모 출판사들이 '자가 출판(self-publishing)'을 통해 전자책 콘텐츠 시장에 진입할 수 있도록 'Publishers Portal'을 개편했다. 전자책 리더기 벤더인 소니가 전자책 콘텐츠를 확보하기 위해 작가와 중소출판업계를 대상으로 적극적인 구애에 나선 것이다.

소니는 Publishers Portal을 통해 출판업계의 전자책 콘텐츠 시장 진입 문턱을 낮추는 것은 물론, 인쇄 및 유통 과정에 소요되던 출판 기간을 단축함으로써 독자에게 전달되는 시간을 단축시켰다. 출판업계는 소니의 Publisher Portal을 통해 직접 자신의 작품을 온라인으로 출판하여 소니 전자책 스토어에서 판매할 수 있으며, 이 같은 과정을 거치는 데 최소 10

일이 소요된다.

소니는 독립작가와 소규모 출판사의 온라인 출판을 지원해 온 온라인 출판업체 오서솔루션(Author Solutions) 및 스매쉬워즈(Smashwords)와 제휴에 합의했다. 오서솔루션과 스매쉬워즈는 Publisher Portal을 통해 자신의 작품을 제공하고자 원하는 독립작가와 출판사들을 지원하는 것은 물론, 자사에 소속된 기존 작가들이 소니 전자책 스토어에서 작품을 판매할 수 있도록 협조한다. 2008년에 설립된 스매쉬워즈는 온라인 무료 출판을 지원해 주는 기업으로 이용자들이 MS 워드 형식으로 콘텐츠를 올려 주면 이를 Adobe PDF를 비롯한 8가지의 디지털 포맷으로 변환시켜 주는 것은 물론, 자신의 작품을 유통할 플랫폼을 선택할 수도 있다. MS 워드 파일로 작성한 원고를 스매쉬워즈에 업로드한 후 판매 가격을 책정하면, 스매쉬워즈가 파일을 변환하고 유통을 관리하는 방식이다. 현재 스매쉬워즈에 자신의 작품을 공개한 작가는 아이폰 이용자를 위한 스탄자(Stanza)와 안드로이드 이용자를 위한 반즈앤노블에 이어 소니에까지 무료로 콘텐츠를 유통할 수 있다.

소니는 Publisher Portal 개편을 통해 기존에는 소니에 콘텐츠를 제공하지 않았던 독립 작가와 중소규모 출판사들을 콘텐츠 공급자로 끌어안겠다는 전략이다. 그동안 출판 시장은 메이저 출판사가 주도해 왔으나, 최근 다양한 디지털 유통 플랫폼이 등장하면서 디지털 출판 콘텐츠 비중도 급증하고 있기 때문이다.

최대 경쟁사인 아마존도 2007년부터 킨들 플랫폼을 통한 자가 출판 서비스를 지원해 주는 'Digital Text Platform'을 제공해 오고 있다.

2010년 아마존에서는 전 세계 누구라도 스스로 만든 콘텐츠를 킨들의 온라인 사이트인 '킨들 스토어'에 올려 판매할 수 있도록 한 소위 '킨들 작가'를 모집하고 있다. 킨들의 자가 출판 서비스 이용 대상은 기존의 미국 소재 저자와 출판사에서 전 세계 영어와 독어, 불어 사용자로 확대되었다. 이에 따라 빠른 시일 내에 킨들의 서비스 기능을 활용, 전 세계에서 자유롭게 영어와 불어, 독일어로 된 킨들용 각종 서적들을 업로드하거나 판매하는 게 가능해질 전망이다. 킨들용 전자책 콘텐츠를 만든 저자들이나 각종 서적의 저작권을 보유하고 있는 출판사들은 킨들 스토어를 통해 작품을 판매할 수 있으며 판매금액의 35%를 수익으로 챙길 수 있게 된다.

출판업계는 이러한 전자책 콘텐츠 유통 플랫폼의 등장을 반기는 분위기다. 그동안 작가들이 자신의 작품을 출간하기 위해서는 대부분 인쇄와 유통을 담당해 주는 출판사를 거쳐야만 가능했다. 출판사들이 작품을 선택하는 게이트키퍼 역할을 담당하면서 이를 통과한 작가들만이 자신의 작품을 대중에게 선보일 수 있었던 것이다.

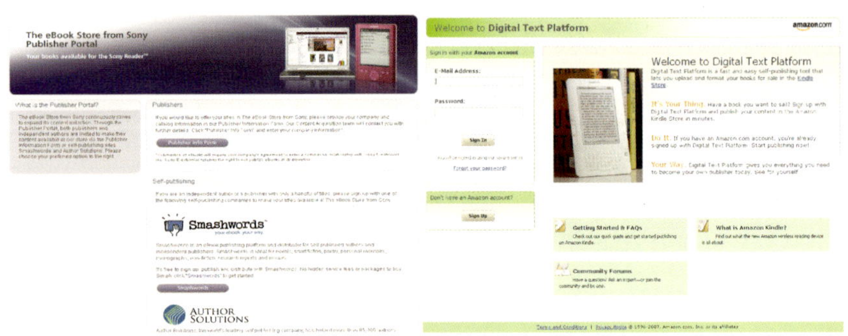

Sony(좌)와 Amazon(우)의 자가 출판 지원 사이트*

---

* ebookstore.sony.com/publishers, dtp.amazon.com

그러나 전자책 시장의 성장으로 출판업계의 게임 룰이 변화하고 있다. 소니의 **Publisher Portal**과 아마존의 **Digital Text Platform**을 비롯한 전자책 선두업체들이 디지털 자가 출판 경로를 제공하고 나섬에 따라 작가들은 더 이상 출판사라는 게이트키퍼를 거치지 않고도 바로 독자와 만날 수 있게 된 것이다. 무명작가도 독자의 판단을 받을 수 있는 기회를 갖게 되었고, 중소규모 출판사에서는 인쇄비와 유통비에 대한 부담 없이 독자의 반응을 살펴볼 수 있게 된 것이다. 뿐만 아니라 기존에 독자로 머물러 있던 일반인들도 자신의 작품을 공개할 수 있는 기회를 갖게 되어 자가 출판 경로들이 출판계의 유튜브가 될 수 있는 가능성도 높아졌다.

06

전자출판, 1인 창조비즈니스의 대표 분야

전자출판은 창조직업군으로서의 1인 창조기업을 가능하게 해 준다.

1인 창조기업은 고추장 손맛이 뛰어난 할머니도 사업가로 변신할 수 있듯이 창의적 아이디어(서비스/노하우/전통기술)를 가진 국민 개개인이 창업(또는 사업활동)을 통해 경제적 가치를 향유할 수 있는 상징적 의미를 가지는 기업형태를 의미한다.

특히 콘텐츠 분야, 특히 온라인 기반 디지털 콘텐츠의 경우 개인의 창작능력이 가장 중요시되므로 능력 있는 개인에게 무궁무진한 기회를 제공하며, 비교적 느슨한 진입장벽, 창업에 드는 저렴한 비용, 온라인을 활용하기 때문에 무점포로 창업이 가능하다는 장점들 때문에 창조기업에 적합한 특성을 갖고 있다.

저자 직접 출판(Author Direct Publishing) 시대를 열어 주고 있음이다. 미국 공포소설 작가 스티븐 킹 사례와 같이 기존 작가들도 전자출판에 큰 관심을 보이고 있다. 온라인 출판업체인 오서솔루션과 스매쉬워즈 독립작가와 소규모 출판사에 Sony E-Book 스토어에서 콘텐츠를 판매할 수 있는 기회를 제공한다. 美 공포소설 작가 스티븐 킹이 2000년 <총알

차 타기(Riding the Bullet)>란 신작소설을 인터넷에 발표, 이틀 만에 40만 건 다운로드를 기록했다. 이후 그의 전속 출판사인 사이먼앤드슈스터를 비롯해 마이크로소프트, 랜덤하우스, 타임워너 등이 전자책 사업에 뛰어든 계기를 만들어 주었다.

출판프로세스의 변화, 창작커뮤니티 등을 통한 콘텐츠 제작 활성화를 기대하게 한다. 현재처럼 종이책 출간 후 전자책 출간이 아닌 온라인 연재 후 종이책 혹은 전자책 출판, 저작권자(작가)가 직접 전자책으로 출판하는 형태가 많아질 것으로 기대된다.

전자출판 기반 1인 창조비즈니스는 두 가지 유형으로 가능하다.

첫째, 전문적인 연구 보고서, 리포트, 노하우, 강의 등을 E-Book 형태의 지식과 정보성 콘텐츠로 생산하여 이를 수익의 원천으로 삼는 경우이다.

학습멘토링서비스를 지향하는 '공신사이트'는 정보성 콘텐츠를 사업화한 사례이다. '공신사이트'는 동영상, MP3파일, 사진, 인터넷 라디오방송, 인터넷방송 등 다양한 수단을 동원해 학습 노하우를 지식화하여 사업화한 사례이다. 오프라인 멘토링 사업, 도서 '공부 혁신' 출판 등으로 사업 모델을 확장하고 있다.

온라인으로 중·고등학생 공부 방법을 상담해 주던 게시판을 발전시켜 '공신닷컴(www.gongsin.com)'이란 학습 멘토링 사이트 운영

블로그 기반 도서출판, 즉 블룩(Blook = Book + Blog)은 대표적인 모델이다.

　블로그를 통해 형성된 개인 브랜드를 통해 강연, 저술, TV출연 등 연관 수익을 창출한다. 블로그를 통해 전문 분야의 글을 게재하여 고정독자가 확보되고 콘텐츠가 검증되면 출판사의 권유에 의해 오프라인 도서로 출판하거나, 셀프 출판의 도움을 받아 저자 스스로 자신의 책을 출판한다. 진입 비용이 저렴하고, 참여 블로거(저자)들이 집적 유통 및 판매에 참여할 수 있다. 출판사의 도움 없이 기획부터 집필, 디자인, 인쇄, 유통까지 출판의 전 과정을 필자들의 힘으로 해결한다.

- 일러스트레이터 김은정 씨는 자신의 일러스트를 일상과 함께 담아 발행한 페이퍼(paper.cyworld.com/joyillust)가 인기 끌면서 일러스트 에세이집인 '하트 쿠키' 출간

- 캐나다 거주 송민경 씨는 자신이 운영하는 '명품 다이어트 & 셀프 휘트니스'(paper.cyworld.com/nayanoss)를 활용, '송민경의 명품 다이어트 & 셀프 휘트니스' 도서 출간

- 브이코아에서 출판한 <2009년 블로그로 살아남다>는 30여 명의 블로거들이 블로그와 웹, 일상에 대한 포스팅을 엮어 낸 책
- 블로거 블랫폼을 지향하는 브이코아(v-core.kr)에서 블로거들이 참여해 집필, 제작하는 출판 사업을 운영

둘째, 일러스트레이트, 만화, 소설 등 스토리텔링 기반의 재미를 목적으로 하는 오락성 콘텐츠로서 이를 제공하여 수익의 원천으로 삼는 경우이다.

오락성 콘텐츠의 범주는 인터넷에서 만화나 소설작업을 진행하는 경우가 대표적이다. 인터넷 만화는 대표적인 스토리텔링 기반 엔터테인먼트 콘텐츠로서 애니메이션, 드라마, 캐릭터, 피규어, 게임 등 다양한 영역으로 OSMU가 가능한 영역이다. 실제로 강풀 강도영 씨의 작품들은 영화(아파트, 바보), 연극(그대를 사랑합니다) 등으로 활발한 OSMU를 전개하고 있다. 인터넷이나 모바일 미디어의 특성을 살려 단편 위주의 소설을 공개하고 이것이 인기를 얻어 도서 출판까지 확장하는 사례도 있다.

- '성게군'을 비롯한 해산물을 패러디한 마린 블루스 작가 정철연 씨는 '2003년 대한민국 만화·애니메이션·캐릭터 대상' 수상

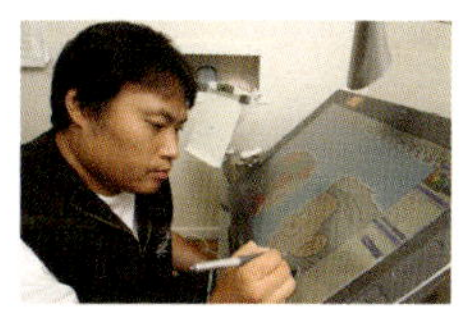

- 386세대의 추억을 감칠맛 나게 표현한 만화로 네티즌의 폭발적 사랑을 받은 강도영 씨의 '강풀닷컴'(www.kangfull.com)

- 무서운 이야기를 모아 놓은 블로그 '잠들 수 없는 밤의 기묘한 이야기(www.thering.co.kr)'를 운영하는 송준의 씨는 이를 모아 '정말로 있었던 무서운 이야기'(07년) 저술

출판 콘텐츠 1인 창조기업에 대한 성공사례 분석결과, 향후 출판 콘텐츠 창조비즈니스의 성공을 위해서는 다음과 같은 요인들이 구체적으로 고려되어야 할 것으로 분석된다.

첫째, 창의성(creative) 기반 지속 가능한 비즈니스 역량을 개발해야 한다.

창조형 사업의 핵심 경쟁력은 무엇보다도 상상력, 아이디어, 창의력과 같은 유연하고 통합적인 사고 능력이다. 재능과 취미를 토대로 다양하고 풍부한 지식과 경험이 전제되어야 한다. 또한 기존의 콘텐츠를 재가공, 재포장, 재편집하여 가치를 부여, 새로운 수요를 발생시켜야 한다. 1인 창조기업의 운영자는 개인사업과는 엄밀히 차원이 다른 것으로 기업적 외형은 없을지라도 반드시 사업의 성패를 좌우할 기업적 마인드를 견지할 필요가 있다. 실제 기획단계의 아이디어를 비즈니스로 연결시킬 수 있는 철저한 사업성 검토와 시장 조사가 선행되어야 한다. 소위 개척자 정신을 겸비한 '창작 게릴라'가 되어 다양한 콘텐츠 중 핵심사업에 포커싱, 신속한 대응과 결단으로 사업을 진행해 기업을 이끌어 가야 할 것이다.

둘째, 퍼스널 브랜드화를 통한 프랜차이즈 확대전략을 수립해야 한다.

1인 창조기업은 창업자 개인이 브랜드가 되어 자신에 대한 대중의 인지도와 신뢰도를 높여야 하며 본인의 핵심 경쟁력과 이름을 알리는 마케팅이 필요하다. 단순 노출보다는 개인의 강점, 차별화된 스토리텔링을 구축하는 것이 중요하다. 홍보 차원을 넘어 사용자(소비자)에 대한 신뢰와 믿음, 사회적인 가치 확보까지 퍼스널 브랜드를 확장하여야 한다. 1인 창조기업이 브랜드화가 되면 충성도가 생기며 이를 토대로 관련 세부사업으로 프랜차이징이 가능하다. 퍼스널 브랜드화는 장점을 극대화시켜 상대적 경쟁 우위를 선점하게 한다. 퍼스널 브랜드를 기반으로 한 프랜차이즈의 확대는 1인 창조기업을 지속할 수 있는 중요한 원동력이 된다. 퍼스널 브랜드의 법적 권리를 바탕으로 관련 사업아이템 확대 및 연계 서비스를 통해 1인 창조기업의 성공을 지속할 수 있다.

셋째, 편익세분화 수익모델로 접근해야 한다.

1인이 모든 사업 전반을 관장해야 하는바, 부수적인 사업들에 힘이 분산되어서는 안 되고 소비자의 수요 파악을 통한 선택과 집중으로 수익모델을 다양화해야 한다. 앞서 사례에서도 살펴본 서울대 출신 강태성 씨는 공부방법을 상담해 주던 게시판을 발전시켜 '공신사이트'를 만들었고, 이후 멘토링 사업과 도서 출판 등으로 사업모델을 확장해 성공했다. 이렇듯 창업기업의 핵심요소를 제외한 다른 것들은 외부에서 조달(아웃소싱)함으로써 창업에 따른 제반 비용 및 인력수요를 절감할 수 있다. 1인 창조기업은 초기에 고정비를 줄이고 저비용 수익구조를 유지해 점차 규모를 확대하는 전략을 실행할 필요가 있다.

넷째, 다양한 넷 인프라(사람&정보)를 구축 및 활용해야 한다.

1인 창조기업의 성공에는 인적 네트워크 인프라가 큰 영향력을 행사한다 해도 과언이 아니다. 평소 다양한 분야의 사람들과의 교류를 통해 인적 네트워크를 만들어야 하고 이와 더불어 자신의 분야와 관련된 전문정보 네트워크를 지속적으로 확보하여 이를 활용할 수 있어야 한다. 1인 창조기업의 경우, 새롭게 SNS를 고안할 수도 있으나, 이를 잘 활용하는 사업으로 다양하게 접근할 수 있다. 영국 블로거가 '온라인 인맥'으로 공짜 세계일주여행을 한 경우가 그러하다. 실제로 영국의 30대 자유기고가인 폴 스미스가 트위터(Twitter)의 블로그를 통해 사권 각국의 네티즌들의 도움으로 30일간의 세계일주 여행을 마쳐, '트위치하이커(Twitchhiker)'

라는 신조어를 탄생시켰다. 주부 블로거 문성실 씨는 자신의 블로그를 통한 공동구매로 5일 만에 오븐 1,300대를 판매했다. 이러한 사례들은 모두 인적 네트워크의 중요성을 보여 주는 사례이다.

향후 출판 콘텐츠 분야 1인 창조기업이 참여할 수 있는 유망한 분야를 제시해 보면 다음과 같다.

인터넷 등을 통해 쉽게 접할 수 있는 일반 콘텐츠보다는 전문성이 기반이 된 차별화된 특성을 지녀야 하며, 전문가 수준의 지식과 정보제공 능력 혹은 문화 콘텐츠 관련 특정한 기술을 보유하고 있어야 한다. 이에 폭넓게 범위를 적용해 보면 '전문 정보제공형'과 더불어 '콘텐츠제작형' 이 가능하다. 우선 '전문 정보제공형'은 집필, 강연, 컨설팅, 출판 등을 패키지로 묶어 제공할 수 있는 비즈니스, 자기경영, 노하우 전수(요리, 육아 등 생활 분야 포함) 분야의 1인 창조기업 유형이 가능하며, 원래 본인의 분야에서 두각을 나타내고 있는 회사원, 연구원, 프리랜서 그리고 와이프로거 등이 도전해 볼 수 있다. 다음으로 '콘텐츠제작형'은 문화 콘텐츠 분야의 다양한 전문기술을 전수하거나, 직접 이를 활용해 창작품을 만드는 것이 해당된다. 특히 전통 문화예술 분야의 장인들의 노하우가 담긴 창작품을 가공하여 디지털 콘텐츠 등으로 제작하는 1인 창조기업의 형태는 새로운 시도로 주목받을 수 있는 분야이다. 실제로 남도지역의 유명 서예가들이 쓴 글씨체를 가공하여 디지털폰트를 개발*하여 수익원을 얻을 수 있는 캘리그라퍼(Calligrapher)들은 이에 해당되는 대표적 사례라고 하겠다.

---

* 이렇게 개발된 디지털폰트들은 모바일, PDA, e‑Book, 방송, DMB 등의 폰트와 메신저, 블로그, 웹사이트 등의 이모티콘과 퍼스나콘 등으로 활용할 수 있음.

07

그린오션 시장, 디지털 교과서 판매와 대여

디지털 교과서 판매 및 대여 시장이 그린오션 시장으로 부상하고 있다. 미국의 경우, 대학 교재용 전자책 출판업체인 코스스마트(CourseSmart)가 2009년 8월 애프 아이튠즈(iTunes) 및 아이팟 터치를 통해 자사의 디지털 교과서를 활용할 수 있는 'eTextbooks for the iPhone' 애플리케이션을 발표했다. 이로써 인터넷 이용이 가능한 곳이라면 어디에서든지 아이폰과 아이팟 터치를 통해 코스스마트가 보유한 디지털 교과서를 이용할 수 있게 되었다.

온라인 교과서를 일반 종이책에 비해 50% 할인된 가격에 제공해 온 코스스마트는 美 온라인 교과서 시장의 30%를 차지하고 있는 대표적인 온라인 교과서 출판업체이다. 코스스마트는 이번 아이폰 애플리케이션 출시로 인해 일반 온라인 교과서 시장을 넘어 모바일 교과서 시장으로 사업 영역을 확대하게 되었다. 코스스마트는 아이폰과 아이팟 터치를 활용함으로써 별도의 단말기를 개발하지 않고도 인프라를 확보한 셈이다.

아이폰 및 아이팟 터치 이용자들은 코스스마트의 디지털 교과서를 구매하여 일정 기간 동안 구독할 수 있는데, 구독 기간은 기본적으로 6개월이며 만료 후 연장할 수 있다. 구매한 디지털 교과서는 아이폰 및 아이팟 터치에 다운로드받아 전용 프로그램으로 보거나 일반 웹 브라우저를 통해 온라인으로 이용할 수도 있다.

코스스마트의 디지털 교과서는 필기나 하이라이트 기능 등 기존 종이책이 지닌 여러 가지 장점을 유지하면서 검색이나 복사, 붙여넣기 기능을 비롯한 디지털 파일의 장점을 동시에 구현하고 있다. 교수나 강사의 경우 여러 가지 교과서를 미리 훑어보고 비교함으로써 교재 선택에 도움을 받을 수도 있다. 이러한 이유로 현재 수천 명의 강사와 교수들이 코스스마트의 디지털 교과서를 교재로 활용하고 있다.

코스스마트가 갖고 있는 가장 큰 강점은 콘텐츠의 방대함이다. 2009년 7월 주요 대학 교재 제공 업체들과 콘텐츠 제휴를 마무리함에 따라 코스스마트가 제공하는 디지털 교과서는 7,000여 권을 넘어섰다.

iPhone 및 iPod Touch에서 제공되는 CourseSmart의 e-Textbook*

킨들 시리즈로 전자책 단말기 분야를 석권하고 있는 아마존도 신형 Kindle DX를 출시하며 대학 교과서 분야에 본격적으로 뛰어들었다. Kindle DX의 화면은 기존 Kindle의 6인치보다 큰 9.7인치로 표나 그래프를 볼 때 보다 높은 가독성을 제공하여 대학교재 출판업자들의 관심을 끌 것으로 예상된다. Kindle DX는 큰 화면에 비해 두께는 1/3인치에 불과하며 단말기가 회전함에 따라 화면도 함께 회전하는 자동회전 스크린 기능도 갖추고 있다.

아마존은 신형 Kindle DX용 교과서를 출시하며 필기 및 하이라이트, 검색, 사전 기능을 지원하여 디지털 교과서의 활용성을 높일 예정이다. 온라인 접속을 통해야만 콘텐츠에 접속할 수 있는 코스스마트의 'eTextbooks for the iPhone'과 달리 단말기 자체에 구매한 전자책을 3,500여 권까지 저장할 수 있다는 것도 상대적 장점으로 꼽힌다.

기존 Kindle Store가 보유하고 있는 30만여 권의 전자책 외에 현재 Kindle과 Kindle DX를 통해 이용할 수 있는 디지털 교과서는 비즈니스, 의학, 공학 분야에 걸쳐 3,000여 권에 이른다. 아마존은 추가적인 디지털 교과서 확보를 위해 McGraw‑Hill Education과 제휴하여 비즈니스, 경제학, 과학, 수학, 인문학, 외국어, 사회과학 분야 디지털 교과서 100여 종을 추가 개발 중이라고 밝혔다.

최근 전자책 시장에 재진입한 세계 최대의 서점업체 반즈앤노블도 1986년 분리되었던 대학 서적 유통업체인 반즈앤노블 콜리지북셀러(Barnes & Noble College Booksellers)를 재인수했다. 반즈앤노블 콜리지북셀러는 미

---

* http://itunes.apple.com/WebObjects/MZStore.woa/wa/viewSoftware?id = 325230226&mt = 8&s = 143441

국 전역 대학에 624개의 서점을 보유하고 있으며 2008 회계연도 수익이 18억 달러에 이를 정도로 탄탄한 유통망을 갖고 있는 교과서 전문 서적 업체이다. 반즈앤노블은 콜리지 북셀러를 재인수함으로써 오프라인 교과서 유통망을 확충하는 것은 물론, 디지털 교과서 시장에서의 입지 강화에 나설 전망이다.

교과서 시장은 수요 특성상 경기 침체기에도 어느 정도의 시장 규모를 유지한다는 점에서 출판업체에는 매력적인 시장이다. 특히 최근 디지털 교과서 도입에 대한 논의가 활발해지면서 오프라인 시장의 상당 부분이 온라인으로 옮겨 갈 것으로 전망됨에 따라 디지털 교과서 시장은 전자책 업체의 블루오션으로 부상하고 있다.

디지털 교과서는 기존 오프라인 종이 교과서가 지닌 장점에다 온라인이 지닌 장점을 추가하면서 교수진으로부터 긍정적인 평가를 받고 있다. 디지털 교과서는 교과서 내용 외에 관련한 다양한 부가 콘텐츠를 멀티미디어 형식으로 제공함에 따라 학생들의 이해도를 높일 수 있다. 일반 소설책과 달리 교과서 내용은 항상 변한다. 디지털 교과서를 채택할 경우, 관련 내용이 업데이트될 때마다 교재에 자동으로 반영될 수 있다.

학생들 입장에서는 무거운 종이책을 휴대하는 대신 아이폰이나 킨들을 비롯한 디지털 교과서 단말 하나로 여러 권의 교과서를 휴대할 수 있고 가격 면에서도 기존 종이책보다 훨씬 저렴하다는 장점이 있다.

디지털 교과서가 지닌 이 같은 다양한 장점이 부각되면서 美 주정부 차원에서도 디지털 교과서 도입을 검토하는 사례가 증가하고 있다.

기존 온라인 교과서 대표 주자 코스스마트는 물론 전자책 업계의 강자인 아마존과 반즈앤노블이 앞다투어 디지털 교과서 시장에 진출하게 된 배경이 여기에 있다. 그러나 디지털 교과서 활용이 대중화되기까지는 상당한 시간이 소요될 전망이다. 무엇보다도 기존 종이책이 지닌 장점을 디지털 교과서가 얼마나 흡수할 수 있느냐가 관건이다. 실제로 코스스마트가 판매하는 아이폰 교재의 경우, 아이폰 화면 크기를 고려하지 않고 일반 종이책과 동일한 포맷의 교과서를 제공함으로써 이용자들이 불만을 제기하고 있다. 또한 아마존 킨들의 경우 단말기 가격이 비싼 편이다. 물론 전자책의 경우 종이책보다 가격이 저렴한 편이지만, 독자 표준 채택으로 인해 일반 PC와 호환이 지원되지 않는 단점이 있다.

디지털 교과서가 전자책만이 제공할 수 있는 본질적 가치가 보다 극대화될 수 있는 최적의 테스트베드(test‐bed)로서의 역할을 성공적으로 수행해내느냐의 결과에 따라 전자책과 디지털 교과서의 미래가 결정지어질 것으로 보인다.

대부분 100달러 이상씩 하는 대학교재 가격은 학생들에게 부담으로 작용해 왔다. 이에 따라 많은 학생들이 중고책이나 해외 구입을 통해 연평균 700~1,000달러의 교재비를 절감하려 하고 있다. 또한 학기말이 되면 구입했던 교재를 재판매함으로써 중고 교재 시장을 활성화시키고 이다. 이에 따라 출판사 입장에서는 학생들에게 새로운 판매 옵션을 제공하는 한편, 출판업자와 저자에게는 지속적인 판매 수입을 제공하겠다는 전략이다.

미국 대학 교재 가격은 1986년부터 2004년까지 거의 3배가량 인상됐다. 이는 연평균 6%가 증가한 것으로 물가인상률의 두 배에 달한다. 이에 따라 미국 의회는 교과서 가격 안정화에 힘쓰고 있다. 특히 2008년 교재 대여 시범 사업 지원을 위해 100만 달러의 보조금 지급 방안을 담은 고등교육법이 통과되면서 향후 교과서 대여 시장은 더욱 활성화될 전망이다.

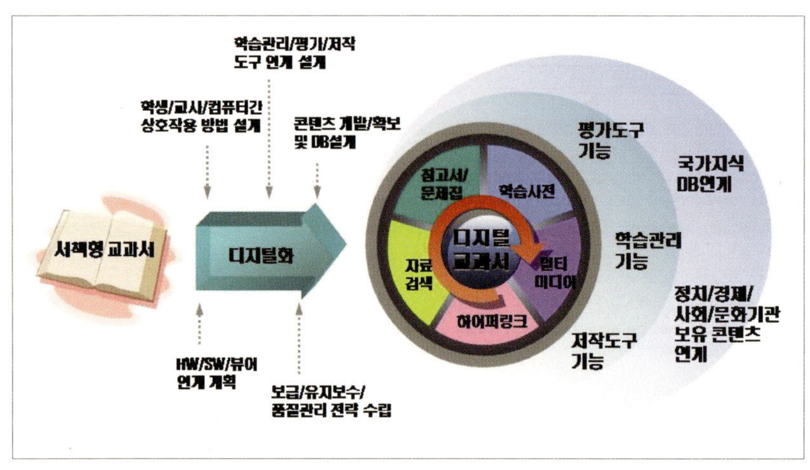

디지털 교과서의 개념(출처: 한국교육학술정보원, 2007)

한국의 경우, 2007년부터 디지털 교과서라는 개념이 사용되기 시작했다. 처음에는 형태적, 기능적 측면에 초점을 맞춘 '전자교과서'로 불리다가 2007년 이후 교과서의 교수학습적 측면의 기능이 강조되면서 디지털 교과서라는 용어가 널리 사용되었다. 교육과학기술부(2007)는 "디지털 교과서는 학교와 가정에서 시간과 공간의 제약 없이 기존의 교과서, 참고서, 문제집, 용어사전 등의 내용을 포함하고 이를 동영상, 애니메이션, 가상현실 등의 멀티미디어와 통합 제공하며 다양한 상호 작용 기능과 학습자의 특성과 능력 수준에 맞추어 학습할 수 있도록 구현된 학생용의 주된 교재"라고 정의 내리고 있다. 지난 2008년에 실시한 교과부의 <디지털 교과서 개발 비용 편익 분석(김정태, 2008)>에 따르면, 비용과 편익 요인들에 대해 각각 화폐가치화한 결과 2012년부터 매년 1조 원 이상의 편익이 발생하는 것으로 추정하고 있으며, 해마다 그 수치는 완만히 증가하는 것으로 예상하고 있다. 기존의 서책형 교과서와의 비용을 비교해 본 결과 교과서 콘텐츠 자체의 개발, 유통 측면에서 디지털 교과서가 저렴한 것으로 예상하고 있는 상황이다. 편익이 가장 크게 예상되는 도서벽지, 농산어촌 등 소외지역부터, 문제점을 최소화하여 점진적으로 추진할 필요가 있는 것으로 보고서에 나타났다.

08

전자출판을 둘러싼 합종연횡

전자출판 분야는 다양한 연관 산업과의 제휴을 통해 신성장동력을 창출할 것으로 기대된다. 전자출판 산업은 아마존 '킨들' 성공사례에서 보듯이 단순한 단말기 제조뿐 아니라, LCD 산업 등 연관 산업의 동반성장 동력으로 작용한다. 전자책은 출판 콘텐츠는 물론 무선데이터산업, 유통, 솔루션, 단말기제조사, IPTV 등 타 산업으로의 확장을 통해 신산업동력을 창출한다.

연관 산업에 대한 전자출판의 영향

구분	현황 및 전망
출판업계	• 전자책과 종이책의 공존과 점진적 대체 • 불법복제 리스크 있으나, 음반시장처럼 급격한 붕괴 가능성은 낮음 • 종이책 판매와 시너지 효과 창출 가능, POD 등 신규수익창출 기회
디스플레이 업계	• 국내 디스플레이 업계의 직접적 수혜는 없을 전망 • 대만 디스플레이 업계에 전자책 시장 성장의 수혜 집중 예상 • 국내 업체들의 E - Paper 연구개발 촉진 기대
신문 잡지 업계	• 전자책 단말기 등 휴대기기가 새로운 미디어 플랫폼으로 부상 • 원자재, 인쇄비, 운송비 등의 절감을 통한 수익성 개선 기회 • 내용구성, 광고 등에 있어 신문, 잡지업계의 통제력 약화 가능성
서점업계	• 인터넷 서점의 비중 확대 추세 강화 • SNS, 커뮤니티 등과 결합해 특정 분야의 전자책을 판매하는 전문화된 서점 출현 가능
통신업계	• MVNO 활성화와 데이터 수익 증대

출처: 산은경제연구소(2009. 12).

첫째, 출판업계에 미치는 영향을 보면 완전대체가 아닌 e - Book과 종이책의 공존이 예상되며, 종이책 판매와의 시너지 효과도 기대된다고 하겠다.

e - Book과 종이책의 불완전한 대체성으로 인해 두 시장은 공존하는 형태가 지속될 것이며, 대체속도도 MP3와 음반시장의 경우보다 훨씬 점진적으로 이루어질 것으로 예상된다. e - Book 판매수익 획득 및 종이책 판매 확대를 통한 수익 증대 기회가 존재하기 때문이다.

유통업체들의 적극적 콘텐츠 확보전략으로 출판업계에 우호적인 수익배분 구조 형성이 기대된다. 예컨대 인터파크는 계약유형에 따라 출판사의 몫으로 50~70%를 제공한다. e - Book 구매가 종이책 구입으로 연결되는 경우가 많고, e - Book을 무료 또는 저가에 제공한 이후 같은 시리즈 또는 작가의 종이책 판매가 증가하는 경우도 있어 E-Book과 종이책 판매의 시너지 효과 창출이 가능하다. 랜덤하우스의 독립 출판 브랜드인 델 레이는 나오미 노빅의 소설 <테메레르(Temeraire)> 시리즈 중 1권을 무료 배포한 후 나머지 책의 판매가 1,000% 이상 증가하는 효과를 얻었다.

불법복제 리스크가 존재하나 음반시장과 같은 급격한 붕괴의 가능성은 낮다고 하겠다. e-Book 역시 디지털 자료의 특성상 복제 및 전송이 용이하고 확산 속도도 빠를 뿐 아니라, 어떠한 보안기술을 적용하더라도 불법복제의 가능성은 존재한다. 그러나 e-Book 시장은 DRM 기술의 적용, 종이책의 절대적 비중과 e-Book의 점진적 성장, 소비패턴의 특수성 등을 고려할 때 과거 음반 및 영상 부문이 겪었던 급격한 붕괴의 가능성은 낮다고 하겠다.

MP3, 영상 다운로드 서비스가 처음 출현했던 당시와 비교해 저작권 보호를 위한 DRM 기술이 많이 발전하였고, 현재 출판업계는 철저한 DRM 적용을 고수하고 있어 불법복제의 확산 가능성이 상대적으로 낮다. 종이책의 비중이 절대적이고, 점진적인 대체가 이루어지는 상황에서 e-Book 불법복제가 출판업계에 미치는 충격이 과거 음반시장의 경우처럼 급격하지는 않을 것으로 보인다. 음악과 영화가 짧은 시간에 가볍게 이용할 수 있는 특성을 갖는 반면, 책은 비교적 오랜 시간에 걸쳐 소비되고 수요자 기반도 음악이나 영화에 비해서는 좁기 때문에 불법복제의 빈도나 확산 속도 역시 더 낮을 것으로 예상된다.

POD(Publish on Demand) 서비스 등 새로운 수익창출 기회가 존재한다. E-Book은 에스프레소 북 머신을 통해 책을 즉석에서 제작·판매하거나, 독자가 원하는 특정 부분만 프린트 또는 e-Book 형태로 판매하는 등의 POD 서비스를 가능하고 용이하게 한다. 책의 분량이나 최소시장 규모에 대한 제약이 완화되고, 멀티미디어 기능 활용도 가능해져 출판물의 다양화를 유도한다.

전자책 직접출판(e-Book Only Publishing)이 증가하나 비중은 크지 않을 전망이다. e-Book으로 제작할 경우 적은 비용으로 간단하게 책을 출간할 수 있게 되어 무명작가 등에 의한 전자책 직접출판이 증가할 것으로 예상된다. 바로북의 '아이작가', 디지털교보의 '인디라이터 출판' 등을 통해 현재도 이루어지고 있다. 그러나 e-Book 대비 종이책의 비중이 월등하고, e-Book 출판 이후 종이책 출간으로 이어지는 경우도 많아 출판업계에 대한 위협은 크지 않을 것으로 보인다.

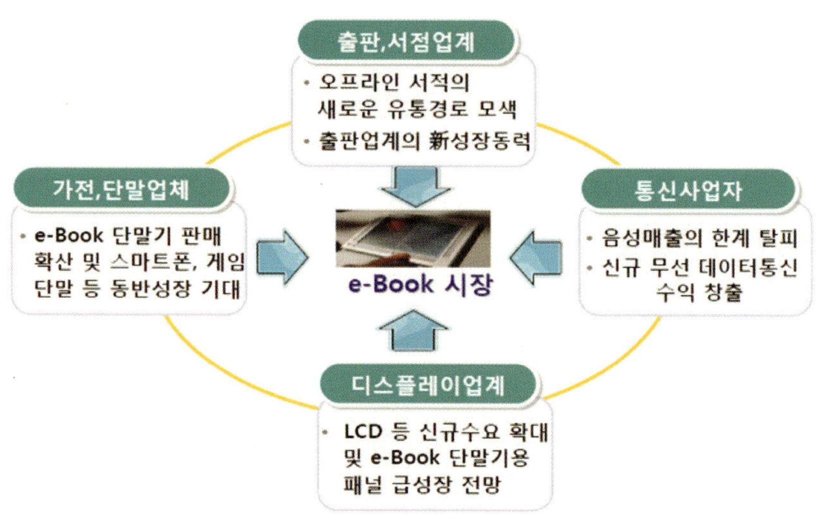

전자책 시장을 둘러싼 진입구도(KT경제경영연구소, 2009)

둘째, 디스플레이 업계에 미치는 영향을 보면 국내 디스플레이 업계의 수혜는 미미할 것으로 전망된다. e-Book 단말기 원가 중 가장 큰 비중을 차지하는 e-Paper의 경우, 현재 해외 업체들이 주도하고 있어 국내 업계의 직접적인 수혜는 없을 것으로 예상된다. 국내에 출시된 e-Book 단말기들도 모두 e-ink로부터 e-Paper를 조달한다. PVI(e-ink의 모회사), AUO(Sipix의 모회사) 등 대만 업체들이 e-Paper 핵심기술을 바탕으로 E-Paper 시장을 리드하고 있어, 향후 e-Book 시장 성장의 수혜가 집중될 전망이다.

국내 디스플레이 업계의 기술개발이 촉진될 것으로 보인다. 국내의 경우에도 삼성전자, LG디스플레이 등이 e-Paper 개발을 추진하고 있으나, 주로 해외에서 선행개발 된 원천기술을 활용한 디스플레이 모듈 개발에 치중되어 왔다. e-Book 시장의 성장으로 삼성전자와 LG디스플레이뿐만 아니라 국내 LCD 부품·소재업체들도 e-Paper 연구·개발을 가속화하고 있다.

셋째, 신문 및 잡지 업계에 미치는 영향을 보면 미디어산업의 플랫폼 변화와 수익성 개선 기회가 마련될 것으로 보인다. 신문과 잡지의 디지털화가 일반 책보다 더 빨리 진행될 것으로 보이며, e-Book 단말기 등 휴대기기는 종이신문과 잡지를 대체하는 새로운 미디어 플랫폼으로 부상할 것으로 예상된다. 신문·잡지업계는 출판 시장보다 더 심각한 침체상황에 직면해 있다. 매일 또는 매주 주기적으로 발간, 배송되어야 하는 신문과 잡지의 특성상 e-Book으로의 전환에 더욱 적합하다고 하겠다. 원자재, 인쇄비, 운송비 절감 등을 통한 수익성 개선 기회가 될 전망이다.

내용구성이나 광고 등에 있어 통제력 약화가 예측된다. e-Book 단말기가 새로운 플랫폼이 될 경우, 내용구성이나 광고 등에 있어 신문, 잡지 업계의 통제력이 약화될 가능성이 있다. 최근 세계적인 미디어 그룹인 머독의 회장이 삼성전자, LG전자, 소니, 후지쯔 등을 방문해 e-Book 단말기 협력에 관해 논의한 것도 아마존을 견제하고 플랫폼에 대한 영향력을 확보하려는 노력으로 읽힌다.

넷째, 서점업계에 미치는 영향을 보면 인터넷 서점의 비중 확대 추세가 강화될 것으로 예상된다. 인터넷 서점의 전체 서점시장 내 비중은 가격경쟁력과 전자상거래 활성화에 힘입어 2002년 9.7%에서 2008년 31.9%까지 확대되었다. e-Book 시장의 성장은 인터넷 서점의 비중 확대 추세를 강화할 것이다.

특정 분야에 전문화된 서점이 출현할 것으로 기대된다. 기존 종이책 시장에서는 재고, 물류비용 부담과 공간의 제약으로 특정 분야에 전문화된 서점이 출현하기 어려웠다. e-Book으로 이러한 제약이 해소됨에 따라 특정 분야에 대한 SNS, 커뮤니티 등과 결합해 e-Book을 판매하는 전문 서점 출현이 가능해질 것이다.

다섯째, 통신업계에 미치는 영향을 보면 MVNO 사업을 통한 데이터 수익 증대가 기대된다. 수익정체에 직면해 있는 통신업계 측면에서 음성 매출 중심의 수익구조에서 탈피, 데이터 수익 증대가 가능하다. e-Book은 국내 MVNO 사업의 첫 사례로서 향후 다양한 분야로 MVNO가 확산되는 계기가 될 전망이다.

스프린트 넥스텔, AT&T 등 통신사들은 무선데이터 수익 증대를 위해 e-Book 사업에 진출하고 있다. 통신사들은 무선망을 e-Book 업체에 임대하는 MVNO 사업을 통해 무선 데이터 수익 증대를 추구하고 있다.

일부 업체들은 통신사 중심의 e-Book 생태계 구축을 위해 자체 단말기 출시를 검토 중이며, 휴대폰에 e-Book Viewer 탑재를 통한 모바일북 사업도 추진 중이다.

단말기사업자가 직접 MVNO(가상이동통신망사업자)가 되어 터미널-애플리케이션 플랫폼을 구축하는 사례가 증가하고 있다. 아마존이 대표적인데, 킨들 본체에 탑재된 아마존 위스퍼넷(Amazon Whispernet)을 통해 콘텐츠의 다운로드를 용이하게 하고 있다.

국내에서도 MVNO를 매개로 이통사-관련 기업 간 원원모델이 나타나고 있는데, KT는 2009년 9월 교보문고와 전자책 사업에 관한 양해각서(MOU)를 체결했다. SK텔레콤도 전자책 관련 업체와의 데이터 MVNO를 추진하고 있으며, LG텔레콤은 인터파크와 데이터 네트워크 제공 계약을 체결했다.

그동안 아마존이 독점적으로 장악하고 있었던 전자책 시장의 지형에 새로운 변화가 예상되고 있다. 2009년 3월, 소니가 구글과의 제휴를 통해 총 50만 권의 무료 도서를 제공하기로 결정한 데 이어 2009년 4월에는 반즈앤노블도 블랙베리 제조사인 RIM과의 제휴를 통해 약 6만 권의 도서를 제공하겠다고 발표하는 등 전자책 시장 내 새로운 경쟁구도가 형성되고 있다.

소니가 구글과 전략적 파트너십을 체결한 가장 큰 이유는 콘텐츠 부분의 강화 때문이다. 즉 소니는 이번 제휴를 통해 아마존에 비해 강력한 콘텐츠 라인업을 구성하고 이를 무료로 제공함으로써 서비스 차별화를 시도한다는 전략이다. 소니는 구글이 제공하게 된 퍼블릭 도메인 도서 50만 권을 포함해 자사 리더기를 통해 총 60만 권의 책을 무료로 제공할 수 있게 되었는데, 이는 아마존 킨들의 24만 5천 권보다 약 2배가 넘는 분량이다. 게다가 제휴사인 구글은 2009년 기준 구글 북서치에 1,000만 권에 달하는 방대한 분량의 서적을 스캔데이터로 보관하고 있어, 향후 이들 콘텐츠의 저작권 문제가 해소될 경우 초기 제공분인 50만 권 이외의 더 많은 콘텐츠가 소니 리더를 통해 제공될 가능성이 있다.

한편 2009년 전자책 시장에 재진입한 美 최대의 서적 판매 업체 반즈앤노블 역시 최근 전용단말 누크를 선보이며 아마존 킨들 모델에 도전하고 있다. 아마존을 능가하는 전자책 콘텐츠를 보유한 반즈앤노블은 2010년 출시 예정인 Plastic Logic 단말과도 제휴를 체결했다고 밝힘에 따라 풍부한 콘텐츠와 다양한 전용단말을 무기로 전자책 시장을 공략해 나갈 것으로 보인다.

전자책 관련 이종업체 간의 협력 사례

업체		내용
Google (콘텐츠)	SONY (단말기)	구글이 디지털화한 자유이용저작물 총 50만 권을 소니에 제공
(단말기) / verizon (통신)	SIMON & SCHUSTER (콘텐츠)	버라이즌은 애플에 대한 협력을 검토, 사이먼앤 슈터스 등의 출판사들은 10만 편 이상의 콘텐츠를 애플에 제공
BARNES&NOBLE (콘텐츠)	RIM (단말기)	반즈앤노블은 블랙베리에서 사용 가능한 무료 전자책 리더 애플리케이션을 출시
HEARST corporation (콘텐츠)	PLASTIC LOGIC (단말기)	허스트는 신문·잡지에 최적화되고 광고도 넣을 수 있는 단말기로서 터치스크린을 차용한 '플래스틱로직리더'를 유력한 후보로 선정

그러나 Sony - Google, Barnes & Noble - Nook로 대표되는 경쟁사들의 연계 전략에도 불구하고 전자책 시장에서 아마존의 입지는 당분간 쉽게 흔들릴 것 같지 않다는 것이 대다수 전문가들의 평가다. 전문가들은 그중 가장 큰 이유로 아마존의 수익 모델이 타 경쟁사에 비해 상대적으로 높은 수익성을 기대할 수 있는 구조를 형성하고 있기 때문이라고 지적한다. 소니가 무료 콘텐츠에 기반을 둔 소니 리더 단말기 판매 확대 전략을 채택하고 있는 것에 반해 아마존은 하드웨어인 킨들 판매는 물론 전자책 콘텐츠 판매를 통해 수익성 확보에 주력한 비즈모델을 채택하고 있기 때문이다. 비교적 고가의 신간 서적에 돈을 아끼지 않는 고객이라면, 무료 콘텐츠 제공으로 어필하는 소니보다는 비록 권당 10달러를 지불해야 하나 신간 서적을 발 빠르게 구매할 수 있는 아마존 킨들 이용을 더 선호할 가능성이 높기 때문이다. 동시에 소니처럼 지나치게 방대한 분량의 무료 콘텐츠를 제공하는 것은 오히려 유료 콘텐츠 매출 증가를 저해할 수 있다. 또한 인지도와 콘텐츠, 단말을 두루 갖춘 반즈앤노블은 최근 아마존의 최대 경쟁사로 부상했음에도 불구하고 아마존이 선두업체로서 이미 시장의 상당 부분을 잠식하고 있다는 점에서 단기간에 아마존을 따라잡기는 쉽지 않아 보인다.

09

전자출판 사업자의 비즈니스 전략 포인트

최근 출판 산업구조의 변화 원인은 디지털 기술과 인터넷의 발전으로 미디어산업의 진입장벽이 현저히 낮아졌기 때문이다. 진입장벽이 완화되면서 이종산업 간의 경계가 모호해지고 각 분야의 지배적 사업자들이 경쟁적 협력관계를 구축하고 있다. 이처럼 달라진 미디어 환경하에서 기업의 경쟁은 '소비자 접점의 장악'과 '소비자 시간점유율의 극대화'에 초점이 맞추어져 있다. 하지만 소비자를 사로잡는 것은 결국 콘텐츠이다. 따라서 다양한 콘텐츠와 유통채널을 확보하기 위해 거대 미디어기업들이 사활을 걸고 경쟁하는 양상을 보이고 있다.

전체 출판 콘텐츠 시장의 파이가 크게 증가하지 않는 상황에서 새로운 미디어·서비스의 등장은 그만큼 시장에서의 치열한 경쟁을 가속화시킬 가능성이 높다. 기존의 사업자는 사업자대로, 새로운 사업자는 사업자대로 소비자를 조금이라도 더 많이 확보하려 하기 때문에 경쟁은 불가피하다.

이미 출판기업들은 전자출판 시장의 주도권을 잡기 위해 네트워크 인프라를 확보하는 데 집중하고 있다. 네트워크 인프라의 고도와, 고속화, 고품질화가 선행되어야 그 위에 콘텐츠를 얹을 수 있기 때문이다. 따라서 융합시대에 생존할 수 있는 출판기업은 탄탄한 네트워크 인프라를 바탕으로 양질의 콘텐츠를 확보한 기업이다.

3융합미디어가 보편화되는 시점에서 사용자들은 자신이 원하는 콘텐츠를 장소와 시간에 구애받지 않고 접하고자 하는 욕구가 높게 나타나기 때문에 기업은 보다 질 좋은 콘텐츠를 보다 빠르고 편리하게 제공해야 한다. 결국 전자출판미디어의 성공은 킬러콘텐츠의 안정적인 확보에 있다고 하겠다.

이른바 개방과 공유, 참여와 소통이라는 새로운 미디어 시대를 의미하는 2.0패러다임은 출판미디어기업의 혁신을 요구하고 있다. 이 혁신은 조직의 변화뿐만이 아니라 고유하게 쌓아 온 인식과 전통의 해체를 의미한다. 2.0시대에 출판기업이 적응하고 생존하기 위해서는 가치창출의 핵심요소인 관심을 효과적으로 이끌어 낼 수 있어야만 한다. 따라서 출판기업은 개방·참여·공유라는 미디어2.0시대의 특징을 정확하고 풍부하게 구현해야 한다. 하여 출판미디어2.0의 가치를 창출하는 세 가지 원천에 주목할 필요가 있는데, 다음과 같다.

첫째, 누설(revelation)이다. 출판 콘텐츠가 가치 있음을 밝혀 '관심'을 촉발해야 한다는 것이다(publishing 2.0). 우선 수용자의 호기심을 유발해야만 선택(참여)을 이끌어 낼 수 있다. 둘째, 결집(aggregation)이다. 많은 양의 소수 출판 콘텐츠를 모으고 집중해야 한다는 것이다(distribution 2.0). 수용자의 다양한 관심에 부응해야만 함께하게 되는 것(공유)이다. 셋째, 유연적응성(robustness)이다. 오프라인과 온라인 간 상호 연동, 표준화, 확장 등을 통해 가치를 창출해야 한다는 것이다(infrastructure 2.0). 수용자의 접근이 쉽도록 열린 플랫폼이어야 한다(개방).

미디어2.0 환경에서는 플랫폼이 중요하다. 아고라는 이를 체험으로 알게 해 준다. 그야말로 'Content is King, Media is Kingdom'인 것이다. 미디어1.0시대에는 '콘텐츠'가 최고였다. 하지만 미디어2.0시대에는 '플랫폼(미디어)'이 핵심적 역할을 수행하고 있다. 콘텐츠는 플랫폼, 미디어를 자유로이 옮겨 다닐 뿐이다. 여기서 플랫폼(미디어)은 광장이 된다. 이용자가 자신이 생산한 정보 및 콘텐츠를 다른 이용자와 공유하고 출판기업의 정보 및 콘텐츠 생산에도 관여하는 광장이 되는 것이다. 사회 구성원은 미디어를 통해서 (일방향의) 일대다 커뮤니케이션을 하는 것이 아니라 미디어에 모여서 일대일, 일대다, 다대다 등 여러 형태로 양방향 커뮤니케이션을 하게 된다.

미디어2.0환경에서 미디어 기업들은 다음과 같은 핵심역량(core competences)을 요구받고 있다. 첫째, 속도의 경제학(economies of speed)이다. 얼마나 빠르게 생산하고 시장과 소비자의 변화에 얼마나 빠른 속도로 대응하느냐가 중요한 가치를 갖게 된다. 미디어2.0환경에서는 경쟁자보다 발 빠르게 시장과 소비자가 원하는 것을 파악하고 대응하며 변화하는 것이 필요하다. 둘째, 범위와 규모의 경제학(production economies of scale and scope)이다. 미디어2.0환경에서는 얼마나 많은 이용자(규모의 경제)와 얼마나 다양한 이용자(범위의 경제)가 참여하고 공유할 수 있는가가 중요한 가치가 된다. 셋째, 상호 연결된 프로슈머(connected prosumers)이다. 생산과 소비라는 두 가지 행위 모두에 참여하는 이용자인 프로슈머가 얼마나 밀접하고 조화롭게 상호 연결되어 있는가 하는 점도 미디어2.0환경의 가치를 좌우하게 된다. 프로슈머의 연결망이 밀접하고 촘촘할수록 창출되는 가치 역시 눈덩이처럼 불어나게 되는 스노우볼 효과(snowball effect)

가 발생한다. 넷째, 퍼스널 미디어(personal media)가 중요하다. 미디어2.0 시대에 퍼스널 미디어는 가치창출을 위한 새로운 수단이 될 수 있으며, 정보 및 콘텐츠의 가격변화(switching costs)에도 영향을 미치게 된다. 다섯째, 마이크로 퀄리티(microquality)이다. 미디어2.0환경에서 상품은 매스 마켓이 아닌 니치 마켓에서의 품질이 보다 중요한 가치를 얻어 가고 있다. 미디어2.0환경은 다양한 참여자가 존재하는 환경이며 동시에 이들의 다양한 욕구가 반영되는 시장이기 때문에 여러 형태의 니치 시장이 존재할 수 있다. 따라서 니치 마켓에서의 품질이 보다 중요한 가치를 얻어 가게 된다.

미디어2.0환경에서는 상대적으로 많은 정보 및 콘텐츠가 시장에 나오게 된다. 미디어산업의 가장 중요한 법칙은 '관심은 드물다(attention is scarce)'는 것이다. 미디어가 성장할수록 수용자의 관심은 절대적으로 부족한 것으로 간주되어 왔다. 그러나 관심은 상대적인 개념이다. 사실 오랫동안 관심은 풍부하게 남아 있었다. 긴 꼬리(long-tail)의 무한한 생명력이 이를 증명한다. 그 꼬리 중 하나를 찾아내는 것이 치열한 출판 비즈니스 세계에서 승자가 되는 길이다.

10

서점의 무한변신, 서점은 책만을 파는 곳이 아니다

로맨틱 코미디인 <유브갓메일(You've Got Mail)>의 주 무대로 잘 알려진 대형 서적 유통업체, 반즈앤노블(Barnes & Noble). 반즈앤노블은 디지털 환경에서 서점, 출판업계가 어떻게 변화에 대처해야 살아남을 수 있는지에 대한 모델을 제시해 준다. 변화의 시작은, 기존에 책을 파는 장소로만 인식되었던 서점을 새로운 공간으로 바꾸는 것이었다. 반즈앤노블은 그들이 제공하는 서비스의 범위를 재규정하여 자신들이 판매하는 제품을 새롭게 정의했다. 단순한 책에서 독서와 지적 탐구의 기쁨으로 발전시켜 책 읽기와 학습을 즐겁게 하는 환경을 만들기 위해 라운지를 설치했다. 그리고 책과 관련 폭넓은 지식을 가진 직원을 고용하고, 편안하게 시간을 보낼 수 있도록 환경을 조성했다. 사람들 간 '만남'이라는 화두를 서점에 접목시켜 냈다.

반즈앤노블의 어린이책 코너는 다른 서점들과는 특별한 차이가 있다. 서점이라기보다는 아이들 놀이터에 가깝다. 카펫이 깔려 있어 꼬마들이 뒹굴며 놀 수 있다. 이 책 저 책 꺼내서 어질러 놓아도 나무라는 사람은 없다. 나중에 직원이 조용히 제자리에 갖다 놓는다. 아이들이 좋아하는 상품은 부모의 구매 욕구를 자극한다. 실제로 반즈앤노블에서는 아이가 집어 든 책을 외면하는 부모는 거의 없다. 게다가 아이가 책과 노는 틈에 자기가 볼 책을 골라 사기도 한다. 아이세대와 부모세대의 구매를 동시에 이룰 수 있는 일석이조의 효과를 얻을 수 있다.

1980년대 이미 미국 서점 시장은 포화상태에 도달했고, 미국인의 평균 독서량도 줄어서 대형 서점은 점차 쇠퇴하는 업종으로 평가됐다. 그러나 이러한 쇠퇴에 대항하여 반즈앤노블은 책이라는 제품과 더불어 고객만족을 위한 다양한 서비스를 하나의 패키지로 만들어 제공하는 새로운 슈퍼스토어 형태를 기획했다. 기존의 전통 서점은 단순히 책을 파는 것에만 관심을 기울였다. 그러나 반즈앤노블이 중점을 둔 것은 소비자의 경험, 즉 학습과 발견에서 얻어지는 삶의 즐거움이었다.

서점 곳곳에 배치된 안락한 의자와 책상은 물론 서점 안에 입점되어 있는 스타벅스에서 흐르는 잔잔한 음악과 커피, 다과를 즐기며 책을 읽을 수 있게 함으로써 고객의 호응을 얻었다. 좀처럼 책을 읽지 않는 사람들마저 반즈앤노블을 만남의 공간으로 여겨 즐겨 찾게 함으로써 단순한 서점의 차원을 넘어 문화를 즐길 수 있는 장소로 재탄생하였다. 결국 이러한 고객중심 경영이 반즈앤노블을 쇠퇴기 사업에서 탈출하여 온라인서적사이트에서도 좋은 반응을 얻게 되는 고성장기업으로 탈바꿈시켰다.

반즈앤노블이 성공한 이유는 무엇일까. 반즈앤노블의 가치혁신은 서점이라는 공간의 보편화된 서비스와 고정관념을 변화시키면서 이루어졌다. 반즈앤노블이 내세운 서비스의 재규정과 판매하는 제품에 대한 새로운 정의는 기존 서점과의 차별화를 이루었다. 반즈앤노블은 고객들이 책을 구매하기 전후 과정을 면밀히 분석해 새로운 서비스를 기획했다. 서점을 지적 공간으로서의 학습환경, 편안한 독서공간으로서 서비스개념을 재규정하면서 단순히 일방향적인 서비스를 제공하는 장소가 아닌 고객과의 감성교류를 추구하는 공간으로 바꾸어 낸 것이다.

이와 같은 보완적인 서비스로 반즈앤노블 매장은 단순히 책을 구매하는 장소가 아니라 즐거움을 주는 공간으로 변모한 것이다. 또한 일방적인 서비스 제공에서 벗어나 고객과의 커뮤니케이션을 이루면서 고객의 불만족을 상당 부분 감소시킬 수 있었으며, 편안한 독서환경, 서점 내 카페 공간까지 만들면서 젊은 세대의 감성과 니즈를 만족시킬 수 있었다.

게다가 미국 최대 규모의 오프라인 매장을 기반으로 온라인 시장에 진출하면서 온라인과 오프라인이라는 두 가지 유통경로의 장점을 모두 가질 수 있어 시너지효과를 창출하였다. 온라인 시장의 진출은 젊은 층의 접근과 이용을 높일 수 있는 기회였다.

이러한 전략을 시행하면서 6년이 안 되는 시간 내에 650개 이상의 대형 서점을 보유하게 되었고, 반즈앤노블은 미국 내 최대 규모의 서적 유통업계로 급성장하였다. 또한 1997년 인터넷 서점인 반즈앤노블닷컴(bn.com)의 오픈으로 오프라인 시장에서 온라인 시장으로 확장·진출하였다. 모회사를 기반으로 기존 시장과의 차별화된 홍보전략을 구사하여 성공적으로 진입하면서 오프라인의 명성을 온라인까지 재현·유지하게 된 셈이다.

반즈앤노블은 제공하는 서비스의 범위를 재규정해 블루오션을 창출했다. 책을 읽기 위한 일차원적인 서점방문 목적에서 독서와 지적 탐구의 기쁨을 위한 목적으로 전환하기 위하여, 새로운 환경을 조성하였다. 스타벅스에서 잔잔한 음악과 커피를 즐기면서 책을 읽을 수 있도록 하였고, 가족단위의 내방객들이 편하게 책을 고를 수 있는 편의시설 등을 추가하였다. 서서 책을 보는 고객들을 위한 안락한 의자가 매장 곳곳에 배치되었고, 숨 막힐 듯한 빽빽한 서가, 먼지 냄새 가득한 답답한 공간, 서서 책을 보면서 아파 오던 다리 등 작지만 중요한 고객의 불편사항들이 즉각적으로 제거되었다. 이미 여기에서 구매자의 효용성에 대한 철저한 분석이 시행된 것이다. 이를 통해 반즈앤노블은 '문화의 공간'이라는 다른 이름을 얻게 되었다.

'지금 내가 하고 있는 것은 사양산업이니, 다른 업종을 찾아볼까?'라고자책하는 기업에 주는 시사점은 크다. 지금 상황에서 새로운 업종을 찾는 것보다는 현재 기업이 가지고 있는 보완적 제품과 서비스를 찾는 것이 더욱 경제적인 전략이기 때문이다.

아직 개척되지 않은 가치는 흔히 보완적 제품이나 서비스에 숨겨져 있다. 중요한 것은 제품이나 서비스를 선택할 때 구매자들이 찾는 토털 솔루션을 규명하는 것이다. 간단한 규명법은 상품 사용 전, 사용 중 그리고 사용 후에 어떤 일이 생기는지 생각해 보는 것이다. 그리고 이를 보완적 제품이나 서비스를 통해 제거해 나가는 것이 전략의 핵심이라고 할 수 있다.

현재 출판 산업은 레드오션에 빠져 있다고 해도 과언이 아니다. 시장은 성장의 징체와 함께 사업자 간 경쟁의 심화로 전형적인 레드오션의 형태를 보이고 있는 분야가 되어 버린 것이다.

이제 블루오션을 찾아 떠날 선박의 닻을 올려야 한다.

경쟁과 무관한 새로운 시장을 창출하기 위한 블루오션 전략은 누구나 이해하기는 쉽지만 성공적인 적용을 위해서는 다양한 절차와 방법이 필요하며 최고경영자에서부터 일반 직원까지 변화와 혁신에 대한 공감대가 이루어져야 한다.

지금 출판업은 전자출판시대라는 새로운 환경 앞에 서 있다. 블루오션이 펼쳐지고 있다. 출판업자들도 변화와 혁신을 위한 조직 및 방법을 도입하고는 있지만 아직까지는 기업문화나 프로세스 혁신 등 내부 효율성 부분에 치중하고 있으나 지속적인 성장을 유지하기 위해서는 블루오션 전략의 도입을 통해 고객가치를 기반으로 하는 새로운 시장창출에 집중해야 한다. 여기에 미래를 선점할 수 있는 솔루션이 있는 것이다.

⬡ **11**

출판업계의 새 활로, 온라인에서 '꺼리'를 찾자

인터넷에서 아이디어를 찾고 비즈니스 아이템을 구하는 건, 더 이상 낯선 풍경이 아니다. 이러한 다양한 풍경 중 최근 인쇄출판업계가 주목해야 할 새로운 전경(全景)이 펼쳐지고 있는데, 네티즌들 사이에서 호응이 좋았던 소설이나 만화 같은 인터넷상의 콘텐츠가 단행본으로 출간되어 베스트셀러가 되고, 영화로 제작되어 흥행기록을 달성하는 현상이다.

얼마 전까지도 책에 담겨 있던 내용이 영화의 시나리오나 인터넷의 콘텐츠로 모습을 바꾸는 것이 일반적이었다. 하지만 근자에는 처음부터 인터넷상에서 독창적인 콘텐츠가 만들어지고 있다. 그래서 문화산업 기획자들이 '대박'을 찾아 매일 인터넷을 뒤지는 상황이 되었다. 요즘 편집자들은 새로운 필자들이 사이버 공간에서 자라고 있는 현실을 중시한다. 출판도 IT산업 못지않게 늘 새로운 것을 원한다. 그래서 요즘 시대에 들어맞는 새로운 출판 코드가 무엇인지 감을 잡기 위해서는 신세대의 놀이공간인 인터넷 공간을 들여다보아야 하는 것이다.

온라인 소설의 흥행은 더 이상 낯선 풍경이 아니다. 단순한 일과성 유행이 아닌 구조화된 현상이라는 점에 주목할 필요가 있는 것이다. 여기에는 나름대로의 공식들이 자리하고 있는데, 요컨대 이들 모두가 정식 등단 절차를 거치지 않은 아마추어 작가들의 작품이라는 점 그리고 온라인에서 인기를 얻은 다음 오프라인으로 진출해서 책·영화·만화 등 다양한 상품으로 개발·출시됐다는 점 등이 그러하다. 한 개의 히트 상품을 다양하게 변형하고 포장해서 시장을 공략해 나가는, 이른바 OSMU는 이제 문화자본의 새로운 마케팅 전략으로 완전하게 자리를 잡았다.

‘온라인에서 뜨는 작품은 오프라인에서도 먹힌다.’는 것이 출판·영화 업계의 정설로 받아들여질 정도이다. 영화 분야의 경우 몇 가지 성공사례를 보여 준다. 영화사들이 판권을 확보한 온라인 소설의 영화 제작을 서두르고 있는 것은 물론 새로운 소설 발굴에 박차를 가하고 있다.

대중의 기호와 트렌드를 재빨리 읽어 내는 영화계는 인터넷 작가들과 판권 계약을 서두른 뒤 영화를 개봉, 엄청난 수익을 냈다. 예컨대 2001년 인터넷 소설을 원작으로 한 <엽기적인 그녀>가 500만 명의 관객을 동원한 데 이어 <동갑내기 과외하기>의 관객이 500만 명을 넘는 기록(개봉 4주간 관객동원 1위, 6월 비디오대여순위 1위)을 달성했다. 이 작품들은 해외에 수출까지 하는 성과를 냈다. 이 외에도 인터넷 작가로 명망을 떨친 귀여니의 소설인 <늑대의 유혹>, <그 놈은 멋있었다> 등도 청춘스타들을 기용해 영화로 제작되었다. 이러한 성공은, 주연배우들의 탁월한 연기, 사실적인 대사, 인터넷 세대를 겨냥한 모바일 마케팅 등 다양한 흥행 요인이 있지만 원작의 매력과 높은 인지도를 빼놓을 수 없다. 온라인 소설은 주인공 대부분이 10대 후반~20대 후반으로 영화 핵심 관객층과 연령대가 일치한다. 판권료는 1,000만 원 내외이다. 오리지널 시나리오의 1/3분에서 절반 수준이다.

‘마이클럽’에 연재된 <옥탑방 고양이>는 미니시리즈로 각색돼 온라인 소설로는 처음으로 안방극장에 데뷔했다. 동거남과 결혼에 골인한 원작자인 김유리는 동거라는 묵직한 주제를 인터넷 매체의 특성을 살려 소프트하고 코믹하게 버무려 내 일약 스타작가 반열에 올랐다. 그녀는 드라마 방송 시기에 맞춰 두 권짜리 책을 출간했다.

상황이 이렇게 돌아가다 보니, 기성작가들도 나름대로의 방향전환을 모색하고 있다. 우선 미국의 경우, 2000년 스티븐 킹(Stephen King)에 의해 온라인 소설이 본격화됨으로써 그 가능성을 열었다.

2000년 3월 미국 공포소설 작가인 킹이 온라인 소설로 발표한 <라이딩 더 불릿>은 발매 첫날에만 40만 명이 넘는 독자가 동시에 인터넷 사이트에 접속해 마비 사태를 불러일으킬 정도였다. 당시 그의 실험은 대성공을 거뒀다는 평을 받았다. 킹 자신을 비롯해 존 그리셤(John Grisham) 등 미국의 대표적인 인기 작가들의 종이책이 출간 첫날 3~7만 5,000부가량 판매되는 추세에 비하면 엄청난 수준이었기 때문이다. 이어 킹은 같은 해 11월 자신의 웹사이트에서만 판매하겠다며 또 다른 온라인 소설 <플랜트>의 연재를 시작했다. <플랜트>는 출판사와 이익을 나눠 갖지 않고 작가가 직접 출판한 첫 책으로 눈길을 끌었다. 그는 독자에게 1장(章)에 1달러씩을 받기로 하고 연재를 시작했으나 이용자 대부분이 돈을 내지 않고 소설을 다운로드해 가자 2001년 3월 작업을 중단했다. 2001년 3월, 킹은 타임닷컴(www.time.com)에 신작 소설 <드림캐처>의 일부를 발췌해 3주간에 걸쳐 홍보용으로 게재한 뒤 단행본으로 출간했다.

국내에서도 기성작가들을 중심으로 다양한 인터넷 연재소설을 접할 수 있다. 소설가 황석영, 박범신, 은희경 씨 같은 스타작가부터 신인, 장르작

가까지 작품의 성격, 참여 작가의 연령층, 연재 공간이 다양해졌다. 온라인 연재소설의 대부분은 종료 후 단행본으로 나오면 전체를 볼 수 없다. 하지만 연재가 진행 중이거나 최근에 종료된 소설들은 취향에 따라 무료로 찾아볼 수 있다.

국내 인터넷 연재 장편소설(2010년 1월 현재)

작가명	작품명	연재공간
황석영	'강남 夢'	인터넷 서점 인터파크 (book.interpark.com)
김종광	'군대 이야기'	
김윤영	'아이야 손을 잡아라'	
박범신	'살인 당나귀'	개인 블로그 (blog.naver.com/wacho)
은희경	'소년을 위로해줘'	문학동네 네이버 까페 (cafe.naver.com/mhdn)
정한아	'리틀 시카고'	
윤성희	'구경꾼들'	웹진 나비 (nabeeya.yes24.com)
강영숙	'라이팅 클럽'	
최인석	'그대를 잃은 날부터'	
김다은	'모반의 연애편지'	
이제하	'마초를 죽이려고'	문학 웹진 뿔 (blog.aladdin.co.kr/ppul)
이신조	'29세 라운지'	
김진규	'저승차사, 화율의 마지막 선택'	인터넷 교보문고 (booklog.kyobobook.co.kr/wifeofneo)

출처: 동아일보(2010. 1. 27).

영화나 방송, 게임, 애니메이션, 음반 등의 문화 콘텐츠들은 결국 '이야기'를 토대로 확대·발전한 것이다. 영화 <동갑내기 과외하기>나 아시아 시장을 석권한 <엽기적인 그녀>는 모두 온라인에서 시작한 '이야기'였고, 이 작품들은 음반이나 캐릭터 등의 각종 사업모델로도 큰 성공을 거둔 바 있다.

어떤 분야건 생산된 제품을 잘 팔기 위해서는 사전에 철저한 시장 조사가 있어야 한다. 디지털시대에 인쇄출판이 살아남기 위해서는 기획자가 독자 속으로 침잠해야 한다. 시장의 어떤 물건들이 잘 팔릴 경우 그 물건이 왜 인기가 있는지를 조사하는 일도 중요하지만 앞으로 어떤 물건을 만들어야 잘 팔릴지 미래를 내다보는 일은 더 중요하다. 그렇다고 기획자가 시장 속으로 들어가 시장 사람들의 요구에 의해서만 작품을 만든다면 분명 잘못된 일이다. 급변하는 시대일수록 미래를 내다보고 신속히 방향을 모색하는 사람이 성공할 수 있다.

온라인 소설의 문학성을 논하고 있을 때가 아니다. 수백만 독자들의 평가와 공감, 사랑을 받는다면 이를 주목해야 할 이유는 충분하다. 기성세대의 시각에서 미리 재단할 것이 아니라 어떤 점이 독자의 인기를 끄는지 연구할 때다.

시대가 변했다는 점을 알아야 한다. 시대적 요구나 독자의 기호에 맞추어 문학의 내용이나 형식, 전달매체도 갈수록 다양하게 변화되고 있다. 잘 훈련된 소수의 문인이 교만하게 앉아서 인기나 누리던 시대는 서서히 막을 내리고 있다. 성당 안에서 써 대던 순수문학은 이제 한계점에 도달했다. 디지털 시대를 맞이하여 문학이 다른 문화와 어깨를 겨루려면 고정관념이나 권위의식을 벗어 버리고 독자들의 땀 냄새가 물씬 풍기는 시장 안으로 들어가야 한다.

자, 이제 온라인을 뒤져 보자. 뜨고 있는, 뜰 만한 온라인 소설을 찾아 보자. 온라인에 없으면, 만들어 내면 된다. 예비작가를 발굴해 소설을 쓰게 해도 된다. 대박을 위해서 약간의 투자쯤이야 아까울 게 아니다. 철저한 계획과 풍부한 자금을 들여 가수를 키워 내듯, 이제는 온라인 작가도 길러 내야 한다. 물론 그런 재능을 가진 인재를 찾아내는 게 급선무다. 작가와 계약을 할 때는, 오프라인 출판권을 포함해 각종 부가사업권까지 확보해 두자. 일단 소설이 뜨기만 하면 캐릭터업체, 영화업계 등 상품화가 가능한 분야에 권리를 팔아 부가수익을 거두어들일 수 있기 때문이다.

제6장

전자출판 기술환경

01

전자책 단말 현황

세계 전자책 시장의 성장 동인은 다름 아닌 전자책 단말이다. 전자책 시장에 대한 긍정적인 기대가 확산되면서 다양한 전자책 전용단말이 시장에 출시되고 있다. 전자책 단말 벤더들은 새로운 기능과 가격 인하를 앞세워 전자책 독자들을 공략하고 있다.

현재 서비스되는 단말은 전자책 전용단말, 스마트폰, 복합단말 등 3가지 종류로 구분된다.

아마존과 소니로 대표되는 전용 전자책 단말 메이커들은 전자책 단말 시장 확대를 위해 단말 가격 인하, 전자책 콘텐츠 확대 등 다양한 시도를 해 오고 있다. 특히 지난 2007년 11월 미국 시장에 출시된 아마존의 전용 전자책 단말 Kindle은 시장성에 대한 세간의 우려에도 불구하고 전자책 시장의 iPod로 불리며 단말 보급을 확대해 나가고 있다. 아마존은 킨들의 시장 수요가 증가하면서 이에 대응하기 위해 생산라인을 정비하고 공급체인을 늘리는 등 발 빠른 움직임을 보이고 있다. 소니의 PRS시리즈 역시 가격 인하 등을 통해서 시장 확대에 주력하고 있으며, 최근까지 단점으로 지적되어 온 전자책 콘텐츠 수급 문제를 전자책 콘텐츠 서비스의 개방을 통해 해결해 소비자들의 호응을 얻고 있다.

전자책 단말 구분

	전자책 전용단말	스마트폰	멀티미디어 복합단말
디스플레이	E-Ink, E-Paper 5″~9.7″	LCD, OLED 3″~4″	LCD 7″~12″
네트워크	CDMA, Wi-Fi	CDMA, Wi-Fi	CDMA, Wi-Fi, Wibro
장점	- E-Ink 사용에 따라 종이 책과 유사한 가독성 구현 - 배터리 장시간 사용 - 높은 휴대성	- 뛰어난 휴대성 및 확장성 - 멀티미디어, PIMS 등 다양한 애플리케이션 제공	- 뛰어난 가격대비 성능 - 범용 OS를 통해 가장 다양한 기능 구현
단점	- 디스플레이의 제약에 따른 멀티미디어를 비롯한 다양한 애플리케이션 구동 어려움	- 책을 보기에는 작은 디스플레이 - 높은 데이터통신 요금 (CDMA) - 짧은 배터리 사용시간	- 책에 적합하지 않은 디스플레이 - 낮은 휴대성 - 높은 무선데이터 요금 (CDMA, Wibro)
제품	Amazon Kindle Sony eReader 삼성 파피루스 아이리버 스토리 네오럭스 누뜨 인터파크도서	삼성 옴니아 LG 인사이트폰 Apple iPhone	MID Tablet PC 애플 iPad
서비스 연동	Amazon Kindle 교보문고 네오럭스 인터파크도서	Amazon Kindle Apple AppStore	Google 교보문고

▌아마존 킨들 전자책

Amazon은 2009년 6월 10일 화면 크기를 키운 신형 전자책 단말 'Kindle DX'를 출시했다. Kindle DX는 Kindle 2의 화면보다 2배 이상 큰 화면과 내장 PDF 리더 대용량의 스토리지를 탑재해, 기존 도서 시장 외에 신문 시장과 교과서 시장 진입을 타깃으로 하는 것으로 평가되고 있다.

▶ Kindle DX의 기본 사양

크기: 264×183×9.7㎜

무게: 536g

4G내장메모리/9.7인치 스크린(전자잉크 디스플레이)/MP3플레이/PDF리더/
무선인터넷

- TTS(Text‒to‒Speech) 지원: 남성, 여성 목소리로 읽기
- 옥스퍼드 영영사전 탑재
- 회전 와이드뷰
- 무선 모뎀을 통한 실시간 콘텐츠 다운 가능

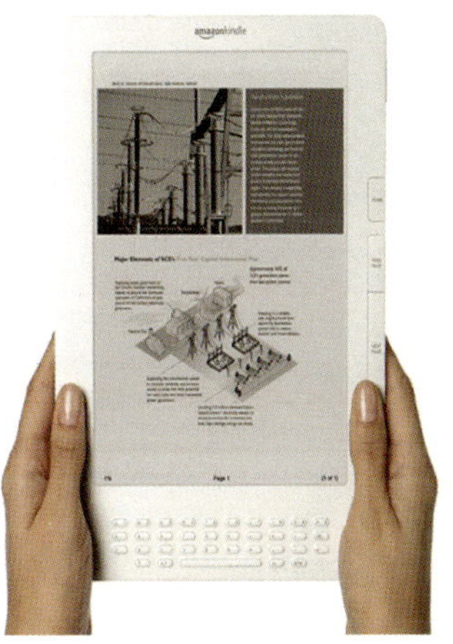

아마존 킨들 DX

▶ 실행하기

Getting Started(시작)

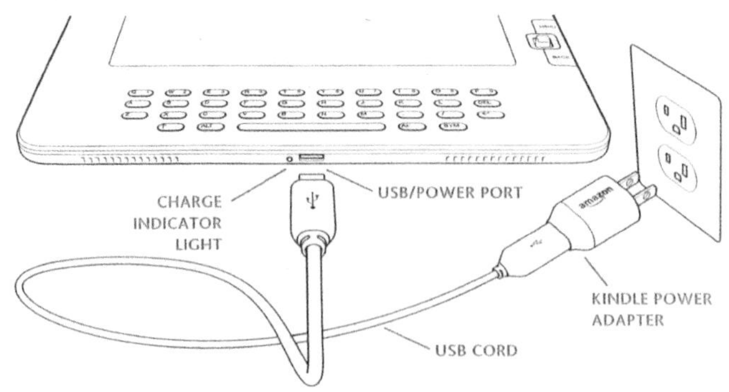

1. 콘센트에 플러그를 꽂아서 킨들을 충전한다. 또한 전원 어댑터의 USB
   코드를 컴퓨터에 연결해서 킨들을 충전하거나 데이터를 전송할 수 있다.

2. 충전 표시등은 충전 중에 노란색으로 표시된다. 이 불이 백색으로
   변할 때 킨들을 이용하면 된다. 초록색 불이 켜지는 것은 충분히
   충전되었다는 것을 의미한다.

3. 전원 스위치를 밀었다 풀어 줌으로써 전원을 킨다. 킨들이 시작되
   면 사용자의 킨들 사용에 도움을 줄 the Kindle DX User's Guide
   가 자동적으로 실행된다.

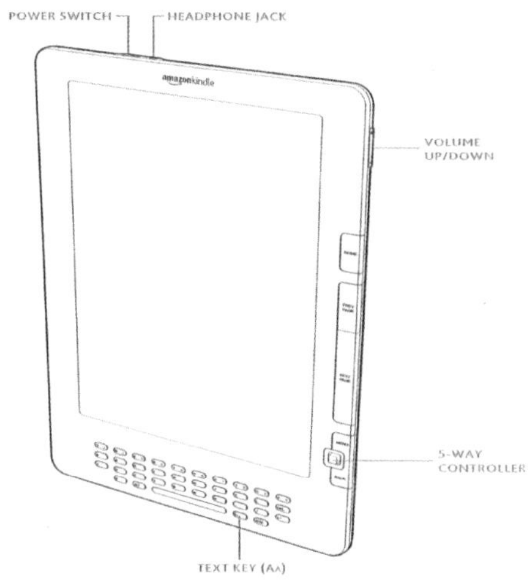

Getting Around(버튼 실행)

BUTTON	ACTION
POWER SWITCH 전원 스위치	스위치를 밀었다 풀어 줌으로써 전원을 키거나 끈다. 전원을 끌 때에는 전원을 4초 동안 밀어 둠으로써 장치를 끌 수 있다.
5-WAY CONTROLLER 5- 컨트롤러	화면의 커서를 위아래 그리고 양옆으로 움직인다. 항목을 선택하거나 컨트롤러를 눌러서 항목을 실행시킨다.
HOME 처음으로	아마존에 있는 자료들뿐만 아니라 킨들에 저장되어 있는 자료들을 보여 준다.
MENU 메뉴	인터넷 사용 설정 또는 자료에 하이라이트 기능과 같은 것들이나 킨들 스토어를 이용하게 한다.
NEXT PAGE 다음 페이지	읽고 있는 자료의 다음 페이지로 이동한다.
PREVIOUS PAGE 이전 페이지	읽고 있는 자료의 한 페이지 전으로 돌아간다.
BACK 뒤로	킨들 사용 중에 전 단계로 돌아간다.
TEXT KEY 문자 키	사용자의 선호에 맞춰 폰트 사이즈와 글자 수를 맞춘다. 또한 사용자로 하여금 Text-to-Speech(소리 내어 읽기) 기능을 켜고 끄는 기능과 screen rotation 기능을 바꿀 수 있다.

Getting Registered(등록)

킨들 스토어에서 구매하고 아마존에서 개인 정보를 서비스받기 위해 기기를 등록해야 한다. 하지만 만약 직접 구매했다면, 기기를 등록할 필요가 없다.

1. HOME 버튼을 누른 다음 Menu 버튼을 누른다.

2. 컨트롤러를 아래로 움직여서 'Settings'라는 항목을 화면에서 찾는다. 그런 다음 컨트롤러를 이용해 그것을 선택한다.

3. 'register' 항목을 컨트롤러를 이용해 선택한다.

Buying Your First Book(처음 책 구매하기)

킨들스토어에서 책(신문, 잡지, 블로그 콘텐츠 등)을 구매하는 방법

1. Menu 버튼을 누른다.

2. 컨트롤러를 움직여 'Shop in Kindle Store'를 가리킨다. 그리고 컨트롤러를 눌러 그 항목을 선택하고 나면 킨들 스토어 첫 페이지가 보인다.

3. Books, Kindle Top Seller와 같은 카테고리를 컨트롤러를 이용해 선택하거나 특정 책 선택을 위해 키보드에 타이핑을 하고서 'search store'를 선택한다.

4. 상품의 상세 페이지를 보기 위해서는 책을 선택하고, 컨트롤러를 이용해 'Buy'를 누른다. 책이 킨들에 다운로드가 완료되면 화면의 위쪽에 'items downloaded'라는 메시지가 나타난다.

5. Home 버튼을 누른다. 화면의 상단에 다운받은 책이 위치하는 것을 확인하고, 컨트롤러를 이용해 책을 선택한다.

6. 책 공급자가 지정한 책의 첫 화면이 보이면 사용자는 책을 읽을 수 있다.

Additional Information(추가 정보)

킨들에 있는 The Kindle DX User's Guide에 기기의 상세 정보가 더 자세히 제공되고 있다.

1. Home 버튼을 누른다.

2. 컨트롤러를 이용해 The Kindle DX User's Guide를 표시한다. 컨트롤러를 눌러 가이드를 선택해 열어 본다.

3. 찾고자 하는 단어를 타이핑하고 검색상자가 화면의 하단에 자동적으로 보이면서 선택단어가 나타난다. 컨트롤러를 이용해 'find'를 눌러 검색을 실행한다.

4. 찾고자 하는 내용을 가진 검색 결과물을 컨트롤러를 이용해 선택한다.

SONY(PRS - 700) 전자책

▶ SONY(PRS - 700)의 기본 사양

크기: 127.6×174.3×9.7㎜

무게: 약 283.5g

512MB내장메모리/외장메모리지원/6인치 스크린(전자잉크 디스플레이) /MP3

플레이/PDF리더/무선인터넷

- 필기체(자필) 입력 가능

- 옥스퍼드 영영사전 탑재

- LED를 이용한 조명 기능

- 회전 와이드뷰

- 구글과의 제휴(다량의 콘텐츠 확보)

- PDF 줌 기능 지원

- 스타일러스 펜을 이용한 주석 및 노트 입력 가능

SONY PRS-500

Getting Started

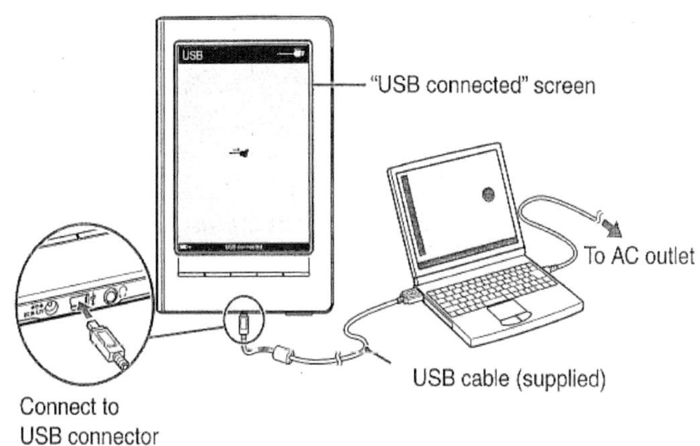

1. 리더를 USB를 통해 충전할 땐(그림에서 보이는 것처럼), 리더에 'USB연결'이라는 문구가 뜰 때까지 최소 5분을 기다린다. 리더를 충전할 동안 컴퓨터를 활성 모드로 유지하고 리더를 완전히 충전시키기 위해서는 충전 표시등이 꺼질 때까지(충전 중일 때엔 빨간 불이 들어옴) 약 4시간 이내로 기다린다.

2. 컴퓨터와 리더연결을 해제한 후 초기설정으로 돌아가기 위해 리더에 뜨는 지시들을 따른다. 터치스크린에서 한 아이템을 선택하기 위해서는 그 아이템을 눌러 주고, 설정을 적용시키기 위해서는 'OK'를 눌러 준다.

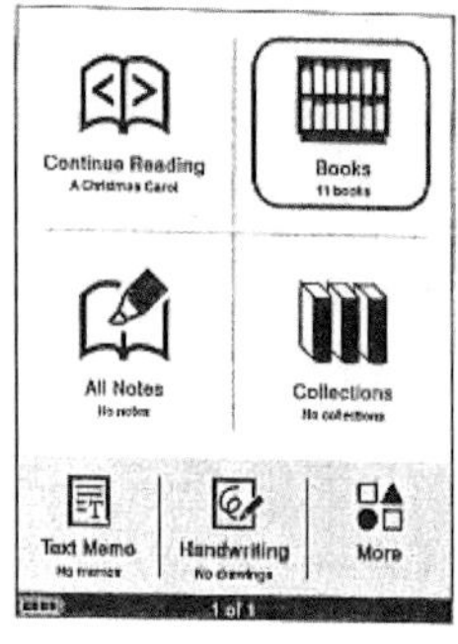

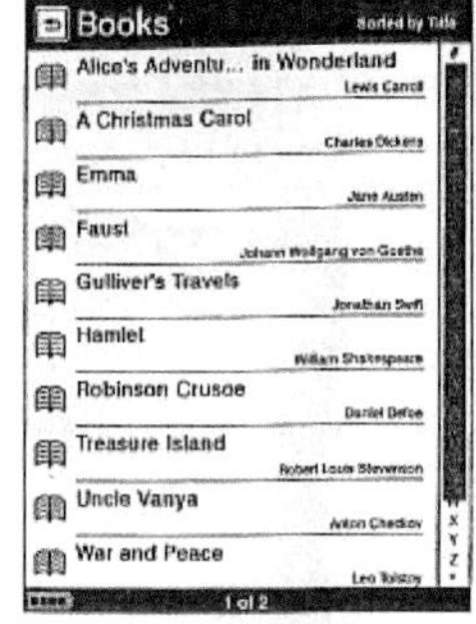

Home menu   "Books" list

1. 홈메뉴에서  ('Books') 버튼을 누른다.

2. 'Books' list에서 원하는 책을 선택한다.

페이지를 넘기기 위해선, (페이지 넘기기) 버튼을 누른다.

'Books' list로 돌아가기 위해 OPTIONS 버튼을 누르고 'Return to List'를 누른다.

홈메뉴로 돌아가기 위해서는 (홈) 버튼을 누른다.

Getting eBooks

e－Book을 다운받거나 구매하기 위해선, ebook Library software를 컴퓨터에 설치하고 e－Book store에 가입한다. 리더가 PC와 연결이 되면, AutoPlay 창이 화면에 나타난다.

1. 'installer for Reader' 창에서 'Install eBook Library'를 클릭하고 화면의 지시를 따른다.

AutoPlay window
(in case of Windows Vista)

만약 AutoPlay 기능이 불가능하다면, 수동으로 인스톨 실행을 시작해 준다. Start 메뉴에서 다음을 따라 클릭한다. 'My computer'('Computer' 비스타의 경우) – 'installer for Reader' – 'Windows' – 'Setup eBook Library'

e – Book Library를 매킨토시에서 설치하기 위해서는 리더가 Mac에 연결되었을 때, 'LAUNCHER'와 'READER'가 데스크탑에 나타난다. 다음을 따라 클릭하고 화면에 뜨는 지시사항을 따른다. 'LAUNCHER' – 'Mac' – 'Setup eBook Library'

2. eBook Library를 시작하고 'eBook Store'를 클릭한다.

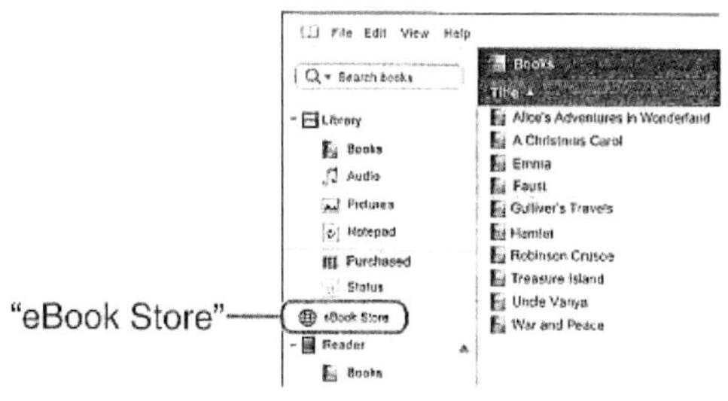

3. 저장하는 지시를 따라 본인의 계정을 만든다.

구매한 e－Book은 eBook Library에서 다운로드된다.

e－Book을 리더로 옮기기

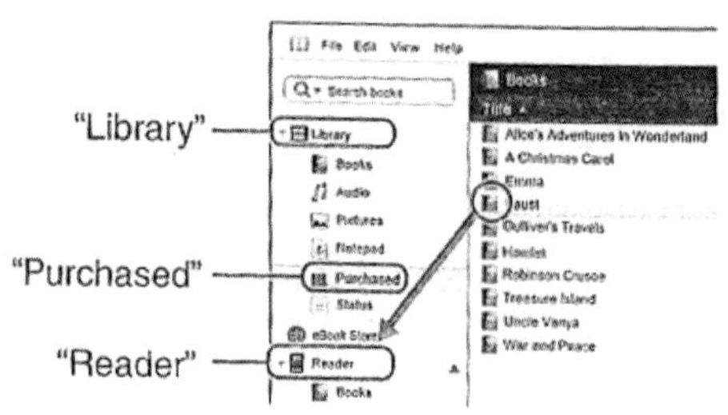

1. 구매한 eBook들을 옮기기 위해 'Library' 아래에 있는 'Purchased'
   를 클릭한다.

2. 선택한 하나의 e－Book을 클릭하고 드래그하여 'Reader'에 옮겨 준
   다. 옮겨진 e－Book은 컴퓨터와 연결이 해제된 후, 리더를 통해 읽을
   수 있다. 더 많은 정보를 위해서는 eBook Library Help를 이용한다.

NOOK 전자책

　10년 만에 전자책 시장에 복귀한 Barnes & Noble은 2009년 10월 20
일 전용단말 'Nook'를 선보이며 아마존 킨들에 도전장을 내밀었다. Nook
는 Google의 Android 운영체제를 탑재했으며, 상단부 흑백 패널과 하단부의 컬러 터치스크린을 비롯한 두 개의 패널을 갖추고 있다. 2G 메모리 외에 Micro SD 카드를 활용한 메모리 확장이 가능하다. Nook는 AT&T 의 3G 네트워크와 Wi-Fi를 통한 무선 접속을 지원하여 컴퓨터와 연결 하지 않고도 온라인 서점을 통해 전자책을 다운받을 수 있다. 구입한 전 자책을 자신이 가진 다른 기기에서 활용할 수 있음은 물론, 친구들과 빌 려 보기도 가능하다.

▶ NOOK의 기본 사양

크기: 196.2×126×12.8㎜

무게: 317g

2G내장메모리/Micro SD카드 지원(16G까지 가능)/안드로이드기반 OS/6 인치스크린(전자잉크 디스플레이)/MP3플레이/PDF리더/무선인터넷

- Android OS로 가볍고 다양한 앱스 개발 가능성 높임
- 하단에 정전 방식의 컬러 터치스크린(듀얼스크린)
- 회전 와이드뷰
- 미국 최대의 서점 반즈&노블의 b&n account에 접속-> e-book 다 운 가능(콘텐츠 확보)

Nook

가장 최근의 베스트셀러, 신문, 잡지를 무선으로 즉시 받아 볼 수 있다. 북마크를 강조하고 읽으면서 메모가 가능하다. 또한 LendMe 기술로 친구에게 책을 대여도 할 수 있다. 그리고 Nook은 컬러 터치스크린에 있는 '내 도서관'에서 특징들을 소개하는 사용자 가이드를 읽어 볼 수 있다.

▶ 실행하기

인스토어 체험

Barnes&Noble 스토어에 방문하여 독점적인 콘텐츠와 특별한 제공을 누리실 수 있다.

- 기사를 받아 보고, 유명 저자의 작품과 미리보기를 볼 수 있다.
- 쿠폰과 할인혜택을 받아 볼 수 있다.
- e-Book을 무료로 검색하고 읽어 볼 수 있다.

데일리 체크

매일 데일리를 Nook의 첫 번째 글로 지정하고 주마다, 달마다 B&N의 독점적인 볼거리들을 추가할 수 있다. 또한 예약 구독을 통해 최신 뉴스와 기사들을 읽어 볼 수 있다. 그리고 친구가 당신에게 빌려 준 e-Book의 안내장을 받아 볼 수도 있다.

B&N e-Book 스토어

등록 후 홈 버튼을 눌러 컬러 터치스크린에서 e-Book 세계를 탐험할 상점을 선택한다.

검색하여 견본을 무료로 보고 난 후 e-Book을 구입할 수 있다.

오늘의 간행물을 보거나 e-신문과 e-잡지를 구독할 수도 있다.

Nook로 e-Book을 구입하기 위해선 제목을 찾고 '구매' 버튼을 누른 후, 화면상의 절차를 따라하면 된다.

e-Book 독서

e-Book을 구매하면 즉시 Nook에 다운로드된다. 컬러 터치스크린의 '읽기' 버튼을 누르면 열린다. 컬러 터치스크린으로 페이지를 넘기면 실제 책에서처럼 페이지가 넘어간다. 원한다면 nook 옆 부분의 버튼으로 이전/다음 페이지로 넘길 수 있다. 홈 화면에서 '내 도서관'을 클릭하여 당신의 nook에 저장된 e-Book, e-신문, e-잡지를 볼 수 있다.

한편 국내 시장에도 전자책 단말기 보급이 활성화되고 있는데, 대표적인 모델들을 정리하면 다음과 같다.

국내 전자책 전용단말기 현황

제조사	삼성전자	LG이노텍	아이리버	네오럭스	서전미디어텍
모델명	SNE-60K	BISCUIT	STORY2	NUUT2	B-612
단말기 이미지					
제휴 유통사	교보문고 텍스토어 textore.com	인터파크	교보문고	독자적 유통망 nuutbook.com	북큐브
가격	36~42만 원	30만 원대 후반	31~33만 원	29만 9천 원	35만 2천 원
크기	가로: 119.5mm 세로: 171mm 두께: 16.3mm	가로: 124mm 세로: 200.5mm 두께: 10.7mm	가로: 127mm 세로: 203.5mm 두께: 9.4mm	가로: 178mm 세로: 136.6mm 두께: 13~19mm	가로: 128mm 세로: 205mm 두께: 10.9mm
무게	315g	300g	284g	290g (Battery제외)	290g
해상도 (디스플레이)	600*800 (6인치)	600*800 (6인치)	600*800 (6인치)	600*800 (6인치)	600*800 (6인치)
용량	2G (사용자 영역 1.5G)	4G 내장 메모리	2G	내부: 1GB (사용자 공간: 512MB) 외부: SD Card (Up to 8GB, SDHC Up to 16GB)	RAM: 128MB F-mem: 2GB
지원파일	PDF, EPUB, TXT	PDF, EPUB, TXT, HWP, DOC, PPT, XLS	PDF, EPUB, TXT, DOC, PPT, XLS, HWP	News, Book Format: NZN(Neolux 자체 포맷), EPUB, PDF, TXT	XML
이미지/음원	JPEG, BMP 등 MP3, wave	JPEG, BMP 등 MP3, wave	JPEG, BMP 등 MP3, wave	JPEG, BMP 등 MP3, wave	JPEG, BMP 등 MP3, wave
네트워크	Wi-Fi (3G의 경우 KT와 협의 중)	3G	Wi-Fi	Wi-Fi	Wi-Fi
기타	현재는 교보문고 모델이나 오픈 디바이스로 전환할 계획	독립 디바이스	오픈 디바이스	독립 및 오픈디바이스 병행	오픈 디바이스
DRM	유통사마다 다름				

출처: 한국전자출판협회

02

전자책 표준화 이슈 및 동향

현재 전자책 시장에는 전자책 단말 혹은 e-Book Reader 소프트웨어의 종류에 따라 Mobipocket, Amazon Kindle Format, Microsoft LIT, PDF를 비롯해 수십 종의 전자책 포맷(format)이 경쟁하고 있다. 출판업계 및 전자책 업체들은 전자책 시장의 성장을 위해서는 상호 호환이 가능한 전자책 포맷 표준 도입이 절실하다는 데 의견을 같이하고 있다.

국내에서 전자책 표준화 작업은 이미 2000년대 초반부터 한국전자출판협회 주도하에 진행되어 XML 기반의 KSX 6100이라는 표준을 2002년에 제정하였다. 그러나 KSX 6100은 전자책업계의 외면과 해외 전자책과의 호환성 등의 문제로 일부 사업자를 제외하고는 사용하지 않는 사장된 표준이 되었다. 현재 전자책 업계는 도서유통업체, 전자책 솔루션업체, 출판사 등을 중심으로 구성된 국제적 eBook open format forum인 IDPF(international digital publishing forum)에서 제정한 XHTML 기반의 ePub format을 사용하고 있으며, 이는 이미 미국, 유럽 등 해외시장에서 전자책 표준으로 자리 잡고 있다.

북미 시장의 경우 전자책 시장의 선두주자인 아마존을 제외한 반즈앤노블, 보더스(Borders), 오버라이드(Overdrive.com), 인디고(Indigo) 등 전자책 유통사업자 대부분은 ePub file 형태의 전자책을 유통하고 있으며, 현존하는 전자책 단말기 중 아마존 킨들을 제외한 모든 단말기가 ePub viewer를 채택하고 있다. 국내의 경우도 PDF 포맷의 전자책을 유통하던 교보문고가 전자책 단말기 출시와 함께 ePub format으로 전환하였고, 예스24와 알라딘을 중심으로 도서유통업체와 출판사가 출자해 지난해 설립한 ㈜한국ePub, 출판사들이 출자해 설립한 ㈜한국출판 콘텐츠, ㈜북센, 인터파크도서 등 대부분 전자책 업체는 ePub format을 서비스 표준으로 채택하였다(박천훈, 2010).

전자책 단말기의 경우 이미 단말기를 출시한 삼성전자, 아이리버, 네오럭스를 비롯하여 인터파크 등 출시예정 단말기 역시 ePub을 단말기의 전자책 서비스 표준으로 채택하였다. 단말기별로 PDF, HWP, DOC 등 기존의 문서 포맷을 지원하나 이는 전자책 서비스 표준이 아닌 고객의 기존문서를 단말기에서 읽을 수 있는 부가적인 서비스 포맷이다.

전자책 표준 EPUB

IDPF(International Digital Publishing Forum)는 출판업체들이 제작한 전자책을 단말이나 소프트웨어에 관계없이 활용할 수 있도록 지원하기 위해 지난 2006년 전자책 공개 표준인 EPUB을 선보였다. EPUB은 Open Publication Structure(OPS), Open Packaging Format(OPF), Open Container Format(OCF)을 비롯한 세 개의 표준으로 구성된 XML Format의 확장형

전자책 Format으로 이를 적용하면 이용자들은 자신이 소유한 전자책을 여러 단말기에서 읽을 수 있으며, 하드웨어에 대한 지원이 끊어져도 기존에 소장한 전자책을 그대로 이용할 수 있게 된다(한국콘텐츠진흥원, 2010).

EPUB 편의성에 대한 소비자들의 관심이 증가하면서 최근 주요 사업자들이 EPUB 도입을 선언하고 나섬에 따라 단말, 소프트웨어, 콘텐츠 등 전자책 산업 전반에 걸쳐 EPUB 표준 채택이 늘면서 전자책 관련 표준화 논의가 수면 위로 떠오르고 있다. EPUB을 지지하는 주요 출판업체들 외에도 반즈앤노블이 2009년 7월 전자책 스토어를 개설하면서 EPUB 서적만을 유통하겠다고 선언했다. 2009년 8월 소니도 자사의 모든 단말 및 전자책 스토어 콘텐츠에 EPUB을 도입하겠다고 발표했다. 신형 태블릿 PC를 내세운 애플 역시 이미 아이폰에 EPUB을 도입하고 있다.

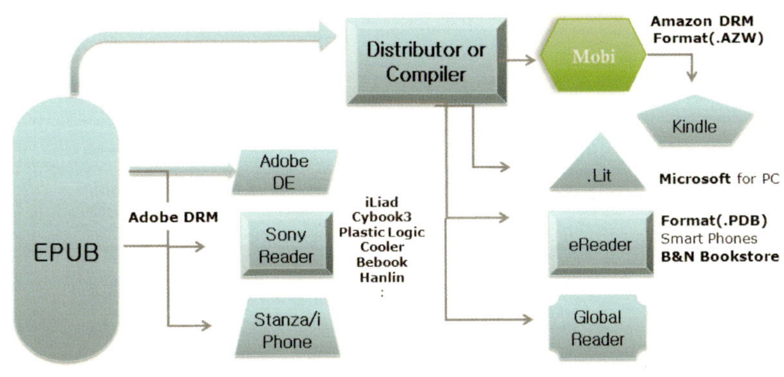

EPUB의 구조

EPUB 포맷이 폭넓게 도입되면 전자책 단말에 대한 선택의 폭도 넓어진다. 그러나 DRM 이슈는 여전히 문제로 남는다. 현재 EPUB 포맷의 구성

표준 기술 중 하나인 OCF(OEBPS Container Format)의 경우 DRM 요소가 명기되어 있지 않아 DRM 적용을 위한 추가 비용이 요구된다. 또한 전자책 단말 및 소프트웨어 업체가 어떤 DRM 기술을 적용하느냐에 따라 단말 간 혹은 소프트웨어 간 상호 호환 여부가 결정되는 문제가 발생할 수 있다. 음악 시장이나 영화 시장에서의 사례와 같이 DRM 없이 콘텐츠가 판매될 경우 저작권 침해 위험이 있는 것 또한 가장 큰 문제로 지적되고 있다.

도서 서지정보(메타데이터)와 인증 표준화

표준화된 전자책 포맷으로 제작된 전자책도 제작하는 업체에 따라 다른 서지정보 데이터를 포함한다. EPub format의 서지정보는 메타데이터(metadata) 형태로 관리되며, 이는 필요에 따라 제작자가 추가 또는 수정할 수 있다. 제작한 출판사 또는 전자책 서비스업체에서 규정하는 기준에 따라 서지정보의 항목과 작성기준이 달라지는 것이다. 서지정보의 항목과 기준이 다른 것은 전자책 데이터관리, 사용자의 도서 검색 환경 등에 혼란과 불필요한 비용을 증가시킨다(박천훈, 2010).

전자책 유통 차원에서 모든 전자책 유통사업자는 전자책 콘텐츠의 관리를 위해 데이터베이스를 구축해야 하며, 이 데이터베이스의 핵심은 전자책 서지정보와 전자책 콘텐츠 파일의 매칭이다. 전자책 서지정보는 메타데이터 형태로 전자책 파일의 특정 영역에 보관되며, 이 정보는 전자책 유통사업자의 데이터베이스에 도서목록 형태로 구성된다. 이러한 정보의 공통분모를 취합하여 모든 전자책 메타데이터의 기본정보로 통일하고, 사업자에 따른 선택적 정보를 입력할 수 있는 체계를 만든다면, 어떠한 전자책 파일도 관리, 검색, 유통의 통일성을 가져올 수 있을 것이다.

현재의 전자책 서비스에서 메타데이터와 서지정보는 전자책 파일 제작자(주로 전자책 유통, 서비스 업체)에 따라 다른 기준을 가지고 작성되며, 이에 따라 동일한 책이 다른 메타데이터로 다른 책처럼 유통되고 있는 현실이다. 심지어는 한국전자출판인증센터에서 인증 후 발급하는 ECN의 경우 동일 출판물에 하나의 번호를 부여하도록 되어 있으나, 복수의 유통업체에서 동일한 도서에 대해 ECN 신청을 하는 경우 중복발급에 따라 동일한 도서가 다른 ECN을 받는 상황도 발생되고 있다. 따라서 전자책 산업 활성화를 위한 표준화의 최우선 과제는 메타데이터와 서지정보의 표준화이며, 전자책 인증체계의 정립도 반드시 포함되어야 한다.

DRM의 문제

디지털 콘텐츠의 불법복제와 불법유통을 제한하기 위한 보안장치가 DRM(Digital Rights Management)이며, 이는 음악, 동영상 등 대부분 디지털 콘텐츠와 전자책에 적용되고 있다. EPUB Format을 비롯하여 특정 포맷이 전체 전자책 시장의 단일화된 표준으로 자리 잡기에는 아직 시기상조라는 지적도 적지 않다. 가장 큰 문제는 EPUB의 DRM 부분이다. 현재 EPUB Format의 구성 표준기술 중 하나인 OCF(OEBPS Container Format)의 경우 DRM 요소가 명기되어 있지 않고, 나머지 표준들 역시 DRM 표준이 없는 상태이다. 즉 EPUB Format에 적용하는 DRM을 선택하는 부분에서 전자책 단말 제조업체나 소프트웨어 개발업체가 개입할 여지가 크고, DRM 적용에 따른 비용 역시 증가할 수 있다. 결국 전자책 단말 및 소프트웨어 업체가 어떤 DRM 기술을 적용하느냐에 따라 단말 간 혹은 소프트웨어 간 전자책 콘텐츠의 상호 호환 여부가 결정되는 문제가 발생할 수 있다. 소니의 전자책 단말 역시 EPUB Format의 전자책 콘텐츠를 지원하면서도 Adobe의 ADEPT DRM 기술이 적용된 전자책만 지원하도록 되어 있다. 이는 EPUB Format이 지닌 DRM 문제를 단적으로 보여 주는 사례이다.

전자책의 수익 모델과 DRM 요소가 직접적으로 연결되어 있다는 점 역시 EPUB 표준 적용의 걸림돌로 작용하고 있다. 아마존이 자체 전자책 포맷을 이용하는 주된 이유는 자체 DRM이 적용된 콘텐츠 제공을 통해 불법 콘텐츠의 사용을 미연에 방지하고 안정적인 수익구조를 기대할 수 있기 때문이다. 이러한 상황에서 아마존 등의 전자책 사업자가 이미 구축된 안정적인 수익구조를 포기하면서까지 EPUB Format 적용이라는 모험을 하기란 쉽지 않은 일이다.

한편 DRM 적용에 따라 발생하는 비용 역시 적지 않아 전자책 시장에서 DRM에 대한 논란은 당분간 계속될 것으로 전망된다(한국소프트웨어진흥원, 2009).

현재 전자책 표준 못지않게 전자책의 DRM 요소 역시 전자책 단말이나 소프트웨어에 따라 다양하다. 이로 인해 전자책을 구매한 소비자들은 구매한 전자책 콘텐츠를 다른 전자책 단말이나 소프트웨어에서 사용하기란 쉽지 않은 일이다. 또한 전자책 관련 업체들이 지불해야 할 DRM 적용 비용 등도 적지 않을 것으로 예상된다.

이러한 우려를 반영하듯 최근에는 DRM이 적용되지 않은 전자책도 시장에 선을 보이고 있다. 지난 2008년 2월 온라인 전자책 판매 사이트인 eReader.com에서 DRM이 적용되지 않은 17,000권에 해당하는 전자책을 판매한다고 밝혔다. 또한 2008년 7월에는 오라일리(O'Reilly)에서 30개의 신규 전자책 콘텐츠를 DRM을 적용하지 않은 형태로 출판했다. 오라일리 측은 이번 시도를 통해 더욱 많은 소비자들이 다양한 전자책 단말과 소프트웨어를 통해 자사의 전자책 콘텐츠에 접근하기를 기대한다고 밝혔다. 또한 일부 작가들은 직접 오디오책 등에 적용된 DRM 폐지를 주장하고 나서 DRM과 관련한 논란을 더욱 가열되고 있다.

전자책 난말기 또는 뷰어에서 다양한 DRM을 수용하거나 DRM adapting을 사용하면 여러 서비스의 전자책 파일을 하나의 단말기 또는 뷰어에서 사용할 수 있으며, 이는 디지털 음악 또는 동영상 시장에서 이미 보편적으로 활용되는 방법이다. 정부 또는 공공기관의 DRM 표준화는 보안성이 인정되는 DRM을 선별하고, 이를 사용자가 편리하게 사용할 수 있는 방법으로 추진되어야 할 것이다.

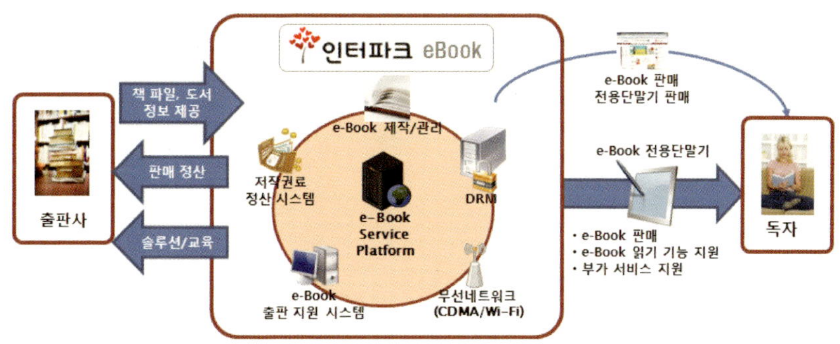

DRM의 적용(인터파크의 경우)

제7장

전자출판 소비환경 및 이용행태

01

독서문화 및 실태

인터넷과 영상매체의 영향으로 전반적인 독서율은 감소 추세에 있지만, 전통적인 독자들도 인터넷 다매체의 영향에 따라 다양한 독서습관이 생길 것으로 보인다. 그중에서도 가장 대표적인 진화된 독서의 양태는 전자책 전용단말기를 이용한 독서일 것이다. 전자책이 보편화되면 전자책 단말기에 디지털 책을 수십에서 수백여 권씩 저장하여 휴대하고 다니며 이동 중이나 여행 중에 읽거나, 취침 전까지 침대 머리맡에 놓이는 열성 독자들의 모습이 일반화될 가능성이 있다. 물론 국내에서도 미국 아마존의 킨들 열풍과 같은 전자책의 성공이 전제되어야 가능한 이야기일 것이다.

디지털 시대의 독서 양식도 많은 부분 변화의 조짐을 보이고 있다. 이제 문자를 읽는다는 소박한 개념의 독서는 다매체까지도 함께 읽어 낸다는 포괄적 개념으로 변하고 있다. 다매체는 읽는다는 표현보다는 보고 듣는다는 표현이 더 어울린다. 다매체에 내포된 문자는 읽을 수 있지만, 음성이나 그림, 동영상을 읽는 것이 아니라 보고 듣는 것이다. 영상 다매체화가 가속화되는 상황에서도 인쇄매체는 여전히 건재하다. 실제로 인쇄매체와 영상매체는 공존하는 모습을 보이고 있다.

MS를 설립한 빌 게이츠는 독서광으로 "훌륭한 독서가가 되지 않고는 참다운 지식을 갖출 수 없다. 멀티미디어 시스템이 정보를 전달하기 위해 비디오 영상과 음향을 많이 사용하지만, 그래도 책은 여전히 세부적인 내용을 전달하는 최선의 방식이다."라고 말한 바 있다. 다매체로 표현되는 영상과 음향도 인쇄매체로 대표되는 책의 기능을 빼앗을 수는 없다는 의미일 것이다. 또한 벤저민 프랭클린도 "독서는 정신적으로 충실한 사람을 만든다. 사색은 사려 깊은 사람을 만든다."라며 독서의 중요성을 강조했다. 헤르만 헤세도 "우수한 사상가나 시인이 저술한 책을 이해하고 감상한다는 것은, 항상 하나의 실현이요 행복한 체험"이라고 했다. 하나같이 읽는 독서의 중요성을 강조하는 말이다. 그리고 독서는 지금 진화 중이다. 디지털 시대 독서행위는 읽는 것에 한정되지 않고 듣는 것과 보는 것까지도 포괄하는 개념으로 확장되고 있는 것이다.

한편 문화체육관광부에서 조사한 <2009 국민독서실태조사>에 따르면, 우리나라 성인의 독서율은 71.7%로 '08년(72.2%) 대비 0.5% 포인트 감소한 것으로 나타났다. 특히 지난 1년 동안 '한 권 이상의 일반도서를 읽었다.'고 응답한 사람은 71.7%로, 성인 10명 중 3명 정도는 1년 동안 독서를 하지 않은 것으로 나타났다.

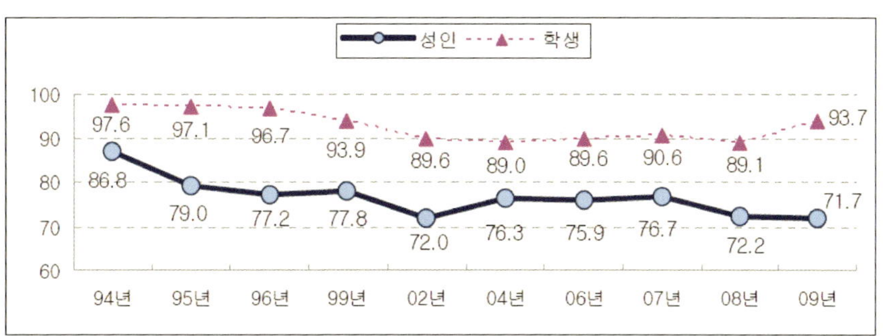

독서율 변화 추이(단위: %)

　독서시간은 성인의 독서시간이 평일 28분, 주말 29분으로, 지난 '08년 (평일 29분, 주말 30분)에 비해 각각 1분 정도 감소한 것으로 나타났으며, 학생들의 평일 독서시간은 45분(초등학생 56분, 중학생 40분, 고등학생 38분), 주말 50분(초등학생 63분, 중학생 49분, 고등학생 38분)으로 지난 '08년에 비해 각각 2~4분 증가한 것으로 조사되었다. 우리나라의 독서율이 1995년 이후 계속 저조한 상태를 유지하고 있다고 볼 수 있는 이유는 인터넷과 영상매체 등 매체 선택의 다양화로 인해 미디어 선택의 폭이 다양해진 이유가 클 것이다.

　이렇게 독서율이 정체되거나 감소하는 상황에서 전자책을 이용한 독서는 디지털 기기 사용에 익숙한 젊은 세대에게 새로운 독서습관을 길러 주는 좋은 방안이 될 수 있다. 전자책 단말기는 종이책과 흡사한 레이아웃을 제공하면서도 디지털 기기로 되어 있기 때문에, 디지털 기기의 사용에 익숙한 젊은 세대들에게 친밀감을 준다. 따라서 종이책을 진부하고 낡은 것으로 여기는 영상세대에게 전자책은 그들의 선호경향에 부합하는 새로운 관심의 대상이 되기에 충분하다. 결국 전자책은 영상세대, 인터넷

세대들에게 무엇을 읽게 만드는 좋은 수단이 될 수 있다.

그러나 아직까지는 전자책보다는 종이책을 선호하는 경향이 강하다. 2009 년 국민독서실태조사에 의하면, 디지털 다매체 환경에서 내용은 같고 형태만 다른 여러 종류의 책이 있을 경우 어떤 책을 선택할지를 확인한 결과, '종이책'을 선호하는 비율이 가장 높게 나타났다.

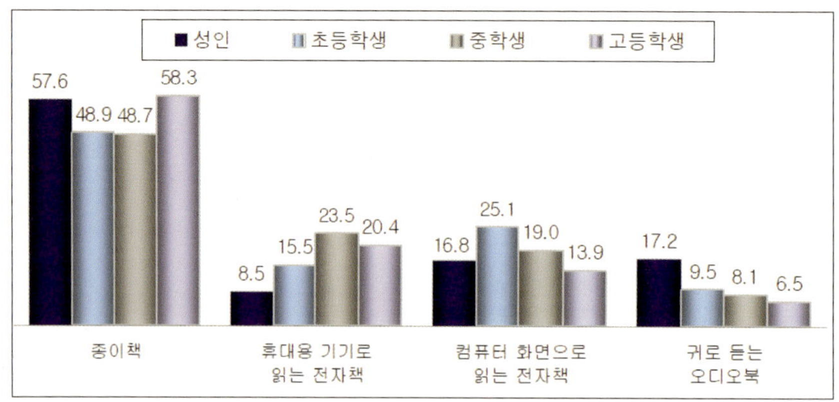

도서형태 선호도(단위: %)

그러나 종이책을 이용한 독서의 선호도가 가장 높음에도 불구하고, 전자책이나 오디오북 등에 대한 선호도 적지 않아 전자책 시장의 성장 여하에 따라 독서방식의 다양화도 얼마든지 자리 잡을 수 있음을 보여 준다. 따라서 출판 산업 측면에서 출판 콘텐츠의 다양한 공급방식 정착이 요구되는 것으로 보인다.

'도서정보 검색서비스' 이용률은 인터넷 이용률의 절반 수준인 성인 36.0%, 학생 49.8%로 성인과 학생 모두 전년도 대비 이용률이 상승한 것으로 나타났다.

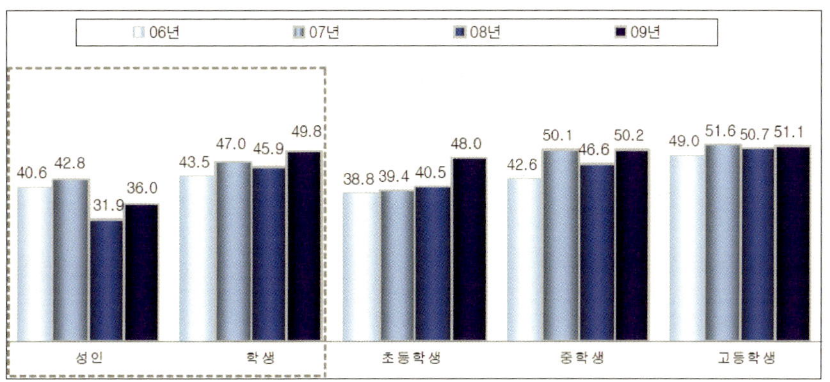

도서정보 검색 서비스 이용률(단위: %)

‘전자책 사이트’ 이용률은 성인 4.7%로 ’08년 조사(4.2%)보다 0.5% 포인트 증가하였으며, 학생은 15.9%로 지난해보다 약간 높아졌으나, 도서정보 검색이나 본문검색 등의 일반적인 검색에 비해 ‘전자책사이트’ 이용이 비활성화된 경향은 여전한 것으로 나타났다.

전자책을 읽는 매체는 ‘컴퓨터’(68.1%), ‘휴대전화’(12.8%), ‘노트북’(8.5%) 순이며, 주로 포털사이트와 인터넷 서점에서 문학·교양도서를 구입해 읽는 것으로 조사되었다.

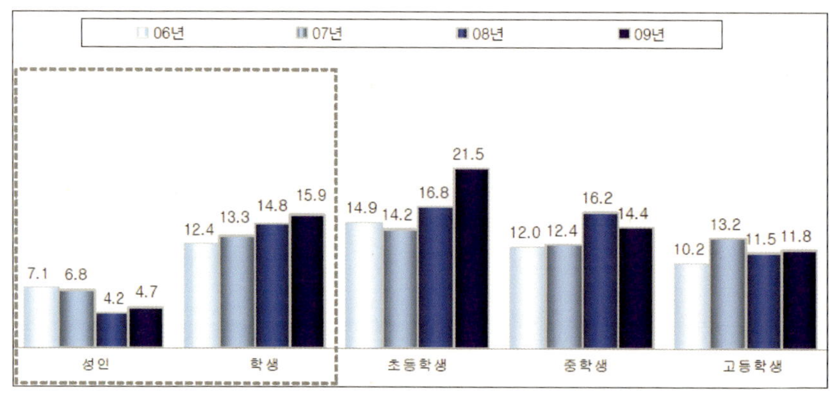

전자책 사이트 이용률 변화 추이(단위: %)

이러한 결과를 종합해 보면, 독서환경에서도 전반적인 디지털 시프트 (digital shift) 현상이 가속화되는 것으로 이해된다. 이는 결국 국내 전자 책 시장이 활짝 열릴 가능성이 매우 높음을 암시하고 있다.

우리나라의 열악한 도서관환경도 독서활성화와 전자책의 확산에 걸림 돌이 되어 왔다. 우리나라의 도서관 수는 2007년 607개에 불과해 미국의 9,198개, 독일의 8,662개, 일본의 3,111개에 비해 매우 적은 편이다. 또한 도서관에서 소장하고 있는 장서는 국민 1인당 1.01권에 불과해, 선진국 평균 2.76권의 1/3 수준이며, IFLA/UNESCO 권장기준인 1.5~2.5권에도 크게 못 미친다.

그리고 공공 도서관의 자료구입비는 2006년에 443억 원으로, 도서관당 평균 7천9백만 원에 머물러 책을 구입할 수 있는 비용이 매우 부족한 상 황이다. 이러한 수치는 2002년의 자료구입비 9,800만 원에 비해 24%가 감소한 것이다. 이렇게 열악한 도서관의 숫자, 보유장서의 숫자, 도서구입

비용은 우리나라 국민의 독서량이 부족할 수밖에 없는 이유를 말해 준다.

전자책의 확산은 열악한 도서관의 환경에도 획기적인 변화를 줄 것으로 기대된다. 전자책은 종이책보다 싸기 때문에 부족한 예산 속에서도 더욱 많은 장서를 구매할 수 있고, 건물이 필요 없는 디지털 도서관이 얼마든지 생겨날 수 있어 도서관의 숫자를 급속히 늘릴 수 있다. 또한 디지털 도서관을 더욱 전문화시키고, 전 국민이 이용하게 할 수 있다. 디지털 도서관은 필요한 책이나 자료를 빌리러 힘들게 도서관에 갈 필요가 없기 때문에 보다 편리하게 많은 사람들이 이용할 것으로 보인다. 결국 전자책을 기반으로 조성되는 디지털 도서관은 독서의 활성화에 많은 기여를 할 수 있다.

국내 이용자의 전자책 이용행태 분석

한국전자출판협회의 조사보고서(전자책 활성화를 위한 수용자 조사연구, 2010)는 전자책에 수용자의 인식 및 이용행태를 명확히 보여 주고 있다.

전자책 이용 모습(Gettyimages)

조사는 전자책 사업을 시작하였거나 시작할 준비를 하고 있는 국내외 대표적인 온라인 서점 업체인 인터파크 도서, 교보문고, 예스24의 협조를 얻어 2010년 1월 15일부터 2010년 1월 23일까지 진행되었다. 총 2,021 부의 설문답변을 대상으로 분석하였는데, 남성이 1,004명(49.7%)이고, 여성이 1,017명(50.3%)이었다.

주요 조사결과를 정리하면 다음과 같다.

■ 전자책의 인지도 및 인지경로

전자책에 대해 얼마나 알고 있는가를 물어본 결과, 기능과 사용에 대해 잘 알고 있다는 응답자가 22.4%, 정확한 개념은 알고 있다는 응답자가 20.2%, 대충 알고 있다는 응답자가 40.2%, 들어 본 적은 있으나 잘 모른다는 응답자가 14.3%, 전혀 들어 본 적이 없다는 응답자가 1.1%였다.

전자책에 대해 알고 있는 응답자가 84.6%로, 모르는 응답자 15.4%보다 훨씬 많다는 것을 알 수 있다. 미국에서 전자책이 급성장하고, 언론에서 전자책에 대한 보도가 심심치 않게 나와 예상보다 많은 사람들이 전자책에 대해 알고 있음을 발견할 수 있었다.

연령별로는 20대에 비해 30대 이상이 전자책을 더 잘 알고 있었고, 남성이 여성에 비해 전자책을 더 잘 알고 있었다.

전자책 인지도

	비율 (%)	성별		연령대				
		남성	여성	10대	20대	30대	40대	50대 이상
기능, 사용 잘 알고 있음	22.5	28.4	16.7	18.2	20.6	22.7	25.2	30.1
정확한 개념을 알고 있음	20.1	23.6	16.7	17.6	19.7	21.0	20.2	16.4
대충 알고 있음	42.0	38.2	45.7	37.8	44.7	41.8	39.9	41.1
들어 본 적은 있으나 잘 모름	14.3	9.4	19.1	21.6	14.0	13.7	14.2	9.6
전혀 들어 본 적이 없음	1.1	0.5	1.8	4.7	1.1	0.7	0.5	2.7

전자책을 알게 된 경로는 언론의 뉴스를 통해서가 31.4%로 가장 많았

고, 인터넷 서점을 통해서가 **17.4%**, 포털사이트 책코너를 통해서가 **7.3%**의 순서였다. 반면에 전자책 판매회사의 사이트를 통해서 알게 된 경우는 **4.8%**, 친구나 지인을 통해서 알게 된 경우는 **0.8%**로 적었다. 아직까지는 전자책을 직접 사용해서 알기보다는 뉴스를 통해서 알거나, 종이책을 사기 위해 인터넷 서점을 방문했다가 아는 경우가 대부분이라고 하겠다.

연령이 낮을수록 인터넷 서점이나 전자책 판매사의 사이트를 통해 전자책을 알게 된 경우가 많고, 연령이 많을수록 언론의 뉴스를 통해 알게 된 경우가 많았다.

■ 전자책의 이용 경험 및 선호 분야

전자책을 이용해 봤는가를 묻는 질문에 대해 **44.4%**인 899명의 사람이 이용했다고 답했고, **55.6%**인 1,129명의 사람들이 이용해 보지 못했다고 답했다.

국내의 전자책 시장이 아직은 별다른 변화가 없이 조용한 상황임에도 불구하고, 전자책을 이용해 본 경험이 있는 사람들이 예상보다 많음을 알 수 있었다.

전자책 이용경험

	비율 (%)	성별		연령대				
		남성	여성	10대	20대	30대	40대	50대 이상
이용한 적 있다	44.4	46.2	42.6	31.1	42.2	48.9	44.6	49.3
이용한 적 없다	55.5	53.7	57.2	68.9	57.3	51.1	55.4	50.7

전자책의 이용자를 대상으로 한 달 평균 얼마나 전자책을 이용하는가를 알아본 결과, 1권 미만이 70.4%로 가장 많았고, 2~3권이 21.2%로 다음 순서를 차지했다. 결국 한 달에 3권 미만의 전자책을 이용하는 사람이 전체의 91.6%를 차지하고 있었고, 4권 이상 전자책을 이용하는 사람은 불과 8.4%에 불과했다. 특이한 점은 한 달에 15권 이상의 전자책을 이용한다고 대답한 사람이 전체 응답자의 1.2% 달했다는 점이다.

전자책을 이용해 본 사람들에게 주로 어떤 분야의 전자책을 이용해 봤는지 조사한 결과, 문학 분야가 24.5%로 가장 많았으며, 경제경영/자기계발이 16.5%, 어학/학습이 11.2%의 순으로 나왔다. 반면에 공학/자연과학, 건강/의학 분야의 이용률은 1% 내외로 나왔다.

남성은 경제경영/자기계발, 컴퓨터 분야의 전자책을 상대적으로 많이 읽었고, 여성은 문학, 아동 분야의 전자책을 상대적으로 많이 읽었다.

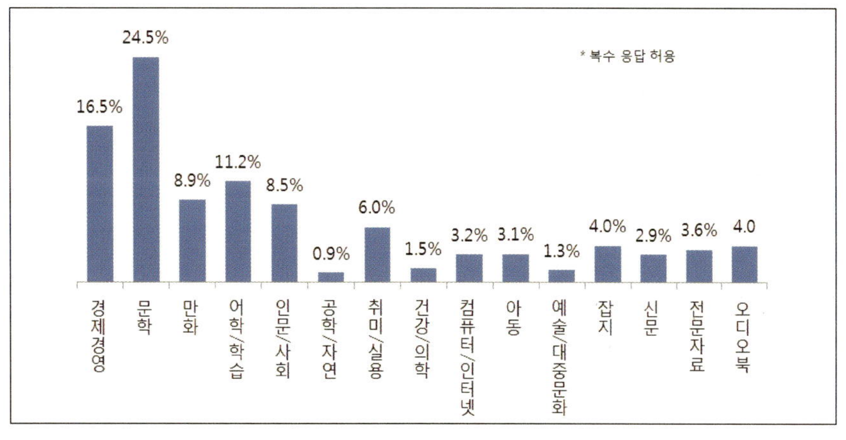

주로 이용해 본 전자책 분야

■ 전자책의 장점 및 만족도

전자책을 이용해 본 사람들을 대상으로 전자책의 장점을 물어본 결과, (책)보관의 편리성(25.8%)이 가장 높게 나왔고, 다음으로는 가격의 저렴성(21.8%), 독서의 편리성(16.9%) 등을 꼽았다. 그러나 인터넷 서점의 보편화로 종이책도 구매가 별로 어렵지 않기 때문에 구매의 편리성(14.5%)을 전자책의 장점으로 보는 응답은 다소 낮게 나왔고, 전자책이 오래된 구간(舊刊)도서 위주로 제공되기 때문에 콘텐츠의 다양성(2.5%)도 낮은 점수를 받았다.

남성은 독서의 편리성과 보관의 편리성을 전자책의 장점으로 꼽았고, 여성은 구매의 편리성을 전자책의 장점으로 꼽았다.

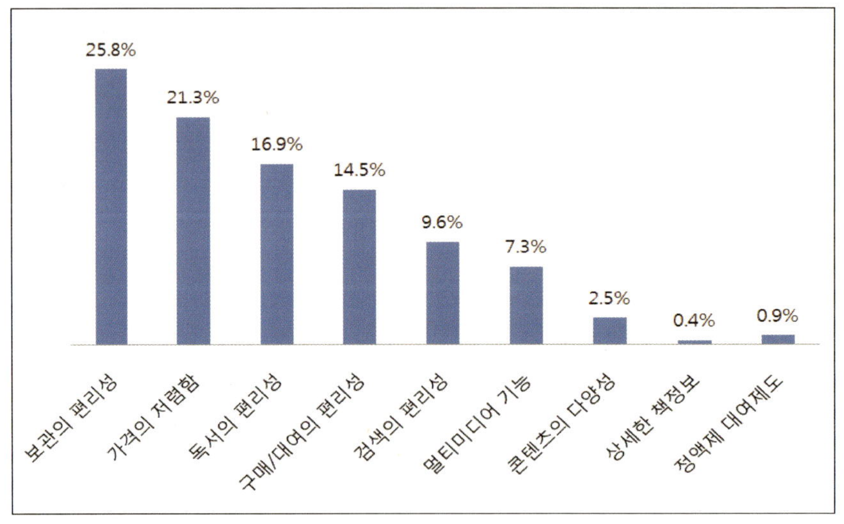

전자책의 장점

전자책을 이용한 경험이 있는 사람들을 대상으로 전자책의 장점을 물어보았다. 아주 만족한다는 대답과 대체로 만족한다는 대답을 합쳐 34.9%의 사람들이 만족한다는 대답을 해서, 대체로 불만족한다는 대답과 아주 불만족한다는 대답을 합친 19.1%보다 많았다. 만족한다 대답이 불만족이라는 대답보다 두 배 가까이 높았으나, 보통이라고 대답한 사람이 절반에 가까운 것을 보면 아직 전자책이 개선되어야 할 점이 많다는 것을 암시하고 있다.

■ 전자책의 한계 및 개선요구사항

전자책을 이용해 본 경험이 없는 사람들을 대상으로 전자책을 사용하지 않는 이유를 물었다. 36.6%의 사람들이 전자책의 필요성을 못 느낀다고 답했고, 23.8%의 사람들이 이용할 만한 콘텐츠가 없어서라고 대답하였다. 또한 이용이 불편해서라는 대답이 11.7% 나왔고, 어디서 구입하는지 몰라서라는 대답이 11.3% 나왔다.

결국 전자책을 활성화하기 위해서는 읽을 만한 콘텐츠를 보다 풍부히 제공하고, 사용자 편리성을 더욱 강화하는 것이 필요하다는 것을 의미한다. 연령별로는 10대와 50대 이상에서 전자책을 잘 모른다는 답이 많이 나왔다.

	비율 (%)	성별		연령대				
		남성	여성	10대	20대	30대	40대	50대 이상
전자책에 대해 모름	9.3	7.4	11.1	15.6	10.2	8.2	7.0	17.3
이용할 만한 콘텐츠가 없어서	23.9	29.1	19.0	15.6	22.3	27.1	22.0	26.9
이용이 불편해서	11.7	9.6	13.6	8.3	12.6	11.6	13.0	7.7
어디에서 구입할 수 있는지 몰라서	11.4	12.5	10.4	15.6	8.8	10.1	14.0	13.5
필요성을 못 느껴서	36.5	34.2	38.8	32.1	34.9	36.8	40.3	32.7
기타	1.5	1.2	1.8	–	3.6	1.0	0.3	1.9
전자책이 없어서	0.7	0.8	0.6	1.8	0.7	0.6	0.7	–
종이책 선호	2.0	1.3	2.6	1.8	2.9	2.2	1.0	–
비용 부담	2.4	2.8	2.0	9.2	3.6	1.3	1.3	–
기존의 재품 기술 미비	0.4	0.8	0.1	–	0.5	0.6	0.3	–

앞으로 전자책이 더욱 많이 이용되기 위해서 개선되어야 할 점을 물어본 결과, 우수콘텐츠의 확충(27.7%)을 가장 시급한 것으로 꼽았고, 다음으로는 이용의 편리성(20.1%), 전자책 단말기의 개선(13.6%)을 꼽았다. 반면에 전자책 발전의 걸림돌로 많이 지적되어 왔던 전자책 포맷 표준화(7.5%), 데이터 통신비 감액(9.4%)은 꼭 필요한 우선순위에서 밀렸다. 또한 불법복제 방지 및 처벌강화, 다양한 부가기능 개발, 오디오북의 제작 등은 중요하다고 생각하는 이용자가 적었다.

■ 앞으로 전자책으로 제작되어야 할 분야

어떤 분야가 앞으로 전자책으로 만들어져야 된다고 생각하는가 하는 질문에 대해서, 어학/학습(20%)이 가장 많은 답변을 받았고, 다음으로는 문학(19%), 경제경영/자기계발(15%)의 순서였다. 그리고 신문, 잡지, 전문자료도 적지 않은 필요성을 느끼고 있음을 알 수 있었다.

이러한 결과는 전자책 이용 분야 조사와 약간 다른 결과를 보였다. 즉 이미 이용해 본 전자책은 문학 분야가 많지만, 앞으로 제작되길 바라는 전자책 분야는 어학/학습이 많은 것으로 나타났다. 그러나 전체적인 틀에서 어학/학습, 문학, 경제경영/자기계발 분야가 관심이 많다는 측면은 일맥상통한다. 남성이 경제경영/자기계발 분야를 시급히 전자책으로 만들어야 된다는 의견이 높았고, 여성은 어학/학습 분야에 대한 필요성이 높았다.

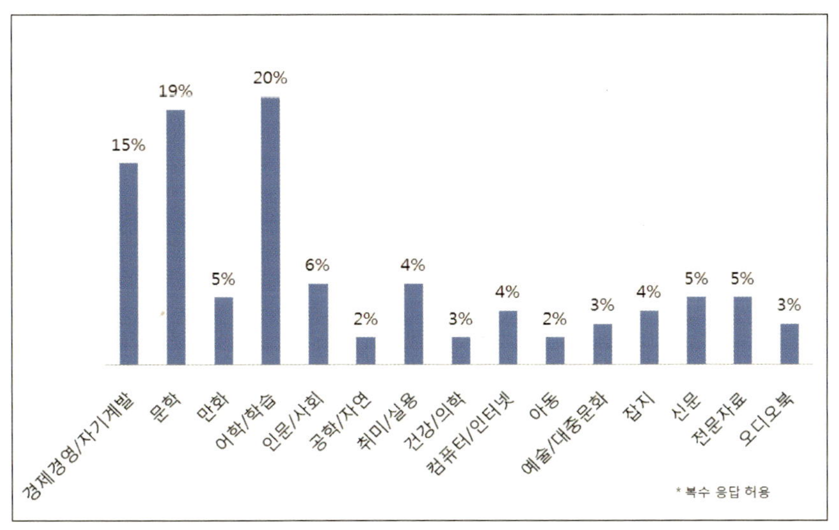

향후 전자책으로 제작되어야 할 분야

■ 전자책 활성화에 따른 긍정적 효과

전자책이 활성화되면 나타날 수 있는 긍정적인 효과에 대해 물어본 결과, 종이소비량 감소 및 지구생태계의 보호(20.8%)에 가장 높은 점수를

주었고, 다음으로는 지식 및 정보 확대(13.3%), 독서문화 증진(12.7%) 등
을 꼽았다. 또한 전자책이 저술활동의 증가, 디지털 문화복지 향상에 도움
을 줄 수 있다는 의견도 많았다. 반면에 전자책의 해외수출은 별로 기대할
것이 없다는 의견이 많았다. 전자책의 활성화가 독서문화 증진 및 저술활
동의 증가에 효과가 있을 것이라는 의견이 많은 것을 눈여겨볼 만하다.

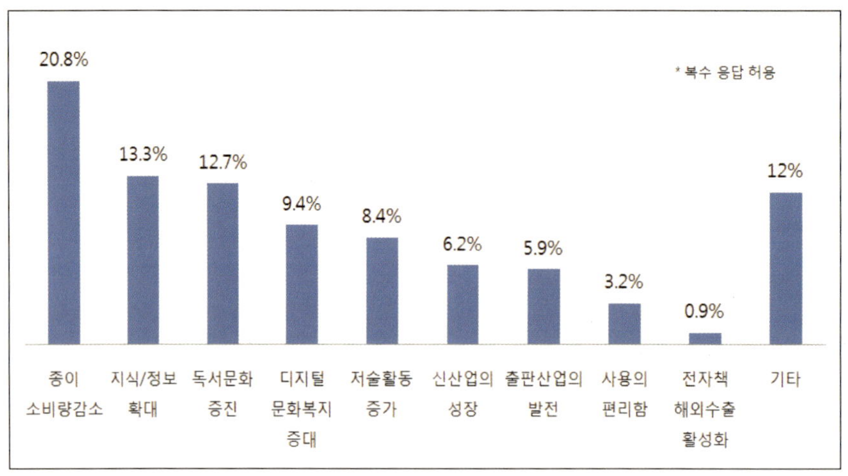

전자책 활성화의 긍정적 효과

■ 종이책 대비 전자책의 적정 가격

종이책의 평균 가격에 비해, 전자책의 가격이 어느 정도이면 많이 사용
할 것이냐는 질문에 대해서, '종이책의 1/4 가격'이 39.9%로 가장 많았고,
다음으로는 '종이책의 1/3 가격'이 30.4%, '종이책의 1/2 가격'이 21.0%로
나왔다. 응답자의 70% 이상이 전자책의 적정가격은 종이책 가격의 1/3〜
1/4이 적당하다고 응답하였다. 이것은 3,000원〜4,000원 수준이다.

현재 전자책의 가격이 종이책의 50~60%인 점과 비교하면, 독자들은 전반적으로 더 낮은 가격에 전자책이 제공되기를 원하는 것으로 나타났다.

■ 전자책 불법 다운로드 경험 및 이유

전자책을 불법 다운로드한 경험이 있는가를 물었다. 29.2%인 590명이 불법 다운로드 경험이 있다고 대답을 했고, 70.8%인 1,428명이 없다고 대답하였다. 적지 않은 사람이 불법 다운로드의 경험이 있는 것으로 나타났다.

불법 다운로드 경험이 있는 사람을 대상으로 그 이유를 물었다. 31.8%가 '전자책 콘텐츠의 가격이 비싸서'와 '원하는 콘텐츠가 없어서'라고 대답하였고, 17.0%의 사람들이 'PC 외에 최적화된 전용단말기가 없어서'라고, 11.5%의 사람들이 '합법적인 다운로드받는 경로를 몰라서'라고 대답하였다. 불법 복제 방지장치가 불편해서라고 대답한 사람은 6.4%에 불과하였다. 따라서 전자책의 불법 다운로드를 막고 전자책을 활성화하기 위해서는 전자책 콘텐츠의 가격을 좀 더 인하하고, 신간 베스트셀러 등 보다 다양한 전자책 콘텐츠를 독자들에게 제공하는 것이 필요하다고 하겠다.

■ 전자책 단말기 구매의 고려요인 및 요구사항

전자책 단말기를 산다면, 어느 정도의 가격이 적당하다고 생각하는가를 묻는 질문에 대해, 60%가 넘는 사람들이 '15만 원 이하'라고 대답하였다. 또한 75%가 넘는 사람들이 20만 원 미만이라고 답했다. 이것은 현재 국내에서 판매되는 전자책 전용단말기의 가격인 20만 원대 중반부터 40만 원대 초반인 것과 많은 차이가 난다. 그리고 미국에서 가장 많이 팔리는 아마존의 킨들 가격 259달러와도 차이가 있다.

그러나 미국이 우리나라에 비해 국민소득이 2배 정도 높은 점을 감안하면, 국민소득을 감안한 킨들의 체감 가격은 거의 15만 원대이므로, 향후 국내 전자책 시장이 미국처럼 활성화되기 위해서는 15만 원대 전후의 전자책 단말기가 많이 나와야 할 것으로 보인다.

전자책 단말기를 구매할 때 어떤 점을 많이 고려하겠느냐는 질문에 대해, 절반에 가까운 응답자들이 전자책 읽기의 편리성(48.4%)을 꼽았다. 물론 전자책 단말기가 전자책을 읽는 기기이기 때문에 이런 대답이 나왔을 것이지만, 반면에 읽기에 영향을 미치는 화면 크기나 저장용량 등은 큰 문제로 생각 안 하는 것으로 보였다.

그러나 가격 조건(23.3%)이나 콘텐츠 구매의 편리성(11.9%) 등은 어느 정도 구매의 중요한 포인트로 여기고 있었다. 또한 소수의 의견이긴 하지만, 고장 수리의 편리성, 속도, 지원 포맷, 콘텐츠의 다양성을 구매 시 고려하겠다는 의견도 있었다.

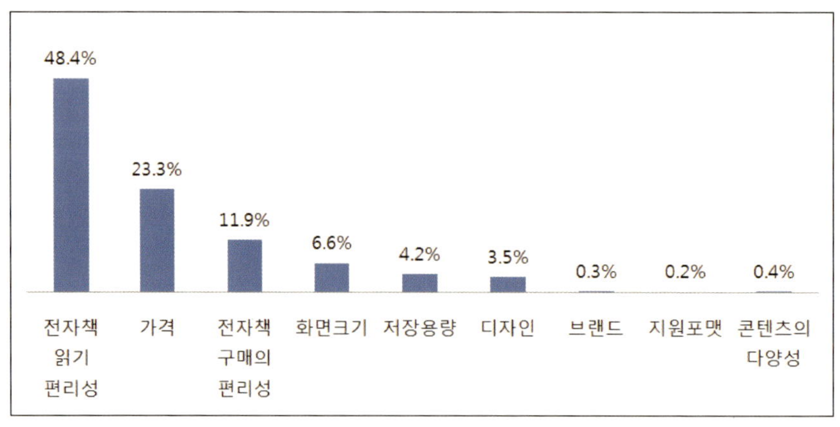

전자책 단말기 구매 시 고려 사항

전자책을 읽기 위해 구매의향이 있는 단말기를 물어본 결과, 전자책 전용단말기가 36.0%로 가장 많았고, 다음으로는 스마트폰이 21.1%로 많았다. 이 외에도 PMP와 넷북을 꼽는 응답자도 많았다. 결국 여건이 허락하면 전자책 전용단말기를 구입하고 싶지만, 여건이 어렵다면 스마트폰이나 PMP, 넷북 등의 기기를 사서 전자책을 함께 이용하겠다고 생각하는 사람이 많은 것을 뜻한다.

향후 전자책 단말기에서 꼭 필요하거나 추가되어야 하는 기능을 묻는 질문에 대해서는 휴대폰 망이나 WiFi를 통한 전자책 구매(23%), 읽어 주기 (TTS) 기능(16%), 검색 등 인터넷 기능(17%), 필기 인식 기능(16%) 등이 많이 선택되었다. 이러한 이용자들의 요구사항은 현재 전자책 단말기가 개선되고 있는 방향을 그대로 나타내 주고 있다.

즉 현재 우리나라에서 개발되고 있는 전자책 단말기들은 휴대폰 망과 WiFi를 통한 검색 및 전자책의 구매가 제대로 이루어지는 방향으로 신제품이 개발되고 있다. 이러한 사용자들의 요구는 앞으로 나오는 전자책 단말기에서는 반드시 구현되어야 한다.

그리고 눈여겨볼 만한 조사결과는 읽어 주기 기능과 필기 인식 기능에 대한 요구인데, 이런 측면은 현재 우리나라 전자책 단말기의 기술 개발 핵심 영역에서 다소 벗어난 것으로 보인다.

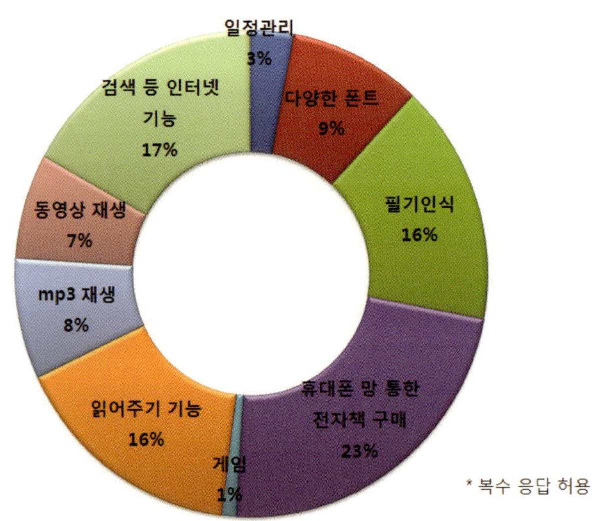

전자책 단말기에서 꼭 필요하거나 추가되어야 하는 기능

■ 전자책에 대한 기대사항

전자책을 구입하게 된다면 종이책과 내용이 동일하기 원하는가에 대한 질문에 대해, 동일하기를 원하는 응답이 절반을 넘는 **53.9%**, 반대는 **46.1%**로 조사되었다. 물론 추가적인 조사가 필요하겠지만, 현재까지는 응답자들 중 다수는 전자책을 여러 가지 새로운 가능성을 가능성 지닌 새로운 전달매체라기보다는 기존의 종이라는 전달매체의 대용적인 전달 매체로만 이해하는 것으로 보인다.

기존의 종이책 내용에 어떤 콘텐츠가 추가되는 것이 좋을까를 묻는 질문에 대해, '책 내용에 관한 참고 자료'가 가장 높은 응답(33.1%)을 받았고 '동영상(31.0%)'이 두 번째로 많은 응답을 받은 것으로 조사되었다. 이미지와 오디오가 각각 세 번째, 네 번째로 선정되었지만 앞선 두 항목에 비해서는 상당히 낮은 빈도의 응답을 받은 것으로 나타났다. 이러한 결과는 독자들은 이제 전자책이라는 매체를 단순한 오디오나 이미지의 첨가 정도가 아니라 기존에 해 왔던 시도와는 차별이 있는 동영상을 강조하는 새로운 형태를 기대한다는 것을 알 수 있을 뿐만 아니라 단순히 기존의 책을 디지털화하는 것만이 아니라 새로운 자료가 포함될 것을 기대한다는 것을 의미한다고 하겠다.

제8장

전자출판 정책

01

국내 전자책 시장의 문제점 및 성장조건 진단

아마존 킨들의 성공에 따른 시장 확대의 기대감과 선진국의 전략적 움직임의 영향으로 국내 전자출판 산업의 시장여건은 호전되고 있는 상황이다.

그러나 미래 전략산업으로서 전자출판 산업에 대한 범정부 차원의 체계적 지원시스템이 미흡한 상황이다. 전자출판 분야의 콘텐츠 수요 및 공급자원이 부족하여 경쟁력 있는 콘텐츠 창작과 시장 성장에 한계를 노정하고 있다. 영화, 음악 등 불법다운로드가 고착된 현행 유통경로 문제점이 전자출판 산업에도 이어질 것이라는 출판계의 불안이 여전하다. 미디어 컨버전스 환경 및 다양한 콘텐츠 소비접점의 확대로 인한 전반적인 출판 분야 퇴조와 독서문화의 침체도 문제다. 이용자 편익을 고려한 진보적 기술도입과 표준화기술 확보에 대한 산업계의 관심 부족 역시 성장의 걸림돌이다.

보다 구체적으로 국내 전자책 시장의 문제점 및 성장과제를 진단하면 다음과 같다.

첫째, 전자출판 산업을 선도할 수 있는 산업정책체계가 미흡하다.

디지털 환경 변화에 따른 국가 차원의 정책 총괄조정기능이 미흡하다.

역동적인 산업 환경에 조응할 수 있는 정책적인 대응이 미흡하고 미래 전략산업으로서 전자출판에 역량을 집중할 수 있는 체계적인 지원체계가 부족하다. 종합적이고 일관된 정책 개발 및 추진체계의 마련이 시급하다고 하겠다.

전자출판 산업의 구조적 제 문제에 대한 정책적 해결이 시급하다. 공공분야(디지털 도서관) 중심의 B2B 위주 시장은 성장에 한계를 내포한다. 불법유통을 우려하는 출판사들의 기피로 신규 전자책 콘텐츠가 절대적으로 부족한 상황이다. 또한 무선 데이터 요금(패킷비용) 등의 부담으로 인해 모바일콘텐츠 이용 활성화에 제약이 많다.

둘째, 지속성장의 장애물로서 창작과 공급의 문제점이 노정된다.

콘텐츠 부족 등 출판생산력의 부실이 우려된다. 출시된 지 6개월에서 1년 지난 책들을 전자책으로 제공하던 방식이 일반적인 관행이기 때문에 신간도서에 대한 독자들의 니즈를 제대로 충족하지 못하고 있다는 비판이 적지 않다. 특히 한국 출판 시장의 상당 비중을 차지하고 있는 번역서는 별도의 디지털 저작권 계약이 거의 되어 있지 못한 상황이다. 전자책 콘텐츠는 대체로 국내 실용서와 로맨스 소설 위주이다.

신간을 종이책과 전자책으로 동시 출간할 수 있는 환경이 마련되어 있지 않다. 오프라인 출판사는 종이책 판매량 감소를 우려해 인기 서적이나 전문 서적들을 전자책 전용 콘텐츠로 제공하는 데 꺼리고 있는 입장이다.

공급자, 인쇄매체 중심의 출판 산업구조가 여전히 지배적이다. 창조적 콘텐츠 제공보다는 자본력, 마케팅과 결합한 인기작가의 소설을 주로 제공하는 블록버스터 현상이 팽배하다. 향후 저작권자가 전자출판 환경에서 주도권을 행사할 것이라는 의식이 팽배한데, 해외의 경우는 사업자나 플랫폼 제공자의 역할에 더욱 큰 기대를 하고 있는 상황이다. 출판사의 최종 결정권자들도 전자책이 종이책 판매에 부정적인 역할을 한다고 인식하는 경우가 많은 게 사실이다.

전자출판 1인 창조기업 지원정책이 미흡하다. 전자출판의 경우 영역이 정교하게 분화되어 있고 비교적 아웃소싱 시스템도 잘 갖추어져 있어 고성장 가능성이 있지만, 초기 창업자본 등의 문제로 인해 여전히 창업에는 높은 벽이 존재한다.

셋째, 유통구조의 개선과 혁신노력이 미흡하다.

전자출판 시장의 새로운 유통질서 확립이 시급히 요구된다. 현행 전자출판 시장에서 콘텐츠 유통은 단말사업자, 이통사, 유통사 등에 의해 주도되는 형국이다. 콘텐츠를 보유한 출판사가 유통시장에서 정당한 대가를 받지 못하고 있다는 피해의식이 팽배하다.

불법복제 우려와 문제점으로 선순환 시장구조가 조성되지 못하고 있다. 불법복제에 대한 우려와 문제로 출판사의 시장진입 기피 등 시장의 악순환구조가 지속되고 있다. 저작권료의 산정 및 배분, 제2차 저작물 등의 권리관계에 대한 기준이 부재하다. 지나친 규제보다는 사회적 인식 전환을 통해 출판 콘텐츠의 합법적 다운로드를 권장하고 투명한 거래질서 확립을 위한 건전유통경로를 육성하려는 노력이 필요한 시점이다.

넷째, 독서문화의 전반적인 퇴행이 가속화하고 있다.

이용매체와 콘텐츠 소비 다양화로 인한 독서에 대한 관심 부족이 심화되고 있다. 성인 1인당 하루 평균 영상매체(TV, 영화) 접촉은 120분, 정보오락매체(인터넷, 게임, 휴대폰·PDA)는 115분인 반면, 인쇄매체는 1인 평균 54분으로 매우 저조한 상황이다. 특히 성인의 독서량은 10명 중

7명이 1년에 1권으로 매우 저조하다. 1인당 하루 평균 책의 매체 점유율은 3.5%의 미미한 수준이다. 만화, 잡지를 포함해 월 0.9권으로 경제협력개발기구(OECD) 국가 중 최하위권 수준이다. 출판 콘텐츠의 새로운 유통채널인 전자책을 적극 활용해 디지털 신독서문화 조성전략이 필요한 시점이다.

다섯째, 전자출판 시장의 도약 위한 기술적 조건이 미흡하다.

뒤늦은 시장열기로 인해 이용자 편익을 고려한 기술 확보가 미흡하다. 선진각국에 비해 비교적 연구개발 시기가 늦어 원천기술 및 특허, 핵심부품, 장비, 재료 분야 등 기술 전반이 열세에 있는 상황이다. 특히 이용자가 직접 불편함을 느끼는 가독성, 기능성 미비 등에서 여전히 문제점이 해결되지 않아 개인 이용자를 상대로 하는 B2C 시장이 활성화되지 못하고 있다.

전자출판 기술표준화도 중요한 해결과제로 부상하고 있다. 전자책 표준화에 대한 문제점을 해결하는 것도 중요한 과제인데, 전자책 표준기구의 창설과 이를 통한 해결이 요구된다. 국내뿐만 아니라 해외 표준 포맷기구와의 유기적인 협력을 통해 전자책 표준화의 체계를 구축할 필요가 있다.

02

전자출판 진흥을 위한
각국의 정책적 노력 및 한국의 가능성

교육선진화 및 녹색성장 측면에서 많은 장점을 갖고 있어 각국 정부는 디지털 교과서 보급 등의 e-Book 육성정책을 추진 중이다. 2008년 7월 미국은 'Higher Education Opportunity Act'에서 대학생들의 교과서 구입비용을 낮추기 위한 대안으로 e-Book을 제시한 바 있다. 2009년 9월에 캘리포니아 주는 초·중·고교과서를 e-Book으로 대체하기 위해 KindleDX를 시범적으로 배포했다.

유럽은 구글과 같은 미국 기업의 지식독점 시도에 맞서 독자적인 디지털 도서관을 완성하는 데 정책적인 공조를 취하고 있다. EU는 유럽디지털 도서관 프로젝트인 EUROPEANA를 2005년부터 추진하여 유럽 내의 145개 문화기관과 도서관을 네트워크로 연결했으며, 2009년 10월에는 디지털 도서관을 오픈해 온라인을 통해 유럽연합과 관련한 지난 50년간의 문서를 무료로 제공하고 있다.

일본도 독자적인 전자출판 네트워크를 구축하기 위해 여러 가지 정책적인 지원을 아끼지 않는다. 우선 1998년 10월에는 전자도서 시장을 개척하기 위해 통상성의 지원하에 '전자서적 컨소시엄(E-BOOK Japan, http://www.ebj.gr.jp)'이 구성되는데, 출판사, 서점, 유통회사, 인쇄소, 통신·전자회사 등 155개 사가 참여하는 대규모 프로젝트가 추진되었다.

또한 일본 국회도서관은 구글이 추진하고 있는 디지털 도서관 프로젝트에 대항하기 위해 소장 도서의 디지털화에 박차를 가하여, 약 77만 3,000권의 도서를 디지털화한 것으로 알려졌고, 저작권법 개정으로 저작권이 있는 서적에 대해서도 자료보존 목적으로 디지털화할 수 있는 권한을 갖게 되었다. 그리고 일본정부는 2009년부터 국회도서관, 저작, 출판사가 연합해 디지털 도서의 유통 비즈니스 모델을 개발하는 일본단행본검색제도, 일명 재팬 북서치(Japan Booksearch)의 추진을 지원해 주고 있다.

중국은 '국가11차5개년계획'에서 2010년까지 모든 출판업체가 전자책을 출판하고, 2018년 중국 전역에서 e-Book을 구입할 수 있는 환경을 조성하겠다고 발표했다. 대만 교육부는 향후 5년간 15억 5천만 달러(약 1조 8천억 원)의 예산을 배정해 2010년부터 학생들에게 e-Book 단말기 보급을 시작할 예정이다.

국내에서도 전자출판을 활성화하기 위한 여러 가지 정책적인 지원방안이 시행되어 왔다. 2000년대에 들어와 전자책의 열풍이 불자, 문화체육관광부와 과거 정보통신부는 각각 전자출판육성방안을 따로 세우고, 이러한 정책을 추진할 사단법인의 결성을 지원하였다. 그에 따라 문화체육관광부 산하에는 한국전자출판협회(KEPA), 과거 정부통신부 산하에는 한국지식정보콘텐츠산업협회(KEBIA)가 각각 설립되었다. 그러나 전자출판육성 일원화 방침으로 전자출판에 관련된 업무는 문화체육관광부로 일원화되었다. 문화체육관광부는 전자출판 산업을 다매체 디지털 생산기반 구축, 우수 u-book 콘텐츠 제작·보급 지원, 공유저작물의 디지털 출판 및 보급 지원, 디지털 출판 콘텐츠 저자 발굴, 전자출판물의 인증·납본 시스템의 제도화란 측면에서 지원해 왔다.

그런데 최근 전자책이 다시 새로운 붐을 조성하자 교육과학기술부에서는 디지털 교과서에 대한 독자적인 정책을 추진하고 있고, 과거 정보통신부를 흡수한 방송통신위원회는 전자책 단말기와 모바일을 이용한 전자출판 영역에 대한 지원사업을 추진하고 있다.

특히 교육과학기술부(舊교육인적자원부)는 2007년부터 '디지털 교과서 상용화계획'을 추진하여, 현재 시범학교를 지정·운영 중이며, 2011년부터 국어, 영어, 수학 과목부터 가정에서도 활용 가능한 디지털 교과서를 기존 종이교과서와 함께 보급하기로 하는 등 전자출판육성에 대해 깊숙이 개입되어 있다.

이렇게 다른 어느 나라보다 전자출판 산업에 대한 진흥의지가 커서, 한국은 전자출판 부문에서 분명 창조적 리더가 될 수 있다. 전자출판 산업은 명실상부한 'New Publishing'으로서 새로운 기회를 쥐어 주고 있다. 복합미디어시대 전자출판은 최근의 큰 화두인 창조경제, 지식기반사회의 지속 가능 성장을 위한 원동력으로 작용하며 더욱더 커다란 관심을 불러일으킬 터이다. 기존 출판계는 이러한 흔치 않은 큰 기회를 적극 활용해야 한다. 스스로 돕고 스스로 변화하여 선진화라는 방향을 따라 전자출판 산업을 크게 일으키는 것이 바로 우리 사회와 고객이 바라는 내용이다.

현재 드러난 우리 전자출판 산업의 문제점과 이슈에 적절하게 대응하는 것과 함께 정책 주체의 의지와 전략 방향을 반영하는 종합적 해결책이 되어야 한다.

이러한 관점에서 5가지 전략 카테고리가 필요하다고 하겠다.

첫 번째는 '산업기반 구축'이다. 향후 시장 확대의 기대감은 높으나 다양한 콘텐츠 부재 및 킬러콘텐츠의 부족 등 강력한 성장 동력이 부재하다는 문제를 해결해야 한다. 자본력, 출판 산업계의 구조적 문제점, 정책체계의 미비 등이 복합적인 성장저해요인으로 작용해 왔던 것도 고쳐 나가야 한다. 이제는 전자출판 산업의 역동적인 국내외 흐름에 부응하는 산업진흥정책이 조속하게 마련되어야 할 시점이 되었다.

두 번째는 '콘텐츠 창작과 공급역량 강화'이다. 우수한 콘텐츠 창작자와 출판 콘텐츠를 발굴하고 육성할 수 있는 제도와 장치가 제대로 마련되어 있지 못하다. 국내 전자책 콘텐츠는 중복 콘텐츠를 제외하면 매우 부족한 실정으로 새로운 독자유인 및 성장이 지체되는 중요한 원인이다. 전자출판 산업은 창업, 콘텐츠 제작, 유통 등 관련 분야에 1인 창업 및 진출이 가능한 업종이라는 점을 최대한 살려 나가는 정책을 실행해야 한다.

세 번째는 '유통시스템 선진화'이다. 현행 출판유통구조 기반의 부실과 불법유통을 우려하는 출판사들의 기피로 신규 전자책 콘텐츠의 부족현상 심화를 해소해야 한다. 전자출판물의 거래 표준계약 가이드라인 마련과 이해관계자들 간의 합리적 사용범위에 대한 충돌 우려를 또한 걷어 내야 한다. 이로써 출판 산업의 글로벌 경쟁력 확보를 위하여 미국, 중국 등 핵심 해외시장에 대한 진출사업을 효과적으로 추진해 나가야 한다.

네 번째는 기반인프라 범주의 '기술혁신'이다. 답보상태의 전자책 단말기 보급을 위해서는 사용자 이용활성화와 편의개선을 위한 구체적인 기술개발이 필요한 시점이다. 또한 전자책의 표준화를 위한 연구와 관심이 미흡한 상황이다. 기술 확보를 위한 국내 기업들의 노력이 가시적으로 드러나지 못하고 있는 현실을 넘어서야 한다.

전자책으로 행복한 인간
(Gettyimages)

다섯 번째는 '디지털 新독서문화 확산'이다. 다양한 미디어 접점의 증가로 출판수요에 대한 위축 현상을 시정해야 한다. 소외계층 등의 문화적 박탈감이 심화되고 있어, 이를 해결하기 위한 전자출판 산업의 공공성 측면이 부각되고 있는 여건을 잘 활용해야 한다. 이를 위해서는 이용자들이 일상생활에서 쉽게 전자책을 접하고 매력을 느낄 수 있도록 유도하는 온-오프라인 융합형태의 사업들이 필요하다.

03

전자책 산업 진흥 5개년 육성방안의 주요 내용

문화체육관광부는 최근에 급성장하는 전자출판 산업을 종합적으로 지원하고 우리나라가 세계전자출판 시장을 선도하기 위한 발판을 마련하기 위해, 기존의 지원정책을 뛰어넘는 혁신적인 육성방안을 준비해 지난 2010년 4월에 발표하였다. 문화체육관광부가 발표한 전자책 산업 육성방안의 주요 골자를 살펴보면 다음과 같다.

▲ 전자출판 진흥 관련 법령 정비

디지털 환경에 부응하는 전자출판 산업 진흥을 위한 법 체제가 미흡하고 이에 따른 전자출판 산업 진흥을 위한 관련 부문 진흥시책 추진의 효과를 제고시키기 위함이다. 기존 '출판문화산업진흥법'([법률 제9932호]로 개정)에는 전자출판물에 대한 선언적 정의만 규정하고 있어 산업적, 제도적 지원에 한계가 있었다. 이에 따라 전자출판 산업 법령정비의 필요와 진흥 관련 근거 규정 마련이 필요하게 된 것이다.

▲ 범정부적 전자출판 산업 진흥협의회의 설치운영

녹색성장의 핵심산업인 전자출판 산업이 주무부처인 문화체육관광부를 위시하여, 교육과학기술부, 지식경제부, 방송통신위원회 등 부처별로 각각 진흥정책을 추진함으로써 통합적 정책추진 등의 효율성 제고를 위해 관련 부처는 물론 관련 기관 간의 역할분담을 통하여 법정부적 전자출판 산업 진흥협의회의 신설이 필요하다고 하겠다.

▲ 전자출판 전문인력 양성

국내외적인 전자출판 산업에 대한 사회적 관심과 산업적 요구에 부응하기 위하여 전자출판 전문인력 양성의 필요성이 대두되고 있는 상황이다. 또한 디지털환경과 콘텐츠 융합시대에 적합한 전자출판 콘텐츠 제작인력의 원활한 수급을 위한 산학 연계 전문교육의 개설이 요구된다. 그 수단으로는 무엇보다도 산학협력 전자출판 전문인력 양성을 위한 관련 대학의 출판관련·미디어학부 등 관련 학과와 산학연계 전문화 교육을 창설할 필요가 있다.

▲ 우수 출판 콘텐츠의 전자책 제작지원

국내에서 유통되는 전자책 콘텐츠는 30만 종으로 추정되나, 중복 콘텐츠를 제외하면 5~6만 종에 불과한 것으로 추정된다. 특히 국내 유통되는 전자책 콘텐츠의 상당수는 신간보다는 대부분이 출간된 지 일정 기간 지난 비인기 콘텐츠들로 전자책을 외면하는 요인으로 작용하였다. 우수종이책 콘텐츠를 다량 전자책으로 제공하는 유인책을 마련하여, 전자책 독자의 이용만족도 제고시킬 필요가 있다고 하겠다.

▲ 우수 전자책 제작 확산을 위한 디지털저자 발굴 지원

전자책에 대한 대중의 관심촉진과 창작 콘텐츠스토리 작가 발굴은 신규 콘텐츠의 확산 보급을 위해 중요하다고 할 수 있다. 다양하고 차별화된 전자책 콘텐츠 소재 및 디지털 시나리오 작가를 발굴함은 물론 창작 기획 및 디지털스토리 공모전을 통해 우수 디지털 신인 작가상, 시나리오 시상 등으로 고려하고, 공신력 있는 인터넷 블로그 디지털 소설가들의 등단제도와 권위 있는 행사의 상설화 등도 검토해 볼 필요가 있을 것으로 판단한다.

▲ 전자출판 1인 창조기업 육성 지원

기존(영세업자) 출판 관련 기업뿐만 아니라 신생(취업자) 전자출판 1인 창조기업이 육성되고 성공할 수 있는 토대를 마련해 그 기초토양을 단단히 다져 줄 필요가 있다. 신생 전자출판 창조기업의 창업을 지원하는 원스톱 서비스 및 전자책의 제작·유통을 보다 손쉽게 할 수 있는 서비스를 제공하여야 한다.

▲ 전자출판 콘텐츠 유통관리 체계 확립

출판계는 그동안 전자책 콘텐츠를 보유한 출판사가 유통시장에서 공정한 수익배분 및 합리적 이용 등에 대하여 정당한 대가를 받지 못하고 있었던 것이 사실이며, 기본적으로 3년인 출판권 이후의 제2차 저작권(전송권)의 계약 문제 등이 불분명하여 전자책 콘텐츠의 온라인 혹은 모바일 유통에 상당한 불신을 걷어 내기 힘들었던 것이 현재의 전자책 시장이라고 볼 때 투명한 저작권료의 배분과 산정을 위한 전자책 자산관리센터의

구축지원은 전자책 시장의 확산과도 밀접한 관련이 있다고 할 수 있다. 그리고 투명한 유통관리 및 거래질서 확립을 위하여 개인, 저작권자, 출판사, 유통업체 등 이해 관계자 간의 건전한 유통체제 정립이 무엇보다도 필요하다고 하겠다.

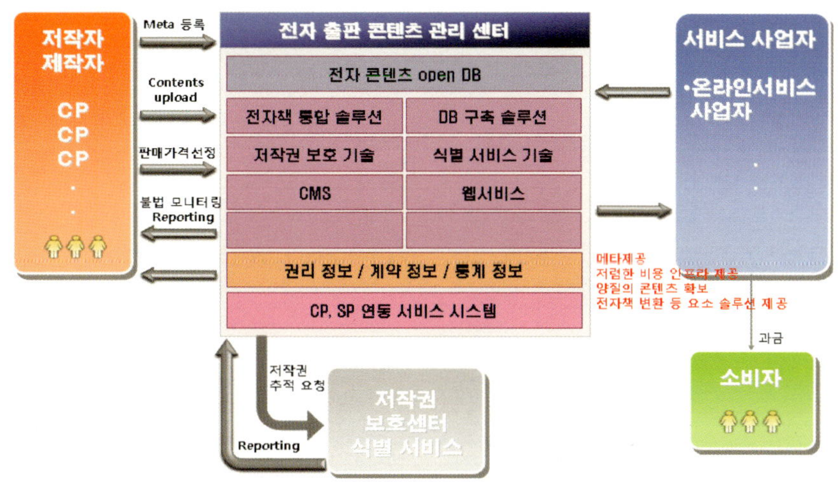

▲ 전자출판 콘텐츠 공정거래 환경 조성

기존 도서의 전자출판 전환 활성화를 위해서는 무엇보다도 저작권자-출판사-전자책 사업자 간의 긴밀한 협의와 합의가 절실히 요구된다. 저작자와 출판사 간, 출판사와 전자책 사업자 간 이해관계를 조정하고 명확한 권리의 이전 및 설정에 대한 표준계약서의 마련이 시급히 필요하다 할 수 있다.

▲ 공유저작물(퍼블릭도메인)의 콘텐츠 뱅크 구축지원

현재 아마존의 킨들과 구글의 디지털아이브러리에서 서비스되고 있는 전자책 콘텐츠의 상당수는 공유저작물이라고 한다. 저작권이 소멸된 출판물이나 공공영역에서 제작된 출판물(잡지를 포함)을 디지털로 변환(전자책, 오디오북)하여 공공 혹은 공익적 지식과 콘텐츠를 국민에게 제공하여 지식콘텐츠 뱅크를 구축함을 물론 나눔문화의 확산이라는 지식사회적 기부의 확산운동에도 적지 않은 영향을 줄 수 있는 사업이라 할 수 있다.

이상이 최근 문화체육관광부가 전자책 산업을 육성하기 위한 정책으로 제시한 주요 정책 중 일부이다.

04

디지털 도서관 정책

국립중앙도서관은 2009년 디지털 도서관 개관을 통해 국내외적으로 중요한 전기를 맞이하였다. 물리적 공간인 '정보광장'과 가상공간인 '디브러리 포털'이 공존하는 새로운 개념의 디지털 도서관으로, 공공 도서관의 디지털자료 이용모델로서, 웹2.0시대를 추구하는 선도적인 도서관 운영을 목표로 출발했다. 미디어 산업의 발전과 정보환경의 급격한 변화와 디지털 출판물의 등장과 더불어 온라인 자료의 효율성이 증대되면서 다양해진 도서관 이용자들의 욕구에 따라 국립중앙도서관 디지털 도서관 건립의 필요성이 대두되면서 내부적으로도 디지털정보자원의 효율적인 수집, 정리, 보존 및 이용을 목적으로 디지털 도서관 건립이 요구되었던 것이다. 2001년 대통령업무보고 시 건립필요성이 제기되어, 2002년에 기본계획을 수립 추진하여 2005부터 2008년까지 3년간의 공사기간을 거쳐 총 1,237억 원의 비용을 들여 연면적 38,014㎡의 지상 3층 지하 5층의 디지털 도서관을 2009년 5월 25일에 개관하였다.

최신 디지털 기술이 집결된 디지털 도서관 이용자 공간은 지하 3층과 2층에 구성되어 있다. 지하 3층에는 메인 로비와 함께 이용자가 제작, 등록한 UCC영상을 전시하는 광예술판(Multi－Display Wall), 이용자가 전송한 메시지와 시문학 콘텐츠 등을 3D 효과로 연출하는 디지털전광판(Digital Text Service), 외국인 거주자가 보다 편리하게 양질의 도서관 서비스를 제공받을 수 있도록 다국어 지원 OS가 설치된 컴퓨터 환경을 구축하고 LCD를 이용해 위성 방송을 제공하는 다국어정보실, 전시실, 대회의실이 위치해 있다. 지하 2층에는 디지털열람실, 미디어센터, 도움누리터, 복합상영관, 세미나실 등이 위치해 있으며 지하 1층 지식의 길을 통하여 본관과 연결되어 있다.

‘디브러리 포털’은 국내·외 공공기관 및 민간단체 등 지식정보기관과 양질의 디지털 정보를 연계하여 국민들이 편리하게 이용할 수 있도록 구성하였다. 디브러리 포털은 학술정보 (1,043만 건), 전문정보(3,378만 건), 해외정보(7,192만 건) 총 11,613만 건의 디지털 콘텐츠 통합검핵 서비스를 제공하고 있다. 또한 디브러리 포털은 메인포털과 4개의 하위 포털로 구성되어 있으며, 지역포털, 정책정보포털, 다문화포털, 장애인포털의 특성화 포털로 이용자 친화적인 검색모형을 구현하고 있다. 또한 국립중앙도서관은 문화유산을 수집·보존하기 위하여 아날로그 책자형태 자료에 대해서는 양질의 상태에서의 보존과 온라인 서비스 제공을 위해 소장자료를 DB로 구축하여, 외부 구축 상업용 DB와 함께 온라인 서비스를 제공하고 있다. 디지털 도서관의 온라인 자료수집은 휘발성이 강한 온자인 자료에 대한 웹 아카이브 구축을 위한 것이었다. 웹 아카이빙을 위한 접근방법은 기본적으로 자원에 대한 선택적 수집방식을 채택하였다. 온라인 자원의 유형은 크게 웹사이트와 웹 개별 디지털자원 두 가지 유형으로 미리 정해진 수집지침에 의해 선택적으로 수집하고 있다. 도서관법 개정에 따라 온라인 자료 수집 근거마련으로 점차적으로 전자출판물, 동영상, 이미지, 음악자료 등으로 수집대상을 넓혀 나갈 수 있게 되었다.

국립중앙도서관은 2004년부터 온라인 디지털자원 수집 전담팀 및 각 주제 분야의 전문가로 이루어진 디지털자원수집보존위원회를 구성하여, 국가대표 도서관으로서 가치 있는 인터넷 자료를 국가적인 차원에서 수집·보존하는 사업인 오아시스(OASIS: Online Archiving & Searching Internet Sources) 프로젝트를 수행하고 있다. 수집하고 있는 온라인 디지털자료는 연구보고서, 간행물, 정책자료, 통계자료 등 주로 웹사이트 내 공개자료실에서 제공되는 웹문서와 모든 주제 분야의 웹사이트다. 도서관법 제20조의 2와 동법 시행령 제13조의 2는 온라인 자료의 수집 형태 및 종류, 수집절차 등에 대하여 나열하고 있으며, 수집하는 온라인 자료의 전부 또는 일부가 판매용인 경우에는 그 온라인 자료에 대하여 정당한 보상을 하여야 한다고 기술하고 있다. 판매용 온라인자료의 대표적인 유형으로 전자책(e-Book), 전자잡지, 동영상자료, 이미지자료, 음악자료 등을 들 수 있다. 한 가지 아쉬운 점은 디지털 도서관에서 현재 서비스하고 있는 1억 2,000만 건의 디지털정보 중에서 저작권이 보호되는 자료는 도서관 내에서만 이용할 수 있다는 점이다.

국내 디지털 도서관 구축 및 전자책 서비스 현황

분야	2007년		2008년		2009년	
	구축 수	종 수	구축 수	종 수	구축 수	종 수
공공 도서관	490	681,724	494	687,289	498	692,854
대학 도서관	324	432,926	328	438,271	329	439,607
초/중/고 도서관	653	481,332	952	701,728	1,435	1,057,751
전문/특수 도서관	16	253,153	16	253,152	17	268,975
기업/공공기관	27	340,405	41	516,911	62	781,671
아파트	12	221,076	23	423,729	23	423,660
기타	27	127,331	49	231,082	64	301,822
합계	1,522	2,410,616	1,854	3,021,080	2,364	3,664,518

출처: 전자출판연감(2009).

제9장

미래전망: 출판3.0

01

전자책 콘텐츠 시장의 진화, 모바일과 결합

 전자책 단말기의 가격 부담 극복, 편리성 확대 등에 기반, 스마트폰을 활용한 전자책 서비스가 활성화될 것으로 기대된다. 스마트폰은 전자책 전용단말기에 비해 콘텐츠의 확장성에서 유리하다. 컬러 및 멀티미디어 지원이 가능한 스마트폰은 전자책 시장 확대에 획기적으로 기여할 것이다. 예컨대 아이폰, 구글폰, 블랙베리폰 등 다양한 기종의 스마트폰으로 전자책 서비스가 확장 중이다.

 참여·공유·개방 키워드에 기반을 두어 전자책의 생태적 진화가 가속화되고 있다. 특히 인터넷에서 모바일로 패러다임 전환(shift)이 발생하면서 전자책 시장의 진화가 기대된다. 고속 데이터 전송이 가능하고 플랫폼이 개방화된 모바일 생태계에서 참여·공유·개방의 콘셉트를 기반으로 한 전자책은 UGC 등 다양한 콘텐츠 확보를 통해 성장할 것으로 보인다.

모바일 생태계 진화관점에서 본 전자책 사업(KT경제경영연구소, 2009.)

애플 앱스토어에서 급성장하고 있는 대표 콘텐츠인 전자책은 압도적 성장세를 보이고 있다. 美 iTunes 앱스토어 콘텐츠 구성에서 전자책이 게임, 엔터테인먼트에 이어 세 번째인 **11.9%**의 비율을 차지하고 있다(O'Reilly Research, 2009. 4).

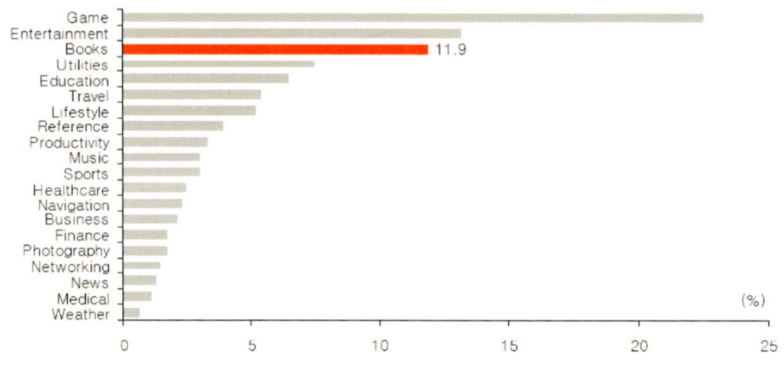

앱스토어에서 전자책이 차지하는 비중(앱스토어, 한화증권 리서치 센터, 2009.)

온라인서점 아마존에서도 전자책 판매가 종이책 판매를 앞서 나가고 있다. 2009년 성탄절 당일 아마존 서적판매 전체 매출에서 전자책 매출이 종이책 매출을 넘어선 것으로 집계되었다.

이러한 상황에서 강력한 전자책 시장의 강력한 태풍의 눈이 된 iPad의 등장에 전자책 시장의 성장에 대한 기대감도 높아지고 있다. 별도의 '아이북스토어(iBookstore)'를 통해 다양한 디지털 도서 콘텐츠 구입이 가능해 킨들 등 경쟁자들이 바짝 긴장하고 있다.

모바일 전자책 혁명을 예견하는 iPad의 등장

이제 전자책은 Niche 시장에서 Mainstream 시장으로의 도약을 꾀하고 있다.

전자책과 전자책 리더기 시장은 빠른 시일 내에 Niche 시장에서 Mainstream 시장으로 도약할 것으로 기대된다(Forrester Research, 2009. 7). 전자책 시장의 성장과정을 보면, 기존 1단계(2007~2009)는 혁신수용자 위주로 시장이 개화한 때라고 하겠다. 2단계(2009~2011)는 도서구매를 자주하는 사용자들이 전자책 구매에 익숙해지는 시기이며, 2011년 이후 3단계에 이르러서는 학생 비즈니스 사용자들 중심으로 시장이 확대될 것으로 기대된다.

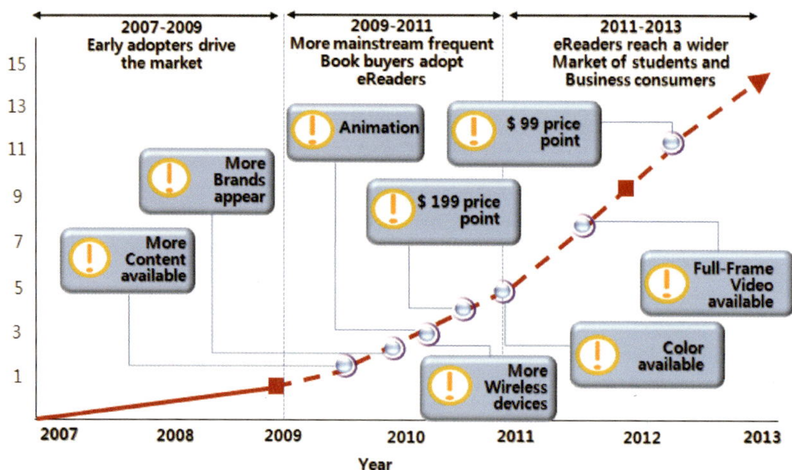

전자책 시장의 성장 시나리오(Forrester Research, 2009. 7.)

02

U – 출판으로의 진화

18세기 말부터 20세기 초반까지 세계 백과사전 시장을 지배해 온 브리태니커 백과사전. 어느 날 그 앞에 홀연히 CD – ROM이라는 전혀 새로운 형태의 '괴물'이 등장했다. 불과 몇 초 만에 필요한 정보를 찾아 주고 문자뿐 아니라 그림과 소리까지 제공하는 형식이었다. 그런데 브리태니커 임원들은 이 새로운 물건을 '이무기' 정도로 하찮게 생각하고 무시해 버렸다. 그 결과 브리태니커는 매출액이 급격히 하락, 급기야 파산위기에 직면했다. CD – ROM이라는 디지털 테크놀로지는 '이무기'가 아닌 '용'이었음을 그들은 몰랐던 것이다.

'디지털'이라고 하는 새로운 테크놀로지의 지속적인 충격과 그 영향으로 시장이 변화하고 우리네 삶의 방식이 변화하는 과정을 우리는 목도하고 있다. 오늘날 디지털의 영향에서 벗어나는 일은 거의 불가능한 일이다. 출판 · 인쇄 산업 역시 예외가 아닌데, 디지털화(digitalization)는 출판 · 인쇄 산업에 패러다임적 전환을 유도하고 있다. 이른바 디지털 인쇄(digital printing)라고 하는 새로운 방식은 인쇄제작 방법, 제작품, 제작자 등 인쇄 산업의 기본요소들에 근본적인 변화를 야기하고 있는 것이다.

출판 산업의 발전을 위해서 중요하게 제기되는 것은 정보화 사회에 어떻게 대응할 것인가 하는 문제이다. 출판 산업의 인접 분야인 인쇄 산업은 고도산업으로 성장하지도 못한 채 첨단 정보기술사회를 맞이하게 되어 기술과 경영 모두가 존폐의 위기에 직면하게 되었다. 그러나 이러한 위기의 인식은 그것의 극복을 위한 절호의 기회이기도 하다. 정보화 시대를 맞이하여 출판 산업이 혁신적 경영전략을 모색해야 할 이유도 거기에 있는 것이다.

유비쿼터스 시대에 출판은 어떠한 위상을 갖게 되는가. 간단히 말해 U-출판이 된다. 유비쿼터스 컴퓨팅 시대의 출판이라는 의미이다. U-출판은 '4 any'에 '2D'를 더한 상황에서의 출판이다. 4 any는 anytime, anywhere, any media, any device를 말하고, 2D는 Design과 Digital을 의미한다.

인터넷이 발달하면서 인쇄출판계도 '어디서나'의 개념에서 '어느 기기나'의 개념으로 확대 발전되어 왔다. 현재의 최종 단계가 '어느 매체나'와 '어느 기기에서나'의 개념이다. '어느 매체나'의 개념은 종이 매체에서 확대 발전된 비종이 매체(non-paper media)를 출판의 최종출력물로 사용하는 것이다. 여기서 한 가지 원고로 다품종 출판물을 제작하는 OSMP(One Source Multi Product) 전략이 등장하는데, 종이 매체는 물론 전자책, 모바일북, 오디오북, 전자교과서 등 비종이 매체의 영역을 모두 사용하는 출판 개념으로 확대된다. '어느 기기나'는 어떤 기기나 컴퓨터의 역할을 수행하는 단계이다. e-Book 전용단말기의 출현이 그 출발점이다. 나아가 브로드밴드, 위성, 모바일, 무선랜 등 유비쿼터스 네트워크가 서로 연결되면 U-출판의 구현은 최상의 조건을 갖추게 된다.

향후 전자책의 진화방향은 u-Book이다. u-Book은 유비쿼터스 네트워크 사회로의 이행에 따라 구체적 모습을 갖출 것으로 예상되는 유형이다. 언제, 어디서나, 어떤 단말기를 이용하더라도, 어떤 네트워크를 통해서라도 이용할 수 있게 될 것이며, 다양한 다른 서비스들과 동시에 이용 가능하게 될 것으로 전망된다. 또한 한 번의 구매로 모든 단말기와 네트워크를 통해 이용이 가능하게 될 것이다.

u-Book 개념의 등장 등 출판 환경의 변화는 출판의 미래를 어떻게 변화시킬 것인가? 출판의 미래를 출판 산업의 주요한 주체들인 저자, 출판사, 유통 그리고 소비자 등의 측면에서 살펴보면 다음과 같은 예상들이 가능하다.

먼저 저자의 측면이다. 책을 출판하기 위해 많은 비용이 요구되는 시기에는 저자가 되는 데 있어 진입장벽이 높았다. 책의 저자가 되기 위해서는 상업성이라는 필요조건을 충족시킬 수 있어야만 했다. 하지만 현재에는 저자의 수가 증가하고 있으며 그 유형 또한 다양해져 가고 있고, 이러한 추세는 미래에 더욱 강화될 것으로 전망된다. 미래에는 저자와 독자 개념 구분의 경계가 뚜렷하지 않을 것이다. 또한 직업적이거나 전문적인 저자에 비해 일반인의 저술활동이 더욱 늘어날 것이다. 일반인도 원하기만 하면 언제든지 자신의 책을 출판할 수 있게 될 것이며, 이를 위해 출판사와 출판을 원하는 일반인을 연결하는 시스템의 중요성이 부각될 것이다.

다음으로 출판사 측면에서는 다음과 같은 양상들이 전망된다. 첫째, 대형 출판사와 소형 출판사가 공존할 수 있을 것이다. 출판이 오프라인과 온라인 모두에서 가능하며, 출판을 원하는 저자의 수가 증가할 것이기 때문에 소형 또는 1인 출판사가 생존할 수 있는 틈새시장이 존재할 것이라고 예상된다. 그러나 정보공간 속에 검증되지 않은 지식과 정보가 난무할 것이기 때문에 오랜 역사를 가지고 독자의 탄탄한 신뢰를 얻고 있는 대형출판 및 전통 있는 출판사는 꾸준히 독자의 사랑을 받을 것이다. 둘째, 변화하는 미디어 환경에 대응하여 출판사는 하나의 콘텐츠 제공업자로서 기능할 가능성과 출판대행의 업무를 동시에 수행하게 될 것이다. 유비쿼터스 환경에서 그리고 멀티미디어적 표현이 가능한 전자책이 등장한 시점에서 출판사는 다양한 단말기에 콘텐츠를 제공하게 될 것이며, 동시에 일반인이 자비를 들여 시도하는 출판을 대행하는 사례도 증가할 것이다.

출판물의 유통 측면에서는 구조 및 비용의 합리화가 이루어지게 될 것이다. 온라인을 통한 출판물의 유통이 증가하게 될 것인데, 온라인 유통이 제공하는 비용절감의 가능성을 현실화하기 위해서는 유통구조와 비용의 합리화가 반드시 필요하다. 유통구조와 비용의 합리화는 인터넷 서점의 등장으로 인해 이미 추동되고 있다. 인터넷 서점은 비용절감의 효과를 지니고 있기 때문에 오프라인 서점에 비해 저렴한 가격으로 책을 소비자에게 공급할 수 있다. 하지만 오프라인 서점은 완전한 '도서정가제' 등을 주장하면서 이러한 변화에 대해 보수적인 태도를 보이고 있으며, 이로 인해 성장률의 하락현상을 보이고 있다.

마지막으로 소비자 측면이다. 소비자는 서점에서 책을 구입하는 경향보다 온라인 서점이나 전자책을 이용하는 경향이 더욱 증가할 것이다. 또한 현재보다는 종이책을 덜 찾고 전자책이나 u−book을 더 찾는 경향이 늘어날 것이다. 또한 전통적인 서사구조보다는 하이퍼텍스트적인 구조로 이루어진 책을 더욱 선호하게 될 것으로 전망된다.

03

출판 콘텐츠가 제공하는 원형스토리,
콘텐츠 비즈니스의 원천*

　현시점에서 출판업계는 출판이 갖는 콘덴츠 가치를 최대한 개발하고 활용해 미래 경쟁력을 모색해야 할 것이다. 인쇄출판이 갖고 있는 '스토리'의 가치를 되살려야 한다. 스토리를 발굴해 콘텐츠 상품으로 기획해 내야 한다.

　콘텐츠 산업의 글로벌화, 개방화 시대에 출판 산업의 생존은 출판 비즈니스의 글로벌화와 다각화에 달려 있다. 출판 산업의 비즈니스 전략의 핵심은 타 매체와의 상호 협력과 결합을 통한 새로운 콘텐츠 개발과 장르 확장에 있다. 실제로 출판 산업은 종이책에서 e-북 형태로 변화를 꾀하고 있으며, 이를 바탕으로 다양한 매체와의 결합을 시도하고 있다. 바로 OSMU(One Source - Multi Use)인 것이다.

　그간 출판 산업의 성공적인 OSMU 사례는 종이책(전통매체) 중심이었다. 예컨대 <슈퍼맨>, <반지의 제왕>, <해리포터> 등은 종이책으로 등장

---

* 김원제(2007. 6). 월간 〈프린팅코리아〉 원고에 기초.

했다가 그 인기가 높아져 영화, 캐릭터, 광고 등 다양한 분야에 유통되면서 상당한 수익을 추가로 만들어 냈다. 여기에 인터넷 소설, 로맨스, 판타지 소설 등이 전자책의 활성화로 급성장하고 있다. 이와 같은 현상은 장르의 확장 및 수익의 다양성을 높여 주었으며, 나아가 새로운 시장 개척이라는 점에서 출판 산업의 위기를 극복할 수 있는 대안으로 제시된다.

출판원작을 중심으로 영화, 애니메이션, 캐릭터, 음원 등의 다양한 장르로의 확대도 시도되고 있다. 이는 변화된 미디어 환경에 부응하는 출판 산업의 생존전략으로 재도약의 기회로 작용할 수 있다. 몇 가지 모델을 검토해 보자.

▌콘텐츠 산업의 부가가치 극대화는 출판에서 출발

사례 하나. <해리포터(Harry Potter)> 시리즈.

1997년 발표 이후 초판 500만 부 판매, 최근 발간된 7권 <해리포터와 죽음의 성물들>까지 전 세계 200여 국에서 3억 5천만 권 이상이 판매되었다. 2001년 1권인 <해리포터와 마법사의 돌>이 영화화됐으며, 2002년 말에 2권 <해리포터와 비밀의 방>이 연이어 나온 이후 2009년에 개봉된 <해리포터와 혼혈왕자>까지 흥행불패의 신화를 이어 가고 있다.

소설로 시작한 해리포터는 영화, 게임, 각종 캐릭터 산업으로 성공적인 OSMU를 통해 2002년 12월 기준, 총 매출 20억 달러(약 2조 5천억 원)를 초과하며 엄청난 수익을 창출했다. 2003년 발간된 <해리포터와 불사조 기사단>의 판매 수익은 2억 달러 선으로 영화 <헐크>의 개봉 주간 전미 판매액 6천2백만 달러의 3배가 넘는다. 무명작가였던 조앤 롤링 (Joanne K. Rowling)을 백만장자로 만들어 줬을 뿐만 아니라, 2000년에는 영국 여왕으로부터 작위를, 세인트 앤드류스 대학에서 명예 박사학위를 받으면서 부와 명예를 모두 갖게 되었다.

사례 둘. <반지의 제왕(The Lord of the Rings)>.

J. R. R. 톨킨의 판타지 소설 <반지의 제왕>은 1955년 출간된 이래 전 세계에 10억 권 이상이 판매된 스테디셀러로, 수많은 독자층을 확보하고 있다. <반지의 제왕>의 탄탄한 시나리오와 독창적인 서사구조는 판타지 문학의 고전으로 대접받는다.

2001년 개봉한 영화 <반지의 제왕>은 다른 영화와는 달리 7년의 제작기간 2억 7천만 달러(약 3천5백억 원)라는 역대 최고의 제작비를 들여 1편 <반지 원정대>, 2편 <두 개의 탑>, 3편 <왕의 귀환>의 3부작을 한꺼번에 제작했다. 1, 2편 DVD 판매, 대여 시장은 5억 8,400만 달러에 이른다.

뉴질랜드 출신 감독 피터잭슨(Peter Jackson)은 <반지의 제왕> 3부작을 모두 뉴질랜드에서 찍었는데, 이 영화가 전 세계적으로 크게 히트하자 뉴질랜드가 신흥 관광명소로 급부상했을 뿐 아니라 영화 산업 면에서도 대규모 해외로케이션의 장소로 각광받게 되었는데, 이 경제적 효과를 주인공의 이름을 따서 '프로도(Frodo) 효과'라 부른다. 프로도 경제가 가능했던 건 소스를 제공한 출판 콘텐츠가 존재했기 때문이다.

사례 셋. <스파이더맨(Spider Man)>.

1961년 마블 코믹스에서 만화로 출간된 스탠 리(Stan Lee)의 <어메이징 스파이더맨>이 원작이다. 2002년 5월 영화로 개봉된 이후 개봉 3일 만에 미국에서만 1억 달러가 넘는 흥행 수익을 올렸고, 같은 해 세계적으로 8억 2천만 달러의 흥행 수입을 기록했다. 한국에서도 140만 명 이상이 관람했다.

2004년 6월 개봉한 2편에서는 총 제작비만 2억 1,000만 달러가 들었는데, 이는 종전의 최대 제작비 기록인 <타이타닉>의 2억 달러를 넘는 금액이다. 개봉 4일 만에 미국에서 1억 1,500만 달러 이상의 흥행 수입을 올려 최고 기록을 달성했다. 영화평론가들로부터는 1978년의 <슈퍼맨>과 함께 액션 판타지 장르의 최고 걸작, 만화 원작 영화 가운데 최고의 작품이라는 평가를 받았다.

마블 코믹스의 경우 스파이더맨 외에도 슈퍼맨, 배트맨, X맨, 데어 데블, 블레이드 등의 성공적인 OSMU 사례가 즐비하다. 또한 이 작품들은 세대가 바뀌어도 작가와 새로운 환경에 적합한 시나리오를 제작해 꾸준한 시리즈를 이어 가며 누적된 수익을 창출한다. DVD, 비디오 판매 및 대여, 게임, 장난감, 의류 등으로 영역을 넓혀 가며 OSMU의 기반을 구축하고 있다.

출판원작 활용, 국내에서도 성공사례 증가 추세

그렇다면 우리의 상황은 어떠한가. 가장 널리 알려진 사례 중 하나가 바로 <아기공룡 둘리>다. 1983년 만화잡지 <보물섬>에 작가 김수정 씨가 연재한 이후, 오늘날까지 캐릭터, 애니메이션, 뮤지컬, 식품, 의류 등 다양한 분야에 성공적인 OSMU 모델을 보여 주고 있다.

1983년 당시 국산 만화 캐릭터를 지속적이고 세계적인 캐릭터로 성장시키기 위해서는 조직적인 활동의 필요성이 제기되고, 이 같은 이유로 1995년 2월에 (주)둘리나라를 설립해 에듀테인먼트 <둘리의 배낭여행>을 제작했다. 1996년 7월 장편 만화영화 <아기공룡 둘리>를 제작하여 전국 극장에서 상영했으며 비디오테이프로도 제작해 판매했다. 1999년 1월 17일 베를린을 시작으로 독일극장에 상영했고, 독일 영화개봉에 맞춰 음반 및 비디오, 게임도 같이 판매해 큰 성과를 올렸다. 이어 2001년에는 둘리를 뮤지컬로 제작해 공연했으며, 2003년 이후 현재까지 둘리박물관, 둘리거리, 둘리주민등록증, 둘리생가 등 다양한 콘텐츠로 확장 중이다. 매년 20억 원 이상의 로열티 수익을 올리고 있으며, 캐릭터 선호도 1위를 기록하고 있고, 캐릭터 머천다이징 라이선싱은 약 70여 개 업체에서 1,500여 개의 품목에 걸쳐 수익을 창출하고 있다.

2007년 4월 25일 열린 제43회 백상예술대상 TV부문 시상식에서는 만화를 원작으로 한 드라마가 최우수 남녀 연기자상과 연출상을 모두 휩쓺으로써 <궁>, <풀하우스> 등에 이어 만화원작에서 드라마로의 성공공식을 입증했는데, MBC의 <하얀거탑>과 SBS의 <연애시대>가 그 사례이다. <하얀거탑>은 1969년 야마자키 도요코가 쓴 소설을 1978년 일본 후지 TV에서 드라마로 만들었고 다시 2003년 후지 TV 창사 45주년을 맞아 25년 만에 다시 리메이크된 작품이다. MBC에서 방송된 <하얀거탑>은 2003년판 <하얀거탑>을 우리나라 상황에 맞게 각색해 만들어 낸 작품이다. 또한 <연애시대>는 일본의 스타 극작가 노자와 히사시의 유작소설을 원작으로 한다.

이처럼 만화 원작은 기발한 스토리와 박진감 넘치는 극 전개로 인해 소재가 고갈되어 가는 드라마의 한계를 극복할 수 있게 해 준다는 점에서 매력적으로 다가온다.

이처럼 만화가 드라마로 이어서 제작되는 이유는 검증된 콘텐츠로 흥행을 보장받으려는 데 있다. 또한 만화의 OSMU의 성공모델이 자리를 잡아 가고 있다는 방증이기도 하다. 출판만화는 모든 엔터테인먼트의 원재료로 활용될 수 있는 조건을 갖추고 있어 이 같은 만화를 원작으로 한 OSMU는 드라마를 넘어 영화, 게임, 캐릭터 등으로 그 범위가 점차 확산될 것으로 보인다.

원천 스토리는 출판 분야의 미래 경쟁조건, 동시에 콘텐츠 산업의 성장 기반

문화 콘텐츠의 산업적 성공은 탄탄한 스토리에서 출발하는데, 다양한 출판 콘텐츠가 콘텐츠 상품을 위한 원천(source)인 스토리를 제공해 준다. 창의적이고 독창적인 스토리 전개와 탄탄한 스토리 구성은 출판의 힘이다.

출판 분야의 원천 스토리는 콘텐츠 시장의 소재 고갈을 해소해 준다. 출판 분야의 미래 경쟁을 담보하면서 동시에 협소한 국내 콘텐츠 시장에서 해외로 진출해 한국 문화 콘텐츠 산업의 지속성장을 견인하기 위해서는 콘텐츠의 원천에 대한 발굴 및 부가가치 창출이 관건이다. 결국 콘텐츠 산업의 선순환을 위한 전략 중 하나로서 출판 콘텐츠의 원천 스토리에 대한 전략적 접근이 요구되는 것이다.

출판만화와 소설을 바탕으로 한 드라마, 영화, 게임 등의 잇따른 성공 사례는 하나의 공식으로 자리 잡아 가고 있다. 이러한 경향을 가리켜 스크린셀러(Screen - seller), 드라마셀러(Drama - seller), 무비 타이 인 북스 (Movie - tie - in - books)라고 부른다.

한편 스토리 개발 및 콘텐츠 상품화 과정에 있어 그간 금과옥조처럼 여겨지던 OSMU를 넘어 MSMU(Multi Source - Multi Use)를 고려할 필요가 있다. OSMU는 하나의 원천이 인기를 얻은 다음 그것을 바탕으로 다양한 활용이 시도되거나, 기획단계에서부터 다양한 장르적 변화를 염두에 두는 방식이다. 이처럼 OSMU가 재생산에 중점이 있다면, MSMU는 매체와 채널이 다양해지고 서비스 상품의 응용 범주가 확장됨에 따라 1차 콘텐츠를 재창조하거나 새롭게 상품화하는 비즈니스 전략이다. 또한 가능한 모든 분야에서 스토리와 아이디이를 발굴해 과감하게 결합(퓨전)함으로써 콘텐츠 상품력을 최대한 높이는 데 중점을 둔다. 하여 종이출판 분야, 인터넷 출판 분야를 넘나들고 UCC 등 다양한 통로를 전략적으로 활용할 필요가 있다.

관건은 콘텐츠 상품화를 위해 원천 스토리를 발굴하고 상품화할 수 있는 비즈니스 식견이 다. 이는 기획 능력과 마케팅 능력을 고루 갖춘 창조적 기획자의 몫이다. 이에 '하이 콘셉트(high concept)' 능력이 필요한데, 그 요체는 원천 스토리를 찾아내는 기획력, 설득 커뮤니케이션을 담은 스토리 구성 능력, 이질적인 조각들을 서로 결합해 내는 조화력, 남을 배려하고 관계 맺는 공감력, 즐길 줄 아는 여유, 의미와 만족을 추구하는 정신 등이라 하겠다.

04

전자책 시장의 미래 결정할 세 가지 이슈

전자책 시장의 미래를 결정할 중요한 영향변수를 정리하면 다음과 같다. 첫째, 공통 파일 포맷의 확산이다.

현재 판매되고 있는 대부분의 전자책은 모두 특정 디바이스에서만 이용할 수 있다. 예를 들어 아마존의 킨들은 소니 리더와 호환되지 않고 있다. 하지만 전자책 시장이 확장되기 위해서는 각 디바이스 사이의 콘텐츠 호환은 필요 불가결한 요소이다. 전자책 디바이스 사이의 콘텐츠 호환이 완전하게 가능해지면, 사용자들은 어딴 디바이스를 통해서라도 자신의 전자책을 이용할 수 있게 되기 때문에 전자책 이용이 증가될 것이다. 이 같은 필요성에 따라 국제 디지털 출판 포럼(International Digital Publishing Forum, IDPF)은 디지털 서적을 위한 공통 파일 포맷인 ePup의 개발을 추진하였다. 2009년 8월 현재 ePub 포맷을 지원하는 주요 출판사로는 하퍼 콜린스, 휴턴 미플린, 랜덤 하우스, 사이몬 & 슈스터 등이 있다. 세계 최고의 서점 중 하나인 반즈&노블도 2009년 7월 전자책 스토어를 개설하면서 ePub 서적만을 유통하고 있으며, 소니 또한 2009년 말에 공개할 계획인 자신들의 새로운 전자책 리더 제품군에 ePub 표준을 적용할 계획인 것으로 알려졌다. 하지만 킨들을 통해 전자책 시장을 지배하고 있는 아마존은 공통 파일 포맷의 확산에 소극적이다. 아마존은 현재의 전자책 시장의 구조가 자신들에게 유리한 구조를 형성하고 있는 상황에서 다른 기업에도 이익이 되는 공통 파일 포맷의 도입을 꺼리고 있다.

이 같은 아마존의 태도를 변화시킬 수 있는 요인은 애플의 iPad에 ePub 표준이 적용되는가 하는 것이다. 만약 애플이 공통 파일 포맷을 지원한다면, 아마존은 고립에 직면하게 될 것이기 때문이다. 결과적으로는 2010년 초에 공개된 iPad가 전자책 표준 지원(ePub support)을 천명함으로 인해 이러한 아마존의 태도는 바뀔 가능성이 높다.

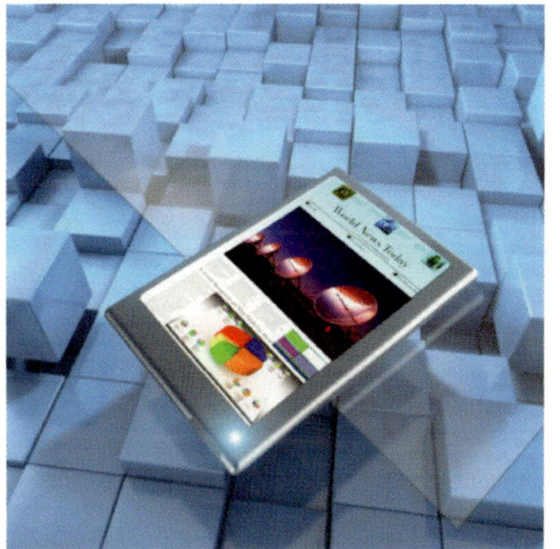

전자책의 미래 전경(Gettyimages)

둘째, DRM을 대체할 보안기술의 도입이다.

콘텐츠 불법복제를 막기 위해 전자책에 적용되고 있는 DRM(Digital Rights Management: 디지털저작권관리)은 사용기간, 사용자 제한, 단말기 제한 등의 기능도 지원하기 때문에 전자책의 호환성을 높여 시장 자체를 확장시키는 데 방해요인이 될 수 있다. 따라서 호환성 확대를 통해 시장 규모의 확대를 추진하는 기업들은 DRM 이외의 다른 보안기술 도입을 시도하고 있다. 소니는 새로운 전자책 리더 제품군에 DRM 대신 어도비의 복제 방지 소프트웨어를 적용할 계획이다.

업계에서는 DRM이 문서를 보호하는 데 근본적인 기술적 한계를 지니고 있을 뿐 아니라 콘텐츠 공유를 어렵게 하기 때문에 전자책 시장의 미래를 위해서는 보다 강화된 보안성을 지원하면서도 콘텐츠 공유를 가능하게 하는 새로운 보안기술의 도입을 심각하게 고려하고 있는 상황이다.

셋째, 콘텐츠 무료 제공 전략이다.

반즈앤노블이 70만 권에 달하는 전자책 콘텐츠를 보유한 세계 최대 규모의 전자책 서점을 공개하고 전자책 콘텐츠의 가격은 아마존과 같은 수준으로 설정하면서, 전자책 콘텐츠의 가격은 9.99달러로 표준화되었다. 하지만 유료 콘텐츠와는 별도로 콘텐츠의 무료 제공을 통한 콘텐츠 판매 증진 전략이 새로운 마케팅 전략으로 시도되고 있기도 하다. 구글은 이미 소니의 전자책 단말기 이용자에게 전자책 50만 권의 콘텐츠를 무료로 이용할 수 있도록 하는 파트너십을 맺은 바 있다. 또한 킨들 사이트에서도 '무료' 콘텐츠 코너를 별도로 운용하고 있다. 관련 사업자들은 전자책 콘텐츠의 무료 제공에 우호적이며, 이를 새로운 수익으로 연결시키는 마케팅 전환의 일환으로 인식하고 있다.

무료 콘텐츠를 제공하는 마케팅 전략에 적극적인 출판사들은 전자책 시리즈의 1권을 무료로 제공하고, 이후 출판되는 후속편들을 유료로 제공한다. 많은 출판사들이 이 같은 전략을 활용해 후속편들의 판매 증가를 경험하였다. 또한 무명작가가 무료 콘텐츠 전략을 통해 스타파워를 갖게 되어, 그의 후속작품 판매에 긍정적인 영향을 미치기도 한다. 하지만 일부 출판사들은 킨들이 집계한 전자책 콘텐츠 인기 순위에서 무료 콘텐츠들이 상위 순위를 점할 만큼 공짜 콘텐츠의 이용이 증가하고 있다는 점에 우려를 제기하고 있기도 하다.

위와 같은 세 가지 이슈들은 글로벌 시장 전체에 영향을 미칠 수 있다. 따라서 국내 전자책 산업 역시 이러한 이슈들에 대한 대응책을 모색해야 할 것이다.

참고문헌

김원제(2010. 3), e - Book 시장진단 및 미래 성장조건 탐색, 2010 스마트폰 관련종목/3D산업기술 시장분석 및 사업전략세미나 발제문.

김원제(2009), <콘텐츠 실크로드 미디어 오디세이>, 한국학술정보(주).

김원제(2009. 12), e - Book 시장 동향 및 전망, <월간 프린팅코리아>, 대한인쇄문화협회.

김원제(2009. 11), 트위터 얼풍과 인쇄출판 비즈니스, <월간 프린팅코리아>, 대한인쇄문화협회.

김원제(2007. 6), 미래 콘텐츠 비즈니스의 원천, 출판 콘텐츠, <월간 프린팅코리아>, 대한인쇄문화협회.

김원제(2006), <호모미디어쿠스>, 커뮤니케이션북스.

김원제(2006. 12), 전자출판시대, 종이와 인쇄매체를 다시 생각하다, <월간 프린팅코리아>, 대한인쇄문화협회.

김원제(2006. 1), 새로운 경쟁력을 찾는 방법, 반즈앤노블의 성공스토리, <월간 프린팅코리아>, 대한인쇄문화협회.

김원제(2003. 8), 유비쿼터스 시대의 도래와 인쇄출판업, <월간 프린팅코리아>, 대한인쇄문화협회.

김원제(2003. 7), 인쇄출판업계의 새 활로, 온라인에서 '꺼리'를 찾자, <월간 프린팅코리아>, 대한인쇄문화협회.

김원제(2003. 6), 디지털 시대 인쇄문화의 가치, <월간 프린팅코리아>, 대한인쇄문화협회.

대한출판문화협회(2009), <한국출판연감 2009>.

문화체육관광부(2010), 전자출판 육성방안.

문화체육관광부(2009), <2008년 문화산업통계>.

문화체육관광부·한국출판연구소(2009), <2009국민독서실태조사>.

박천훈(2010), 전자책 표준화와 유통 활성화에 대한 제언, 문화부 <전자출판 산업 육성방안 마련을 위한 토론회> 자료집.

산은경제연구소(2009), <E-Book의 재부상과 관련산업에 대한 영향 전망>.

성대훈(2004), <디지털 혁명, 전자책>, 이채.

이용준(1999), <디지털혁명과 인쇄매체>, 커뮤니케이션북스.

이용준(2009), 한국 출판 산업의 활성화를 위한 진흥방안연구, <한국출판학연구>, 한국출판학회.

이용준(2008), 출판·잡지 콘텐츠의 본문 검색에 대한 연구, <한국출판학연구>, 한국출판학회.

이용준(2008. 11), 책과 디지털의 조화를 모색하자, <출판문화>, 대한출판문화협회

이용준(2005), e-Book 콘텐츠의 수익구조 개선방안에 대한 연구, <한국출판학연구>, 한국출판학회.

최학현(2010), <전자책 콘텐츠 창작 및 제작 활성화 연구>, 문화체육관광부.

차은경·고기연·손사미·최학현(2010), <전자책 콘텐츠 및 기술 분석>, 콘텐츠연구소.

최재표(2010. 3), 전자책 현황과 과제, <신문과 방송>, 한국언론진흥재단.

한국문화정책개발원(2000), <전자출판 산업의 전략적 육성방안>.

한국소프트웨어진흥원(2008), <2008년 해외 디지털 콘텐츠 시장 조사: 이러닝, 전자책, 정보콘텐츠, 디지털 콘텐츠 솔루션 편>.

한국콘텐츠진흥원(2010), <2009 해외 콘텐츠 시장조사: 출판 편>.

한국전자출판협회(2009), <2009 한국전자출판연감>.

한국전자출판협회(2010), <전자책 활성화를 위한 수용자 조사연구>.

한국출판연구소·문화체육관광부(2009), <2009년 국민독서실태조사>.

한화증권리서치센터(2009. 10), E-Book Outlook.

KT경제경영연구소(2009. 4), Amazon의 Kindle을 통해 본 E-Book 사업.

LG경제연구원(2009. 7), '이동통신 인사이드' 시대가 열린다.

동아일보(http://news.donga.com)

아이뉴스 24(http://itnews.inews24.com)

Anderson, A. High prices stifle e-book market. Available at http://www.nua.ie/surveys/index.cgi?f=VS&art_id=905356459&rel=true

Cope, Bill & Phillips, Angus., The Future of the Book in the Digital Age,

Chandos Publishing, 2006.

Eisenhart, D. M.(1994). *Publishing in the Information Age*. Westport: Quorum Books.

Epstein J.(2001). *Book Business*. W.W.Norton & Company.

OpeneBookForum(2000). A Framework for the Epublishing Ecology.

Pritam Gurey(2009). The Changing World of E-books. 7th International CALIBER, Available at http://www.inflibnet.ac.in/caliber2009/CaliberPDF/52.pdf.

PWC(2009). *Global entertainment and media outlook 2009-2013*.

Romano, Frank J.(1996). *Digital Media - Publishing Technologies for The 21st Century*, Torrance, Micro Publishing Press.

Thompson, John B.(2005). *Books in the Digital Age*, Polity.

이노쿠마 다테오 지음, 최규호 옮김(2008). <일본의 콘텐츠 비즈니스>, 한울.

American Booksellers Association, http://www.bookweb.org

Australian Publishers Association, http://www.publishers.asn.au/

European Publishers Council, http://www.epceurope.org/

Federation of European Publishers, http://www.fep-fee.be/

FIPP World Magazine Congress 2009, http://www.fipplondon09.com/

FIPP, http://www.fipp.com/

Google Book Search, www.books.google.com

International Digital Publishing Forum, http://www.idpf.org/

International Publishers Association, http://www.internationalpublishers.org/

Periodical Publishers Association, http://www.ppa.co.uk

Publisher's Weekly, http://www.publishersweekly.com

The Association of American Publishers, http://www.publishers.org/

The Independent Book Publishers Association, http://www.ibpa-online.org

The Publishers Association, http://www.publishers.org.uk

WAN-IFRA, http://www.wan-press.org

World Digital Library, www.wdl.org

Getty Images, http://www.gettyimages.com/

이용준 ───

▌약 력

대진대학교 신문방송학과 교수로 재직 중이며, 중앙대학교 대학원에서 석사와 박사학위를
받았다. 한국전자출판협회 감사, 한국간행물윤리위원회 심의위원, 경기대진테크노파크 영상
미디어문화콘텐츠위원회 위원장, 한국출판학회 이사를 맡고 있으며, 한국출판학회 총무이사,
Center for Publishing of Stirling University의 Visiting Researcher를 역임했다.
문화체육부장관상(2008), 한국잡지언론상(2007) 등을 수상했으며, 2009년 문화체육관광부
전자출판산업 활성화 정책연구TF 위원, 2009 출판문화포럼 위원으로 참여했다.

▌주요 논문 및 저서

「전자책 활성화를 위한 수용자 조사연구」(2010)
「한국출판산업의 활성화를 위한 진흥방안 연구」(2009)
「출판·잡지 콘텐츠의 본문 검색에 대한 연구」(2008)
「전자출판산업 활성화방안 연구」(2007)
「잡지콘텐츠의 디지털 활용방안 연구」(2007)
「한국잡지산업의 현황과 성장구조모델에 대한 연구」(2006)
「e-Book 콘텐츠의 수익구조 개선방안에 대한 연구」(2005)
「한국잡지산업의 구조적 특성에 대한 조사연구」(2004)
『온라인저널리즘』(2003, 역서)
『디지털혁명과 인쇄매체』(1999)
『멀티미디어시대의 전자출판』(1999, 공저)
외 다수

김원제 ──

▌약 력

중앙대학교 대학원에서 언론학 석사학위를 받았으며, 성균관대학교 대학원에서 언론학 박사
학위를 받았다. 현재 (주)유플러스연구소 대표연구원(연구소장), 한국문화콘텐츠기술학회 이
사, 사이버문화콘텐츠아카데미 책임교수를 맡고 있으며, 성균관대학교 대학원 등에 출강하
고 있다.
과학기술부장관상(2004), 문화관광부장관상(2005), 방송통신위원회 위원장표창(2009) 등을
수상했다. 2009년 문화체육관광부 전자출판산업 활성화 정책연구TF 위원으로 참여했다.

▌주요 논문 및 저서

『콘텐츠 실크로드 미디어 오디세이』(2009, 문화체육관광부 우수교양도서)
『감성펀치』(2008, 공저)
『리스크 커뮤니케이션과 위기관리 전략』(2008, 공저)
『미디어 스포츠 그리고 사회』(2008, 공역)
『디지털미디어 길라잡이』(2007)
『퓨전테그 그리고 퓨전비즈』(2007, 문화관광부 교양도서)
『대한민국은 지금 체험지향사회』(2006, 공저)
『스포츠코리아』(2006)
『호모미디어쿠스』(2006)
『위험보도』(2006, 공역)
『문화콘텐츠 블루오션』(2005, 공저)
『미디어스포츠 사회학』(2005)
『위험커뮤니케이션과 위험수용』(2005, 공편)
『유비쿼터스사회와 방송』(2005, 공저)
외 다수

최학현

▌약력

고려대학교 대학원 석사/박사과정에서 디지털콘텐츠를 공부하고, 서울대학교 GLA과정에서 문화콘텐츠를 공부했다. 삼성/CJ, 현대/SEGA 콘텐츠개발팀 팀장을 역임했다. 현재 서울여자대학교 콘텐츠디자인학과 교수로 재직하고 있으며, 2009년 문화체육관광부 전자출판산업 활성화 정책연구TF 위원 및 전자책 콘텐츠창작 분과장으로 참여했다. 한국디지털퍼블리싱포럼 창립 위원장을 맡고 있다.

▌주요 논문 및 저서

전자책(e-Book) 콘텐츠 및 기술 분석(2010)
전자책(e-Book) 콘텐츠 창작 및 제작 활성화 연구(2010)
Digital Book Interface에서 증강현실 기술 응용(2008)
외 다수

최재표

▌약력

서강대학교 대학원에서 디지털미디어를 전공했다. 현재 문화체육관광부 출판인쇄산업과에서 전자출판육성방안 수립 등 주로 전자출판산업 진흥정책 업무를 담당하고 있으며, 출판, 신문, 잡지, 방통융합, 뉴미디어 등 미디어 분야의 정책 일선에서 근무하였다. 한국교육학술정보원 전자문서처리언어 표준개발위원회 위원, 전자출판물 표준화 포럼 위원, 한국디지털컨버전스협회 방송정보기술사로 활동하고 있다.

전자책 빅뱅

초판인쇄 | 2010년 5월 31일
초판발행 | 2010년 5월 31일

지은이 | 이용준·김원제·최학현·최재표
펴낸이 | 채종준
펴낸곳 | 한국학술정보㈜
주 소 | 경기도 파주시 교하읍 문발리 파주출판문화정보산업단지 513-5
전 화 | 031) 908-3181(대표)
팩 스 | 031) 908-3189
홈페이지 | http://ebook.kstudy.com
E-mail | 출판사업부 publish@kstudy.com
등 록 | 제일산-115호(2000. 6. 19)

ISBN   978-89-268-1074-3 03010 (Paper Book)
       978-89-268-1075-0 08010 (e-Book)

이담 Books 는 한국학술정보(주)의 지식실용서 브랜드입니다.